零阻力
Zero-Resistance Group

排除生命的各種阻力・活出 100% 的精彩人生

零阻力
Zero-Resistance Group

排除生命的各種阻力．活出 100% 的精彩人生

零阻力
Zero-Resistance Group

排除生命的各種阻力．活出 100% 的精彩人生

零阻力
Zero-Resistance Group

排除生命的各種阻力·活出 100% 的精彩人生

從擺脫負債到億萬身價的 Step by Step 指南

順流致富
GPS

財富大師
羅傑・漢彌頓 / 著
Roger Hamilton

許耀仁、沈志安 / 譯

The
Millionaire
Master
Plan

專注做讓你覺得順流的事

　　第一次接觸到羅傑的「順流致富」，是在一個偶然的機緣下，當時我的遊戲發行事業，雖然在營收和獲利上，從個人創業的角度來看，都有還算滿意的成績，但在成長上卻遇到了瓶頸，月營收卡在 2000 萬上下，一直無法有進一步的發展。我嘗試花更多的時間，調整廣告監控後台、控制成本、研究每一個細節，甚至親自參與活動的設計，卻都沒有達成任何的進展。

　　某天剛好有個機會，去拜訪許耀仁老師，當時許老師正在研究羅傑的「順流致富」，我也就順便當了他的實驗品，經過一個簡單的測試，我馬上拿到了分析報告，報告上顯示，我是屬於「明星型」的人，兼具「媒合者」的特質，而且是完全偏向右半邊的「外向型」，「我的使命應該是給予團隊願景、方向，並且在外洽談合作關係，掌握商業機會。」

　　我一直記得當時讓我突破瓶頸的一句話：「你應該專注做讓你覺得順流的事，並且放下那些讓你處在逆流的事。」

　　充滿實驗精神的我，回去之後，當機立斷的不再參與內部管理、技術和營運工作，對內只做公司方向、願景的訂立和傳達，同時把時間專注投入到外部合作上，公司的業績迅速得到了幾倍的成長，而同時，因為一直處在「順流」的狀態下，我每天也工作的更快樂。

　　這就是羅傑理論的迷人之處，他不止教導你「要」做什麼，更教導你「不要」做什麼。大部分創業者都有大量閱讀的習慣，廣覽群書，聽各種演講，拚命吸收從巴菲特、比爾·蓋茲、佐伯克、歐普拉、馬雲以及所有成功人士說的每一句話，有些教我們專注技術，有些教我們專注財務報表，有些教我

們創新，有些教我們專注本業，有些教我們把重心放在管理團隊，創業者被淹沒在一堆知識中，痛恨自己一天只有 24 小時，巴不得不要睡覺，把這些大師的指導全部實踐在自己的人生中，但卻常常像我這樣卡在事業的瓶頸動彈不得。

但羅傑能夠成為真正成功指導我突破瓶頸的那個人，卻是因為他分析了專屬於我個人的專長和傾向，然後告訴我那些「不要」做的事，讓我能把時間專注在真正「順流」的工作上。

而這本《順流致富GPS》，更是「順流致富」的進階版，除了橫向剖析個人的傾向類型外，更從個人財富成長路徑縱向的時間軸中，分析出每個階段「要」做的事和「不要」做的事。這是我所有讀過的書中唯一一本，從深陷負債中的人，到已經擁有好幾個事業的成功事業家，都能從中獲益的書。

感謝羅傑系統化、可驗證的理論，能在我每一個事業瓶頸的時間點，總是給我「剛好需要」的指引。也感謝許耀仁老師能持續翻譯羅傑的每一本著作，讓更多華文世界的創業家都能從中獲益。

伊凡達科技董事、共同創辦人

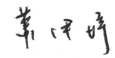

Millionaire
Master Plan

PREFACE

/出版序/

創業創富，從此不再迷路

回想一下，你最近一次迷路的經驗。

你有個想去的地方，挑了一條自己覺得可以最快到達目的地的路徑，然後踏上旅程；但是走著走著，狀況開始不對了⋯⋯

周邊的景色開始越來越陌生，你左拐右彎繼續前進，認為應該可以找到方向，直到你突然意識到：你不知道自己現在在哪裡、不知道怎麼到想去的地方、連回頭的方向都找不到⋯⋯

這時，你會有什麼感覺？是不安？著急？憤怒？擔心？還是恐懼？

我想通常不是什麼太正面的情緒。

在「創造財富」的這條路上，很多人都經歷過這種迷路的狀態。他們有目標、有決心、相信自己做得到、不斷在學習成長、也為了達成目標不斷嘗試各種行動，但是夢想卻一直只是夢想。

久了之後，跟迷路時一樣的那種不安、著急、擔心、恐懼，乃至於憤怒的情緒就會湧上來⋯⋯

但這其實是可以避免的。

隨著時代進步，要迷路也跟著變得越來越困難，要去什麼地方不知道路，只要拿出手機、打開地圖軟體、輸入你要去的地方，GPS 就會幫你定好位、規劃好路徑、告訴你接下來該怎麼走；你只要照著走，就可以到達你要去的地方。

如果在「創造財富」這件事上，其實也有個 GPS 可供你使用呢？

如果你只要打開它，用這部創造財富的 GPS 做好定位、再輸入你要達到

的事業／財富狀態，它就會規劃出最短的路徑，並告訴你下一步該往哪個方向走；而你只要願意照著作，不僅絕對不會迷路，而且還能用最快的速度達到你設定的財富目標呢？

好消息是：它真的存在，而且現在就在你手上。

不管你目前的起點是深陷債務、是月光族、是校長兼撞鐘的老闆、還是已經事業有成想更上一層樓；不管你的目標是擺脫負債、增加收入、創立成功的事業，還是要改變世界……

在羅傑・漢彌頓的這本《順流致富GPS》中，你都可以找到最適合你的策略步驟。

更特別的地方是，這本書不只是一本書而已，它還搭配了羅傑的GeniusU線上平台。除了可以透過隨附的免費「MMP百萬美金創富藍圖」測驗來了解自己是哪一種「天才」、目前在「財富光譜」的哪一個層級之外，還可以透過GeniusU上的影片、評測、練習本等資源來作更進一步的學習。

在後續創造財富的旅程上，這本書將是你應該如手機一樣隨身帶著的GPS；有疑惑時，隨手一查，就能得到清楚的方向，永遠不再迷路。

在撰寫這篇出版序的當下，全球已經有超過22萬人使用羅傑創造的這些資源，來指引自己創造財富的方向，並且已有無數的成功案例；相信再過不久也會有許許多多華人界的成功故事出現。

我與羅傑・漢彌頓已經共事多年，是他的全球夥伴、華文總代理以及總培訓師。這次非常高興能以零阻力品牌出版這本書，將他的智慧也介紹到華文圈，讓更多人能享受到這套強大的「導航系統」的好處，進而成功創造更多財富；而在你研讀、應用並且因為本書內容而獲得進展時，也別忘了如羅傑在本書中提到的：

成為燈塔，照亮這個世界！

/序/

來自峇里島的問候

時間是 1988 年聖誕節，地點在香港。當時 19 歲的我跟全家人聚在一起，討論我們希望 30 年之後會在哪裡。

奇怪的是，我們想像的畫面都是一樣的：在一個天堂般的熱帶島嶼，擁有一座我們自己的渡假村，讓我們能團聚在一起，在大自然中悠閒生活。

那時我們並不富裕，根本買不起渡假村，但我們的童年都是在巴布亞新幾內亞的海灘上度過，而那是一段非常美好的日子。如果跟香港比起來……嗯……根本沒得比。

在那個聖誕節，我們都一致認同這是一個非常美好的夢想，但也就只是這樣而已。我上了大學開始唸建築，一共七年的學程，在我唸到第五年的時候，才意識到我接受的這些訓練要開花結果，大概還需要幾十年的時間。

我可不想要等到我六十幾歲時，才能收割我辛勤的成果！

我想到有朝一日要在天堂島嶼上擁有渡假村的夢想，我真的想要達成它，但如果當建築師的話，是無法在 30 年之內實現這個夢想的。

我知道自己需要一條不同、而且更快速的成功路徑，因此，我決定要休學來尋找那條路。

這是個困難的決定，特別是因為我父親一直都希望我能當個建築師。在我做下這個決定的那天，我打電話給我父親說：「爸，如果我要設計建築物的話，不會是以建築師的身分；我要是擁有那個房地產的人，而且還要有錢能請來最厲害的建築師。」然後，我停下來等待他的回答。

我父親很驚訝，而且聽起來蠻失望的，但是最後他還是說：「如果那是

你想做的，那就去吧。」我決定跟朋友一起創立我自己的公司，隨後在幾乎沒有資金以及比那還要更少的經驗之下，就開始經營出版事業。

這也是為什麼在 5 年後，我接近 30 歲時，我又搬到新加坡新創了一家出版房地產雜誌的小公司。為了讓自己能有馬上成功的人生，這代價也太大了一點！我一直夢想著能有那種瘋狂的財務成就，但這個夢想似乎總停留在模糊而遙遠的未來。

這時，我面臨了一個關鍵時刻：我在債務裡越陷越深，我非常辛勤地工作但卻只支付自己一點點薪水。

我覺得自己沒有選擇：在公司成長的時候，我就得要多聘個人或花更多錢在行銷上，來讓公司繼續成長；我的想法是等到這個事業成功了之後，就能多付給自己多一些的薪水。

我認為自己必須要把賺到的錢全部都再投入事業裡，而這個決定的後果，不久之後就以一種非常公開的方式讓我明白。

一天晚上我走路回家，滿腦子都在想著隔天需要做的事情，後來才注意到我住的那條街有些騷動傳來。

有人在大叫……事實上聽起來比較像是在哭喊，而鄰居們都走到屋外來看戲。我走近一些，才發現他們都朝**我們**家門口觀望。那哭喊聲是來自我太太蕾娜特，而我當時才一歲大的女兒凱絲琳躲在媽媽臂彎裡。我太太正在跟站在卡車前的一位男士爭辯，那是一部拖車，而我們的車子已經被拖吊起來了。

我朝他們跑過去，聽到蕾娜特說：「拜託，別把我們的車拖走……。」然後她轉了頭，看到我。

我問她：「發生什麼事？」

說得一副我真的不知道發生什麼事一樣：我又再次遲繳汽車貸款了。蕾娜特提醒過我，我也說我會記得繳錢，但我沒有，因為銀行戶頭裡的錢就是不夠。

雖然我盡量讓自己看起來很成功，但事實上我每個月負債越來越多，期盼著有一天一切都能扭轉；而現在，隨著那人要來把我們的車拖走，我們的財務問題也跟著攤在那兒供大家欣賞。

「我們明天就能付錢了！」我跟司機說。

他只是搖搖頭，把一張粉紅色的存根聯遞給我們。「在這裡簽名。」他說「打收據上面的這個號碼。」

我看著他上車離去，蕾娜特則屈辱地走回屋裡。鄰居們一個個對我投注憐憫的眼光，然後也走回他們屋裡。

現在我獨自一人，沒有錢、沒有車、沒有自尊。

很顯然，我一直都在否認自己事業的真實狀況，忽視了這對我太太、我女兒以及我自己造成多大的壓力。

站在空蕩蕩的街上，我決定要徹底改變自己的優先順序……**可是該怎麼做呢？**

我並不是沒有試過要改變。我讀過一些在談要「先支付自己」的書，但當中都沒有告訴我要如何才能用對我來說最自然、最輕易的方式賺到錢來支付自己（養活自己）。我讀過很多關於成功、領導力、以及財富創造的書，可是我讀得越多就覺得越迷惑，因為新一本書當中的建議，總好似與我剛讀完的那本互相衝突。

前一本書中強調的是在企業內部不斷往上爬的重要性，而下一本書則說光靠工作是無法致富的，最好要有自己的事業；有些書告訴我要依循我的熱情，而有些書則告訴我要依循人生目的；有些書敦促我大膽冒險，有些則建議我要謹慎一點、一小步一小步來；有些書說財富的關鍵是買賣股票與選擇權，有些書則完全不考慮這方向，而建議去作組織行銷、網路行銷或投資房地產。

由於這各式各樣的方式搞得我頭暈目眩，所以後來我轉為尋找事業方面可仿效的模範，但結果也沒有比較好。理查・布蘭森說重點在於成為創業冒

險家，但傑克‧威爾許卻證明了即便是為他人工作，你仍然能達到頂峰；歐普拉展現了在台前與眾星們一起閃耀光芒的威力，祖克柏則很享受穿著帽 T 躲在幕後；巴菲特跟比爾‧蓋茲是常常在一起打橋牌沒錯，但他們的成功路徑卻截然不同：巴菲特投資很多事業，但幾乎從不投資高科技，而比爾‧蓋茲則致其畢生之力在一家高科技公司的發展上。

事實是，我完全不知道哪一條路徑才適合我，也因為我無法找到清楚的方向，最後我只能走最普遍的一條路：從犯錯中學習。這也正是我會落到車子被銀行收回的根本原因。

那天晚上，我在絕望當中做了一個決定。我決定不再讓自己迷失在不同人給的不同建議當中，而是要找到屬於我自己的路。這個決定後來不只讓我找到自己專屬的路，還讓我找到創造財富這件事的**整張地圖**。

時光快轉一二十載，現在我正在撰寫這本書……在我峇里島的渡假村裡，說明我從那天晚上之後學習到的東西。我已經在這裡住了快十年，在這裡經營好幾個事業，並且指導在世界各地引領變革的社會企業家們。

我做了很多決定才達到現在的境界，這當中有好的決定也有壞的決定；然而，讓我進入這條財富創造路徑的量子飛躍，並非是在我有夢想並開始創立第一個事業的時候，而是發生在三年後、我的車子被收回的那天晚上。在那當下，我除了對夢想許下承諾之外，也決定致力找到達成夢想的清楚路徑。

我定下這輩子第一次的個人收入目標，並把它看得比我的商業計畫更重要，我也開始專注於能發揮我的長處的項目。我不再只支付自己一點點錢，搞得自己連生存都成問題，還期望我的事業有朝一日能帶來數百萬收入，相反地，我設定了目標與計畫，要讓扣除支出之後的現金流每三個月就增加一次。

在那之後不到一個月，我的現金流就已經由負轉正，而在繼續執行計畫後不到半年，我每個月都能有額外的 500 美金可以存下來備用。在接下來的兩年間，我仍繼續執行這個計畫，而我個人可用於投資的現金流則增加到每個月 10,000 美金；在我 30 歲之前，就已經達到數百萬美金的身價，有足夠

的金錢與時間可以支持我認同的人與理想⋯⋯

而這一切的起源都只是我改變了自己的聚焦之處。

另一個角度來看，我在新加坡那一晚經歷的量子飛躍，同時也是我發現在這本書中要告訴你的「百萬美金創富藍圖（Millionaire Master Plan）」的第一步：**選擇我的目的地，然後搞清楚怎麼到達那裡；然而，雖然知道你要去哪裡是很重要的一步沒錯，但如果你不知道自己是誰、自己現在在哪裡，那要去哪裡就不是很重要了。**

這就是「MMP 百萬美金創富藍圖」要提供給你的：達到成功的 GPS。GPS 的功能比地圖更多，它能讓你知道自己現在在哪裡、你要去的地方在哪裡、幫你規劃出最佳的路徑、然後畫出到達目的地的明確步驟。

這也是我要給你的承諾：依據對**你**而言最自然的路徑，給你同樣的清晰度。

從我在學生時代創立的第一個事業，到我二十多歲時期創立、賣掉、搞砸、毀掉或經營得法的那十幾家公司，再到我三十多歲時期指導或者合作的數千個人⋯⋯

對我來說有一件事越來越明顯，那就是在試圖掌握財富成功各個階段的過程中，我們每個人都會經歷同樣的學習階段與同樣的突破點。我們都在同一張地圖上，只是位置不同而已。這張地圖：「MMP 百萬美金創富藍圖」並不只是 2D 的地形圖而已，它是我內在那個建築師設計的一張 3D 藍圖：「財富燈塔」這個建築物的藍圖。

「財富燈塔」有 9 個層級，每個層級都分別連結到財富的 9 個階段：「受難者」「倖存者」「勞動者」「參與者」「表演者」「指揮家」「受託者」「作曲家」以及「傳奇」。就跟爬山一樣，要爬得越高，你需要的策略與設備也會隨之改變。你與我現在都在燈塔當中的某個層級，而我們接下來該做些什麼，會取決於我們現在是在哪個層級。

不過，在你能判定目前在「財富燈塔」的哪個階段或層級之前，必須先

知道要從這幢四個面的建築物的哪一面進入燈塔才行。這四個面分別對應創造財富的四種天才：「發電機」「火焰」「節奏」以及「鋼鐵」。我會在本書的第一部分說明這四種天才以及與「財富燈塔」之間的關係。在你了解這些資訊之後，才可以專注在本書第二與第三部分的內容，在當中我會說明前六個層級，讓你能建立正向的現金流、設計你值得的更美好人生、並對世界造就你可以做到的變革。

要知道，我們每個人內在都有個天才。當我們認知這一點的時候，就會找到內在的導航系統。我後來發現多年前想透過書本與仿效對象找到答案時，得到的那些資訊並沒有錯，那些作者們寫下的資訊也都沒有錯，他們都在同一張地圖上。如果你在正確層級上，那麼每一個建議都會是對的；反過來說如果你位於不同層級、或者有不一樣的天才，那麼那些建議就會變成錯的。

「方向」與「資訊」不同，像整張地圖就是屬於「資訊」，而「方向」則是你要如何由 A 點抵達 B 點。在現今的資訊經濟時代，其實你並不需要更多資訊，而是需要方向。當你有 GPS 可用時，只要你知道自己在哪裡、知道要去哪裡，那麼就能隨時獲得方向指引。此時此刻，你需要的是對你來說正確的方向：不是對每個人都正確的方向、不是對我以及我擁有的天才而言正確的方向，是**對你、以及你的天才而言正確的方向**。

這也是為什麼你的第一步會是先去做「MMP 百萬美金創富藍圖」測驗。現在就進行測驗吧！

在過去 10 年間，我一邊指導來自全世界超過 80 個國家的學員們，也一邊進行這套「MMP 百萬美金創富藍圖」的解碼。事實上，早已有許多來自全球各地的領導者們在應用「MMP 百萬美金創富藍圖」延伸各項指引，他們有的脫離債務且賺進數百萬美金、有的成立了影響數百萬人的慈善團體、有的提升了他們生涯的成就、有的讓自己獲得更多時間能與家人相處……等等。

這也是為什麼我能充滿信心地告訴你，不管你想要做什麼：不管你的目標是要解除金錢方面的壓力、創造財富來供養你的家庭、或者是要讓你的事業更有意義與成就感，你都能在我的「MMP 百萬美金創富藍圖」上找到你個

人的專屬路徑、以及可以依循的各個步驟。

　　而這也正是為什麼在你繼續讀這本書之前，會需要依照後面的說明，先去完成「MMP 百萬美金創富藍圖」測驗，並開始了解你的天才以及各個燈塔層級。

　　在正式開始之前，我要先跟你說的最後一段話是：沒有任何人有辦法單靠自己的力量在「財富燈塔」往上爬。事實上，你需要的火花往往是來自其他人——能與你的天才互補的人。在你透過「MMP 百萬美金創富藍圖」進行你的旅程時，就會吸引到這樣的團隊，而我也非常希望你能與我們分享你的旅程。

　　在我們的線上學習社群「GeniusU」上，除了有一個非常活躍的全球性社群之外，同時也提供各層級的豐富資源；你可以到「GeniusU」的官方網站 http：//geniusu.com 去分享你的經驗、疑問以及指教。

　　我們一起走在一段旅程上，目標是要增進我們自己、以及我們周遭人們的財富。我把這個使命稱為「全球富裕（World Wide Wealth）」——指的是我們作為一個整體，能創造更多、貢獻更多的能力。事實上，單是購買這本書，你就已經讓世界有點不一樣了。

　　這本書產生的收益中，有部分會提撥出去，讓不管是幼童與成人都能接受財務教育，讓他們學習到所需的技能，能在這個變化前所未有快速的世界往前邁進。

　　感謝你加入這段旅程，以及用一種小而重要的方式來讓改變這個世界。

　　OK，你準備好了嗎？一起來變魔術吧！

Roger

★ 行動時刻 ★
ACTION POINT

完成 MMP 百萬美金創富藍圖測驗！

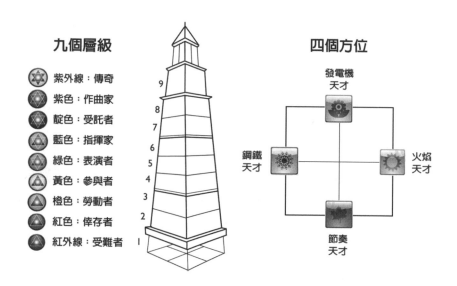

本書有贈送一個「MMP 百萬美金創富藍圖」測驗的代碼。

如果想要徹底了解這本書的內容，並開始依循你的專屬路徑去走，那麼這個測驗會非常重要。

你只要到 http://bit.ly/mmp-tc 登錄資料即可取得測驗代碼，並開始做測驗。一般來說這個測驗只需要 15 分鐘的時間，而在你完成測驗之後，就會透過 email 收到兩份報告：

● 第一份報告會在測驗完成後立刻寄送到你的信箱，當中會說明你屬於 4 種天才類型的哪一種；這也會是你在閱讀本書以及攀登「財富燈塔」時的指

Millionaire
Master Plan

南針。至於為什麼了解自己屬於哪一種天才這麼重要，在第一章裡會有詳細的說明。

● 不久之後，你就會收到第二份報告，當中會說明你目前位於「財富燈塔」中的哪個層級。在第二章中，你就會讀到「財富燈塔」以及當中各個層級的詳細解說。

為什麼要分成兩份報告？「MMP百萬美金創富藍圖」測驗的獨特之處，在於它除了可評測出你的人格特質（你是哪種天才）之外，也可讓你知道自己的進展到哪裡（你的財富層級）。雖然你的天才是不會改變的，但你的財富層級卻可以往上提升；也因此，我刻意把測驗分成兩部分，這樣未來幾個月或幾年之間，你都可以重新針對財富層級做測驗，來追蹤你的進度。

給比較沒耐心的人的提醒：如果你屬於那種會想要在做測驗之前，就先閱讀後面內容的人，千萬別這麼做！有兩個很重要的原因：

第一，你必須先知道自己在哪裡，才有辦法知道要去哪裡：你如何掌握每個層級、並以對你來說最自然的方式建立財富，會取決於你屬於哪種天才；你要依循每個層級中的哪一條路徑，也要看你是哪一種天才。很有可能你過去接受的、關於創造財富的建議，並不適合你的天才以及你所屬的層級，以至於那些建議沒有帶來好結果，而你浪費了寶貴的時間與能量。

所以，千萬別在這本書才剛開始的時候就又犯了同樣的錯誤！

第二，你需要多跟別人連結：人生當中絕大多數的挑戰，都是源於無法在我們需要的時候，與我們需要的人連結。當你上網去做「MMP百萬美金創富藍圖」測驗的時候，你同時也會連結到一群與你理念一致的人，他們都已經是GeniusU的成員，在享用著當中豐富的免費學習資源。

所以，請不要現在就急著看下一章，先到 http://bit.ly/mmp-tc 開始做測驗吧！

前言：來自峇里島的問候 ……………………………… 007
　★**行動時刻**★ 完成MMP百萬美金創富藍圖測驗！ … 014

Part 1　你的自然路徑　018

Chapter 1. 你的天才 ………………………………………… 019
　★**行動時刻**★ 建立你的未來願景與飛行路徑！ ……… 032

Chapter 2. 財富燈塔 ………………………………………… 036
　★**行動時刻**★ 勾選檢查清單 ………………………………… 051

Part 2　基礎稜鏡　053

Chapter 3. 紅外線到紅色：由「受難者」到「倖存者」 … 054
　★**行動時刻**★ 規劃符合你天才類型的空間 ……………… 087

Chapter 4. 紅色到橙色：由「倖存者」到「勞動者」 … 091
　★**行動時刻**★ 順流而行的五個步驟 ……………………… 120

CONTENTS

目錄

CONTENTS

目錄

Chapter 5. 橙色到黃色：由「勞動者」到「參與者」 … 124

★**行動時刻**★ 高成效促銷活動的DNA ………………… 159

Part 3 企業稜鏡和以上 163

Chapter 6. 黃色到綠色：由「參與者」到「表演者」 … 164

★**行動時刻**★ 讓你的節奏更符合自己的天才 ………… 198

Chapter 7. 綠色到藍色：由「表演者」到「指揮家」 … 203

★**行動時刻**★ 建立威信的三個問句 …………………… 228

Chapter 8. 藍色以上：由「指揮家」到「傳奇」 ………… 231

★**行動時刻**★ 用這8個問句開始你的每一天 ………… 246

📍結語 ……………………………………………………… 249

📍致謝 ……………………………………………………… 251

Part 1

你的自然路徑

你的天才與財富燈塔

每個人都是天才。
但如果你用爬樹能力來衡量一條魚，
那牠可能終其一生都會認為自己很愚蠢。

Millionaire
Master Plan

Chapter 1

你的天才

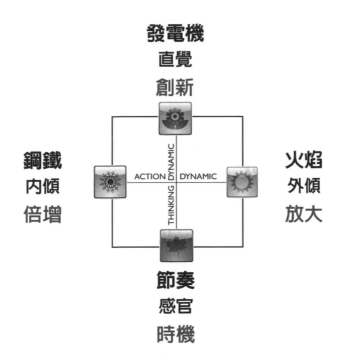

試 試這個小實驗：把兩隻手交叉在胸前，看看你是左手在上右手在下，還是右手在上左手在下。

現在試試看把它反過來：讓右手在上左手在下或左手在上右手在下，你覺得舒服嗎？對絕大多數人而言，都會感覺不太舒服，甚至覺得有點困難——就是覺得……很不自然。這是因為你做錯事情了，並不是說雙手抱胸有什麼最正確的方式，但確實有對你而言有最自然的方式。

我們每個人都天生就對某些事情特別擅長，但隨著年紀成長，我們發現有越來越多自己不擅長的事情。我們對這些事情處理不來，然後終其一生努力想強化我們天生的弱項，卻把自己的天賦強項視為理所當然。就像在學校裡，每個孩子都有不同的天才，但卻是用同樣的考試來評估他們的成績，當中有很多孩子們就因為這樣失去自信以及學習的渴望，實在是很悲慘的事。當你其實天生就已經是你的時候，為什麼還要試著變成另外一個人呢？──你早就已經俱足需要的一切！

在我們開始意識到自己與生俱來的天才的時刻，那就像是燈突然間被點亮一樣，我們突然間會察覺要達到成功，其實並不需要專注在自己的弱項上；我們只需要依循一條能發揮自己天賦強項的路徑去走就可以了。

以下是四種天才類型：

「發電機」型天才喜歡「創造」

「火焰」型天才喜歡「連結」

「節奏」型天才喜歡「服務」

「鋼鐵」型天才喜歡「細節」

如果你已經前往 http://bit.ly/mmp-tc 完成了「MMP 百萬美金創富藍圖」測驗，並且閱讀了你的「天才報告」，那麼你已經知道自己是這四種天才中的哪一種；而在你繼續進行之前，你還需要知道自己所屬的天才類型要依循哪些特定的「規則」，才能贏得競賽。

天才遊戲的規則

我這邊說的規則，意思是每一類天才都像是一種運動項目，如果你知道自己最適合的是哪一種運動項目，也瞭解其中的規則，就可以專注於專精那個項目。而關於運動有一個真理存在：有時候某個運動項目中的遊戲規則會跟另一個運動項目的規則 180 度相反。舉例來說，如果你去踢足球，那規則是你只能用腳踢不能用手拿；但在打籃球時，你卻是只能用手而不能用腳。

MILLIONAIRE MASTER PLAN

同樣的，如果你是個「火焰型天才」，但卻找了份沒什麼變化性的工作
——你得坐辦公桌處理細節一整天，而不是可以外出去跟人接觸的那種——
那麼不管你是自己創業還是為他人工作，幾乎可以保證你會覺得日子很難熬；
然而，如果你是個「鋼鐵型天才」，但你整天都被派出去跟不同人會面，那
你也一樣會覺得很悲慘。很多人、很多書、甚至包括你自己，都可能會跟你
說你該繼續做下去，因為「那是你的工作」；但這樣只會讓你覺得自己很笨，
而且想要逃離這一切而已。

我看過很多人之所以陷在債務之中，是因為之前有人跟他們說應該要記
錄每一張帳單，但這麼做卻不是他們這種天才的強項，他們試著要遵循天生
就不適合玩的遊戲規則！當他們發現自己的天才的遊戲規則、開始依循不同
的改善策略之後，很快就成功脫離了負債生活。

我看過很多上班族因為覺得在目前的環境中深感挫折，因而想要辭掉工
作，但卻因不知道如何透過做自己喜歡的事來取代既有的收入而沒有行動。
當他們瞭解自己的天才之後，有些人是突然就看到了一條能往前進的路，也
獲得採取行動的勇氣；有些人，則是透過簡單調整他們的工作執掌，很快地
就又開始熱愛自己的生活，職涯也如進入快車道一般全速前進。

你是哪一種天才？我自己是「發電機型天才」，天生就是個創作者。讓
我管理我自己的帳戶明細會讓我深感挫折，而這也是為什麼當時我的現金流
會變成負的、我的車子會被銀行收走。唯有在瞭解我自己的天才之後，我才
能看清那條對我最自然的、能讓我繼續前進的路徑。我會在後文第三章中談
到這段故事。

而這也是為什麼我會說：你的天才就是在「MMP 百萬美金創富藍圖」
上導航的指南針。

瞭解四種天才

這四種天才的概念可追溯回五千年之前，且與古中國和古印度思想中的

四個頻率相關連；亞里斯多德與柏拉圖也同樣發現了這四種天才。不過雖然這四種天才的源頭有點古老，但在這裡卻是用全新的方式來應用：用來找到你的創業家精神、以及對你而言通往財富與成功的最低阻力路徑。

在後續的幾張表格中，你會發現每一種不同的天才都有不同的自我實現方式。每一種不同類型的管理金錢／時間、經營人脈、領導團隊的方式都不一樣，都有各自的成功方程式和失敗方程式。每一種天才都有一種本質頻率是最強的，而且也是一種如同四季一般的「變」的狀態的一部分。

我們的天才影響我們如何領導以及如何經營關係、影響我們如何行銷自己和我們的產品／服務。這正是那些告訴你只有一種方式、或者是你必須要全部都做的那種「一刀切」作法的書本，往往說法彼此衝突的根本原因。它們就像是那種強迫你改變自己，告訴你要瘦下來就得要變成一個不同的人的（而不是其實只要成為一個更健康的版本的你就可以了）、沒有效率的節食方式一樣。你可以把「發現自己的天才」看做是要幫最理想版本的你，量身打造最適合的飲食計畫。

當然，沒有任何一個人只有這當中的某一種天才：我們或多或少都同時擁有這四種天才，不過其中會有一種天才是比其他人更強的。在我們進入「財富燈塔」之前，要解放你自己的第一個步驟，就是要完全瞭解這四種天才在指南針上的方位，以及它們彼此的關聯。

發電機型天才 ⦂ 擅長創意

「我信奉善意的獨裁主義，前提是我要是那個獨裁者。」

——理察·布蘭森

很擅長……	創造：「發電機」善於啟動與推動事情的進展，他們比其他人更能看見未來。他們擅長天馬行空地發想，而能維持注意力的時間則相對短暫。
不太擅長……	把事情完成、判斷時機、周邊問題、集中注意力：在課堂上老師們可能會常因為「發電機」們不專心而吼他們。
成功方程式	透過創新來創造價值：「發電機」們很有創意、第六感敏銳、而且有能力啟動新事物。他們善於讓事情成長。
失敗方程式	諮詢商議與只靠直覺。「發電機」型天才不擅長時機點的掌握、服務以及感知他人狀態等領域——除此之外，試圖扮演「鋼鐵」型天才也是其中之一。
極性相反的天才	「節奏」型天才

　　「發電機」型天才包括理查·布蘭森、比爾·蓋茲、史蒂夫·賈伯斯、貝多芬、麥可·傑克森、愛迪生、愛因斯坦……等等。以上這些成功者都專注心力在「創造」上，不會太在意那些批評他們沒有條理或不太做社交公關的聲音；他們不會擔心自己有時會健忘或錯失小事；這些成功人士之所以能因為自己的創造力而被世人永誌於心，是因為他們知道自己最擅長回答關於「什麼？」的問題。

火焰型天才 ⦂ 擅長人際

「在領導時，你必須誇大所說的每一件事。你必須重複一千遍，並誇大它。」
——傑克·威爾許

很擅長……	與人交談與溝通互動：「火焰」能量的整個重點都在於關係，他們把人放在首位，樂於跟他們交談並聆聽他們的故事。他們透過講話以及說 / 聽故事來學習。
不太擅長……	處理細節：「火焰」能量在分析與計算細節這部分最弱。
成功方程式	透過「放大」的方式來創造槓桿借力：「火焰」能量要問這個問題——「我如何讓這件事只有透過我才能完成？」他們藉由培養人際關係的方式來建立自己的品牌。他們擅長放大。
失敗方程式	計算：當「火焰」能量試圖要做倍增、透過不需要他們就能運作的系統來增加財富時，就容易卡住。
極性相反的天才	「鋼鐵」型天才

「火焰」型天才包括美國前總統柯林頓、傑克·威爾許、知名脫口秀主持人艾倫·狄珍妮、賴瑞·金等人。這些充滿魅力的人都專注於他們在領導與建立關係方面的強項，忽略那些針對他們不專注於數字上、或者通常不做通盤規劃的批評聲音；他們從不擔心自己經常改變焦點、而且不喜歡關在辦公室裡，他們會走出去、透過跟人相處互動來讓事情發生，並且讓過程有趣且充滿變化。他們在回答關於「誰？」的問題時最能發揮長處。

MILLIONAIRE MASTER PLAN

節奏型天才 ⊙ 擅長感知

> 「領導者的耳朵必須聆聽人民的聲音。」
>
> ——伍德羅‧威爾遜

很擅長……	腳踏實地、處理大量的活動、實際動手做、跟人要求提供見證與轉介紹：別期待「節奏」型天才提出很有創意的計畫，但可以預期他們會把需完成的事情準時完成。
不太擅長……	創新、公眾演說、策略規劃、從大處著眼。
成功方程式	透過掌握時機點的方式創造價值：如果「節奏」能量高的人能知道何時買、何時賣、何時採取行動、何時按兵不動，就不需要創造任何東西。
失敗方程式	創意：「節奏」能量不善於無中生有產生創新，試圖自行創造出一條成功道路，而不去善用他們天生的感知能力。
極性相反的天才	「發電機」型天才

　　「節奏」型天才包括華倫‧巴菲特、喬治‧索羅斯、伍德羅‧威爾遜、甘地、曼德拉與德蕾莎修女、麥克‧費爾普斯等人。上述這些知名人士都專注於他們的感知能力與堅持力等強項上，忽略那些批評他們不夠強硬的聲音。他們接受自己做事時通常會小心翼翼、並希望能有多一些時間考慮。他們讓自己保持冷靜以及務實落地、並按著自己的步調走，因為他們是四種能量中最擅長回答與「什麼時候？」相關的問題的類型。

鋼鐵型天才：擅長細節

> 「一個領導者的水平，就反映在他們為自己設定要遵循的標準之上。」
>
> ——雷・克洛克

很擅長……	「鋼鐵」能量高的人特別喜歡手冊、說明書、以及把所有小字全部讀過，藉此瞭解與釐清所有的資訊。「鋼鐵」型天才會以自己的步調把事情作對，他們不會倉促行事，且會仔細地創造系統來建立他們的財富流。
不太擅長……	閒聊與持續溝通。
成功方程式	透過複製的方式來創造槓桿借力的空間：「鋼鐵」能量的人會問：「這件事情如何在沒有我的狀況下也能做到？」他們透過各種系統來讓事情變簡單、變多、以及倍增。
失敗方程式	溝通：「鋼鐵」型人往往會把「發電機」型人的能量吸走（他們的金屬斧頭會把「發電機」的木頭砍斷），而與「火焰」型人的過多接觸，也會干擾他們思緒的敏銳度（因為火可以熔解金）。
極性相反的天才	「火焰」型天才

「鋼鐵」型天才包括洛克斐勒、亨利・福特、麥當勞的雷・克洛克、谷歌創辦人賴瑞・佩吉與謝爾蓋・布林、臉書創辦人馬克・祖克柏等。上述這些成功人士都專注在他們的強項上，讓自己在系統與資料的管理領域盡量發揮；他們不會太在意那些批評他們不善於社交或對人不夠敏感的聲音，他們接受自己喜歡獨處、且通常在獨立安靜的工作環境下最能發揮的這些事實。他們聚焦於找到透過他們的系統來完成工作的聰明方式，因為他們知道自己最擅長的就是回答關於「怎麼做？」的問題。

Millionaire Master Plan

財富的關鍵在於順流

瞭解你的天才有助於你找到對的書以及對的仿效對象，也能讓你清楚知道該對什麼說「Yes」與該對什麼說「No」；更重要的是，在本書的第二部分，你將會知道你擁有的天才就是你要攀登「財富燈塔」時的最低阻力路徑。你的天才讓你能找到自己的「順流」——不用一個月、不用一年。就在今天，就是現在。

所有活著的系統都在流動。我們的身體裡有很多自然的流動、天賦會流動、產品會流動、資訊會流動。財富也是一樣，而當一條流與另外一條流交會的時候，財富就會成長。以經濟這個領域來想想這個概念：商船啟航出發，流動的航線覆蓋河流以及海岸線的各個港口，各個主要城市則因此而成長；而當馬路與鐵道交會到這些港口時，這些「流」又彼此交會，而財富也隨之成長。現今世界上最富有的人們，也都是處於最大的「流」的交會之處。

那麼，這個「流」的概念，跟你的天才以及你的成就有什麼關係呢？關係可大了！當你知道自己的天才所在時，就可以進入屬於你的流之中，並讓這條流成長擴大。

回想一下在過去人生中，你是否有不管做什麼都很辛苦的時刻：那都是因為那時你專注在自己的弱項以及失敗方程式上；再想想那些你生命中曾經一切都不費力地自然流動的時刻：那時你正依循著自己與生俱來的天才以及成功方程式。現在，想像你跟一些人合作，他們的天才、強項、以及成功方程式，都能補足你的弱項與失敗方程式——這正是進入順流之中的關鍵。

透過這種方式，你的天才就不再只是指南針而已，同時也是蠟燭上的火焰。我們往往會把能量專注在蠟上面，而不是專注在火焰上；當我們專注於試圖獲得更多蠟的時候，玩的就是你輸我贏的零和遊戲，因為我得到更多蠟，就表示你會少得一些，當有個人變得更富有的時候，表示有人變窮。然而，當我們專注在火焰上的時候，能獲致的成果就會變成以指數成長。要點燃另外一根蠟燭，並不需要損耗自己這根蠟燭什麼；而當我們點亮周遭人的時候，就會發現我們除了自己的陰影之外，一點損失也沒有。我們會領悟這就是作

為蠟燭的重點。

那就是隨著我們攀登上「財富燈塔」時，會找到的人生目的以及會感受到的滿足。

當你知道你的朋友們、同事們、你的老闆、你的家人的天才時，就能夠欣賞他們那些做得很棒的一切，並協助他們發揮得更好。至於那些你不那麼擅長的事情呢？其他類型的天才可以協助你，因為他們的強項剛好是你的弱項。要達到「順流」，重點不只是你要抓住什麼而已，也在於你要對哪些事情放手。

在我的車子被收走之後一年半，我因為抓到這個關鍵概念，而有了另外一次的量子飛躍，而且這次可是個**價值一百萬美金的量子飛躍**！那時我的現金流已經轉為正向，但身為一個「發電機」型天才，要管理我事業上的日常營運實在讓我很頭痛。我並不想每天一直在跟人會面來銷售廣告版面，我希望能多做創新、能多運用我的創造力。後來，我有位叫派翠克的朋友順道來拜訪我，他隨口說了一句話：「我要去弄到一百萬美金。」

派翠克是個房屋仲介，生意做得很成功，而他當時說的那一百萬美金，是指他要幫他的一個新創事業募得的資金。那時我自己的事業還在勉強可以餬口的狀態，每個月的銷售額只有大約三萬美金而已。當時我自己只領足以支付房租與基本開銷的薪水，不過，跟派翠克那個新創事業的點子比起來，我這個充滿壓力的事業至少還是個真的事業。所以，他哪有可能憑空就募到一百萬美金？我才不相信。

派翠克鼓勵我也做跟他一樣的事，但我沒聽他的。我的工作就已經夠我忙了，沒空把他說的話當一回事。事實上，我當時很快就打發他走；而六個月之後他拿出那張一百萬美金的支票時，也很快就讓我從椅子上摔下來。

我後來知道派翠克在報紙上讀到，有一位本地的天使投資人在投資有前景的高科技事業，一出手就是一百萬美金。派翠克的計畫是去跟這個投資人碰面、搞清楚他想投資的最理想事業是哪一種、然後就擬定一份跟那種事業完全一致的創業計畫。他的策略是對的：找到你想要合作的投資者，然後搞

清楚他們做投資決定時使用的準則。

　　我還記得派翠克拿到支票的那一天，我回到家，心裡想著我是不是全部做錯了。世界上每天都有好幾兆的錢在流動，就像水在河流中流動一樣，而我卻一直在沙漠裡挖掘——我要如何才能像他那樣接上這些流？我絕對不想要以募集資金來發展事業，卻只依靠自己的創造力來支付自己。如果我能運用「發電機」天才的天賦強項，運用我朋友派翠克（他剛好也是「發電機」型天才）取得風險投資的做法，那我就應該也能接上這條財富的流？

　　我承諾自己要去執行這個想法，而我碰到的第一個挑戰就是時間。在那之前我都是自己管理事業，因為我一直以來都有個藉口就是我請不起幫手。但為了完成這個新承諾，我改問自己一個很重要的問題：「我能不能用晚點付錢的方式，請到比我更行的人？」我想要找一位出版界的專家，讓他來協助我管理事業。後來，我找到彼得・瓦金司，他是「火焰」型的天才，也是已經在大出版集團工作 10 年的出版界老鳥。

　　我把我的事業募資計畫告訴彼得，然後問他是否願意冒個險，以目前薪水的幾分之一，成為我事業的總經理。我善用自己的「發電機」天才，跟他說明我能募得款項，讓我們能成長到下個層級的計畫，而他則以他的「火焰」天才來管理事業，並讓我啟動的項目變得更大、更好；藉由合作，我們可以在公司中分享比目前各自擁有的還要更多的資源與更好的潛在客戶。他的「火焰」能量能把我的「發電機」能量發揮得更大，並讓我們都達成比一個人單打獨鬥時更大的成就。

　　後來彼得加入我的公司，解放了我的時間。在一個月之內，我就開始帶著創業計畫書去敲風險投資公司的大門了；而不到三個月，我就取得了「3i」企業的三百萬美金投資承諾。那是我這輩子看過金額最大的支票，我還記得有把它影印下來（還把它放到影印機能印的最大尺寸）然後釘在牆上。我那時想著不過短短三個月之前，自己還在賣命地工作，那個時候我是逆著自己的天才去做事，想盡辦法想要把水往上游推，而不是順著水的流向走。

　　當然這整件事情沒有像我講的這麼簡單，細節的部分我在這本書的下一

部分中會說明；不過即便如此，我由會見客戶、銷售雜誌廣告等等了不起帶來幾千元美金的這些日常活動，搖身一變開始會見投資人、以數百萬美金銷售我事業的一部分，這變化的速度之快仍讓我訝異。改變的並不是我有多努力工作，（天才們總是很努力工作，只是當處於順流狀態時，他們並不會覺得自己是在工作而已。）改變的是我周遭財富流的等級。

這些道理，在我們的人際關係上尤其真實。我太太蕾娜特是個「節奏」型天才，我們是相反的類型！我們結婚已經二十年了，但我們在一起的前幾年時，並沒有意識到彼此的天才有這些差異，我總是很納悶為什麼她不肯冒更大的風險，而她則總是很奇怪為什麼我一直在開始新的事情。這些差異點導致我們經常爭吵，因為我們都用自己的自然傾向來評斷對方。

在我們開始瞭解彼此是相反類型的天才時，就開始懂得彼此欣賞與理解，這讓我們意識到自己之前都試圖要把對方拉出順流。現在蕾娜特會讓我保有瘋狂發明家的時刻，而我則知道她需要時間處理新資訊，所以我不會要求她立刻做決定。我們彼此支持對方停留在順流之中。

第五種頻率

有一個能把四種天才連結到一個學習循環的第五種頻率存在著，亞里斯多德稱這第五種頻率為「首動者（first mover）」或一切的始源。那就是水能量，也就是一切流動的基礎。這第五頻率形成了一個始於水、終於水的循環；任何專案、事業、產業與國家在歷經「創造」到「完成」再開始「創造」的循環時，都會經歷這些頻率。

你現在也透過你所有的關係、以及你進行的每一段旅程，正在經歷這個自然的循環。水能量就是你的創業家精神，它是一切循環的起點，它是問「為什麼？」的問題，而接續這個問題的是其他頻率會問的那幾個問題類型：「什麼？」（發電機）「誰？」（火焰）「何時？」（節奏）「如何做？」（鋼鐵）。

我們會看到這個學習循環與四種不同天才一齊出現，也會在「財富燈塔」中的每一個步驟都看到它。

CHAPTER ONE SUMMARY

你是個天才：這個天生的才華是你在「MMP 百萬美金創富藍圖」中遊歷時的指南針。只要你依循自己的天才指南針，就能找到你的順流。

> **「發電機」型天才擅長創意**
> **「火焰」型天才擅長人際**
> **「節奏」型天才擅長感知**
> **「鋼鐵」型天才擅長細節**

財富的關鍵在於順流：我們越依循自己的天才來增長自己的流，就能創造越多財富。

　　世上還有一個能連結四種天才的第五種頻率存在著，這個頻率問的是「為什麼？」的問題，而接續這個問題的是其他頻率會問的那幾個問題類型：「什麼？」（發電機）「誰？」（火焰）「何時？」（節奏）「如何做？」（鋼鐵）。

★ 行動時刻 ★
ACTION POINT

建立你的未來願景與飛行路徑！
思考它、記下它、檢視它、實踐它

要知道該往哪個方向走，除了得要清楚知道自己目前所在位置之外，也要知道接下來要去哪裡，這也是為什麼你會需要建立一個清晰的「未來願景」。

那麼，為什麼很少人有清楚的未來願景呢？

「我現在的麻煩已經夠多了，沒時間去想未來要往哪裡去。」

「我不想去夢想一些根本不會發生的事情，最後讓自己很失望。」

「在決定要往哪個方向去之前，我需要更多的清晰度。」

在我指導創業家們的時候，經常會聽見像這樣的藉口；然而，沒有設定清楚的目的地，往往是我們面對的一切壓力和不確定性的起源。如果你不知道自己想要去哪裡的話，那不管是「你的天才」這個指南針，還是「財富燈塔」這張地圖，都一樣幫不了你。

你的「未來願景」定義出目的地，並繪製出接下來一年完美人生的圖像——要想像自己在創造一幅曠世鉅作！在你設定好「未來願景」之後，接下來就要以季為單位設定你的「飛行路徑」。有了這兩者，再加上你的「MMP百萬美金創富藍圖」測驗結果，你就能清楚看見自己現在所在的位置以及在接下來一年要前進的方向。

💡 建立你的未來願景 »»»

「未來願景」不只是設定目標與在心中觀想而已，它其實是在為你相信能做到的、你的人生在接下來一年之內（你能掌控的近期未來）能成長到什麼程度，創造一個全相（holistic）藍圖。

在規劃未來願景時，要能讓你有更大拓展的機會，且讓你自己感到振奮與期待——但不能大到你自己都不相信它是可能達成的。根據拿破崙·希爾所說，這一點就是他在《思考致富》一書中訪談的那些美國首批億萬富翁的「秘密」。在訪問像安德魯·卡內基、愛迪生、貝爾、亨利·福特、洛克斐勒等人的過程中，希爾發現他們都有一個共通點：對於他們正在創造的未來現實有毫不動搖的信念。對他們來說不是「會不會」成真的問題，而只是「何時」會實現而已。

在我的車子被收走的那天夜裡，我首度建立自己的未來願景，而在那之後我每年都會寫一次，一直到現在都是如此。我把未來願景寫在我的日誌本裡，寫得非常地清楚明確，並且是用完成式以及感恩的力量。如以下——

完成式：想像你已經在一年後的未來，以未來的自己的角度寫下一篇回顧過去一年的日記，開頭寫下：「在過去的一年裡，我……」。想像自己已經抵達目的地，在終點處回頭看，這會比要想像未來容易很多。

感恩：由終點處回頭看的時候，我不會這樣寫：「我現在覺得很有成就感、很成功，因為我已經實現了……」反之，我會以一種灌注了感恩力量的方式來寫：「我非常感謝過去這一年，在這一年裡，我……」。

用完成式加上感恩，會讓你光是寫下未來願景，就感受到成就感與滿滿的能量。別跳過這個步驟，現在就寫！給自己30分鐘到1小時的高品質時間，讓自己全心投入做這個練習。

寫下明年的今天的日記，參考我在下面提供的提示方向，在你的日記中盡可能包含人生所有的面向。在明年的今天，你會希望人生各個領域是怎樣的狀態？（有想到其他你想到的重要領域的話，可以再多增加幾個段落）盡

可能明確一點，並且在這篇日記中分享你是由一年前的狀況，到現在達成目標的整個故事。

這篇日記可以是兩頁，也可以寫十頁，寫完之後，問自己這內容是否能激勵自己。如果不能，那就問自己還需要增加些什麼內容。全部完成之後，就把它貼在接下來一年之間都經常會看見的地方，這就是你在接下來 12 個月要邁向的目的地！

日期：

我非常感謝過去的一年，在這一年裡，我……

我的個人現金流…

我的資產…

我的時間…

我的工作／事業…

我的團隊…

我的客戶…

我的合作伙伴…

我的健康…

我的家庭…

我的朋友們…

我的人生目的…

我對世界的貢獻…

在接下來的一年，我會…

 ## 設定你的飛行路徑 >>>

建立接下來一年的未來願景之後，下一步就是要把它拆分為以季為單位

的里程碑；這麼做的好處是能讓你掌握步調並確保自己在軌道上。我自己都會對人生以及我的每一個事業設立每季的里程碑。

以下是把未來願景拆分為季里程碑的簡單格式：你設定一年之後的月收入是多少？把需要增加的收入數字除以 4。算算看，這樣表示 3 個月之後你的收入會是多少？6 個月之後呢？

看著你之前說的、在接下來 12 個月之間你會如何運用你的時間，想想看如果已經過了 3 個月，有哪些事情會變得不同？6 個月的時候呢？先別煩惱要如何達成這些目標，現在只要先專注在「什麼？」與「什麼時候？」就夠了。

我已經在你的個人頁面上（www.geniusu.com）提供了免費的「飛行路徑計畫表」以及每週進度追蹤器。請前往填寫，並且每週設定一個固定時間檢視你的進展。我會建議你在星期天晚餐後空出個一小時，一方面回顧一下過去一週的進展，另一方面參照「飛行路徑」，預覽一下接下來的一週。

我在過去 25 年之間都是這麼做的，現在對我而言這個成功的節奏就跟吃飯睡覺一樣自然。我自己把這些時段稱為「Score Session」，在當中「Score」這個字有三層意義：

- 樂曲（就像音符一樣──這是一種可以讓我在紙上看到我的大作的方式）
- 度量標準（跟得分的分數一樣，可以衡量我的進展）
- 溝槽（就像在木頭上刻紋路一樣，每一週都讓紋路越來越深）

如果你還不太確定怎麼設計自己的「Score Session」的話，在你的個人頁面中就能找到我提供的個人指南，當中會教你怎麼進行你的「Score Session」。現在就訂下你的「Score Session」時段，把它加入你的行事曆，然後許下承諾去實踐！享受整個過程！

譯註 score 這個單字在英文中可用來指「樂譜」、「得分」以及「刻痕」，作者一字多用，讓 Score Session 有多層意涵。

Chapter 2

財富燈塔

紫外線：傳奇
紫色：作曲家
靛色：受託者
藍色：指揮家
綠色：表演者
黃色：參與者
橙色：勞動者
紅色：倖存者
紅外線：受難者

9
8
7
6
5
4
3
2
1

點石成金
稜鏡

企業
稜鏡

基礎
稜鏡

跟四種天才類型的起源一樣，構築起「財富燈塔」的架構起源，也可以追溯回 5000 年前的中國與印度，後來這個哲學流傳到埃及、希臘以及羅馬，後來又繼續流傳到文藝復興以及啟蒙時代，一直流傳到現代。「財富燈塔」有四個面，每一面都連結至我們之前說明的四種天才；而這座燈塔有九個樓層，每個樓層代表著一種財富層級，並以「財富光譜」的九種不同色彩來標示各個樓層（而每三個樓層歸為一個稜鏡，總共三個稜鏡）。

MILLIONAIRE MASTER PLAN

這九個層級的順序是我們都很熟悉的彩虹的顏色，再在其最下方（在「紅色」下方加入「紅外線」）與最上方（在「紫色」上方加入「紫外線」）加入眼睛看不見的層級：

◆ 基礎稜鏡（精通個人的財富流）

紅外線層級：受難者

紅色層級：倖存者

橙色層級：勞動者

◆ 企業稜鏡（精通市場的財富流）

黃色層級：參與者

綠色層級：表演者

藍色層級：指揮家

◆ 點石成金稜鏡（精通全球的財富流）

靛色層級：受託者

紫色層級：作曲家

紫外線層級：傳奇

如果你已經完成「MMP百萬美金創富藍圖」測驗，那麼你應該也收到了第二份報告，知道自己目前在「財富燈塔」的哪一個樓層了。在知道自己所在層級之後，你可能會想直接跳去看後面內容中關於你層級的部分，然後再直接翻到這本書中說明你所在層級的章節。這是可以的！如果你想要的話，就先去閱讀那些內容，在對應的章節中會有適合你的天才（以及其他三種天才）的詳細步驟。

不過，在你讀完所在層級之後，記得回頭閱讀中間這些層級的內容，學習各個層級之間的重要步驟；這樣才能有助於你建構團隊以及瞭解如何協助別人，如你的家人、朋友、合作夥伴、客戶……等等——因為他們每個人都位於不同的層級。此外，你也將學習到自己所在的層級與其他九個財富層級的比較，以及在某個層級的成功方程式，往往會是要邁向下一個層級時的失敗方程式。

　　另外，你也可能會想要先看更高層級的內容。如果是我的話大概也會想這樣做。我會說：「是啦～我明白，這些內容都很棒，不過我只想直接知道怎樣能賺進數百萬美金。」千萬別這樣做。我們在「紅外線」層級時就提到一個必須養成的紀律，而這紀律也適用於燈塔的每一個樓層，它的道理就跟要建構高品質的管道工程一樣：在你要去賺一百萬美金之前，最好先確定一下自己的管道系統有沒有漏水，因為如果有漏水的話，那不管你賺錢的速度有多快，錢都會用同樣的速度流失掉。

　　事實上，這就是我處於「紅外線」層級，搞得我的車子被銀行收走時的狀況。我拒絕接受自己在這個層級，而且想要跳過整個「紅外線」這部分。當時的我還不知道這一點，不過事實是我在管路漏水的狀況下，就想瞄準「企業稜鏡」，結果就是雖然看起來很成功，但其實一事無成。

　　我們腦中都有個小聲音存在，那就是我們的導航系統。我們都像坐在駕駛艙的機師，能聽見來自塔台的聲音一樣；而「財富燈塔」就像是塔台，而依據我們所處的層級、所在的方位不同，能聽見的建議也會全然不同。隨著層級的改變，塔台聲音的清晰度也會改變：我們所在的樓層越高，能看到的景觀就越清楚；而所處的樓層越低，景觀就越模糊。這也是為什麼即便是最優秀的領導者們，也可能會卡在某個層級好幾年時間，一直到他採取了要往上爬升所需的步驟之後，才發生了他的量子飛躍。

　　能瞭解嗎？好，接下來讓我們進入燈塔裡去看看，先簡單瞭解其中的九個層級、三大稜鏡，以及在這之後還有什麼。在閱讀這些內容時，請以要找到自己目前在哪裡以及打算要達到的層級為目標。

MILLIONAIRE MASTER PLAN

基礎稜鏡

「財富燈塔」的基礎在於對自身財富的專精度：不論市場狀況如何，我們為自己人生創造豐足的價值流和金錢流的能力。這當中的三個層級引領我們由負債到能存活，再到擁有正向的現金流。世界上絕大多數人都處於這三個層級之一，他們每天努力工作著，卻不明白如何才能往上提升，並且停留在較高的層級。很常見的狀況是，人們試著要去創業或者投資，但結果卻搞得自己比一開始還要慘。當我們瞭解如何在這些層級中建立穩固的基礎，就不會讓自己一直掉回同樣的層級。

以下是「基礎稜鏡」中的三個層級。

紅外線層級：受難者——「我每個月在債務裡越陷越深」

「紅外線」層級的人每個月在債務裡越陷越深，就像我當年在新加坡車子被收回的時候，就是這個狀態。處於「紅外線」時充滿壓力、焦慮與疑惑，是一種很恐怖的感覺。這是迷路的天才們所在之地，此時你想把自己的天才與外界連結卻無法做到。那種狀態就像是戴著紅外線眼鏡一樣—除了熱能的圖像之外什麼都看不見。一般來說會落到「紅外線」層級可能是因為你沒了工作、負了太多債務、或者是對資產或事業做了過度的投資。有些人雖然賣掉自己的事業後，坐擁數百萬美金的資產，但由於在賣掉事業之後月現金流變成負的，因此也落到「紅外線」層級中。

好消息是，只要願意採取一些特定的、有點激烈的步驟，任何人都可以在三個月內由「紅外線」層級裡跳出來。「紅外線」的策略涵蓋如何把一個「漏水的管路系統」（流失掉的不只是金錢而已，還有時間與能量）轉而打造成百萬美金的管路系統，讓你付出的所有努力都能帶來成功與滿足。當你升級到「紅色」層級的時候，得到的報酬是你可以買回自己的時間、重新拿回人生的主導權、並讓那種如影隨形的壓力與不確定性從此消失。後面我們談到細節時，你會發現有很多行動看似違反直覺，但那些能讓你脫離「紅外線」

層級的步驟，也能確保你這輩子都不會再跌落「紅外線」層級。所以，你可千萬別跳過這個層級。

紅色層級：倖存者——「我的錢只勉強足以過活」

在「紅色」層級時，你賺的錢最後所剩無幾：你的薪資只剛好能負擔日常開銷。也許你會這樣，是因為你把所有賺到的錢都投注在發展你的事業，而非發展你個人的財富上，就跟我經營出版事業的時候一樣；又或者你投資了個資產或證券，卻發現你投入的金錢並沒有為你工作賺錢，導致你目前收入僅足以過活……不管你賺了多少錢，那些錢總是就這樣消失了。結果呢？你會覺得自己就像在海上漂流，只有頭浮出水面。

能讓你脫離「紅色」層級的步驟是建構你個人財富的核心，重點在於把創造財富這件事的重心放在你自己身上；你必須提升自我的價值認定，並降低對自我的否定，也必須把要脫離「紅外線」的成功方程式（養成紀律）切換為要跳脫「紅色」的成功方程式（找到最大的熱情），一方面獲取正向的現金流，一方面要建立能讓你每天都有成就感的日常節奏。

橙色層級：倖存者——「我靠努力工作維持生計」

「橙色」層級靠工作來維持生計。如果你有份工作，或者你是屬於自雇者，那麼你可能就在「橙色」層級。你每個月底都會有些剩餘的錢，但仍需要追著錢、或者追著生意跑。當你處在這個「基礎稜鏡」的最高層級時，代表你有強烈的工作倫理，但內心卻也疑惑著要怎樣才能讓這一切努力帶來更高的收入。

你原本使用的「熱情地投入工作中，把事情做到最好」這個成功方程式，並不足以讓你提升到「企業稜鏡」與「黃色」層級。從「黃色」層級以上的做法跟「橙色」層級相反，在這個層級時你不是傻傻地在場上追著球跑，而是選擇要加入的隊伍、選定一個你要踢的位置，然後讓其他人把球傳給你：

MILLIONAIRE MASTER PLAN

讓人們來找你，而不是你去找人。這表示你必須要由聚焦於「行動」提升為聚焦在「吸引力」之上；你得要創造一個獨特的身份，並專精於你所屬的市場。你學習如何決定自己的價值所在、做各種測試與追蹤度量、以及建立你的個人品牌。

企業稜鏡

在我們專精了「基礎稜鏡」之後，就為自己掙得了進入「企業稜鏡」的權利。這個稜鏡當中的各層級重點在於專精於流經各個市場的財富：也就是我們管理各項投資與各個企業，讓價值與金錢在各個團隊與各個市場間流動的能力。這代表的是我們由有份安穩的工作、進展到自己當自己的老闆，再進展到懂得如何在一個高效能團隊中出類拔萃，再進一步到能管理多個團隊與多條收入來源。每天都有超過四兆的金錢在世界上四處流動與轉手，你要如何才能更多參與在這些流動之中，把更多金錢導向你在意的事情、以及你想引領的變革之上？

「企業稜鏡」的三個層級都可以與「音樂」連結在一起：「參與者」（一個人作所有的事情）、表演者（大家一起做一件事情）、以及「指揮家」（不需要演奏任何樂器也能造就樂曲）。

黃色層級：參與者──「我喜歡我做的事，並創造自己的財富流」

如果你處在「黃色」層級，那麼你的旅程是由你自己決定。你已經在業界有些名望，生意會自己找上你。你可能是為別人工作、是自由接案者、或者你是自己的老闆。你知道如何吸引生意，也瞭解如何創造出新的產品／服務，為它定價並推廣到市場上。這個層級的挑戰在於每一件事情都圍繞著你；雖然你擁有一定程度的自由，但你還是得要出現才能帶來收入，只要你一停下來，錢就跟著停下來，就像吉他手停止演奏時，音樂就會停止一樣。

要脫離「黃色」層級的步驟與讓你能到達這個層級的步驟完全相反：你

是因為「獨立自主」才到這裡，但要脫離這個層級則需要轉為「相互倚靠」；事業體的識別度以及韻律節奏，變得比你自己的還要更為重要。要做到這些，需要的不只是為你的工作或人生建立系統而已，還會需要領導力、並且專注於選擇對的人才。更重要的是，這代表著你得要放棄「只有我能把需要做的事情完成」的這種想法。

綠色層級：表演者——「我藉由團隊與節奏創造財富流」

「綠色」層級才能造就企業。要領導一個團隊來創造利潤，這和當自己的老闆是截然不同的兩件事，但能得到的回饋如指數倍增。你的焦點已不在自己，而是在他人身上，你問的問題不再是自己要怎樣才能賺到錢，而是如何能幫助其他人賺錢。你知道如何藉由連結對的團隊或合作對象來成長你的財富。你是個已連結自己天才的領導者。在派翠克啟發我走出去、把管路接到我周遭的財富流，來讓我的團隊成長並且重新取回我的時間的那時候，我就是躍升到這個層級。

你的成功方程式在於為你的團隊建立文化，並把各個團隊成員都連結至你的使命。在你由「綠色」層級提升到「藍色」層級時，會培養出管理多個團隊的本事。你擁有足夠的權威與專業，能吸引到對的領導者加入你的各個團隊和收益流；你可以擁有多個事業與資產，每一個項目都能有效管理。有很多人太早就試圖要達到這個層級，他們的目標是要有多重收入來源，但卻並不知道該如何管理這些收入來源。

藍色層級：指揮家——「我擁有多個團隊與多重收入來源」

「藍色」層級讓你完全由忙碌中解放出來。你擁有許多投資項目，且已經精通了現金與資本的管理應用。現在你就像交響樂團的指揮一樣，不需要演奏任何樂器也能讓音樂出現；除此之外，也跟指揮一樣，現在你不再是面對聽眾，而是面對你的樂手們。

MILLIONAIRE MASTER PLAN

跟你一樣，我目前也在一段旅程之中。我目前就在「藍色」層級，在這個層級對於資產負債表以及各種資產的瞭解程度，重要性遠高於對獲利能力和效率的理解。我當然也可以跟很多隱身幕後的千萬富翁一樣，選擇後續的人生都停留在這個層級；不過，我現在正在努力朝「靛色」層級走，讓我能透過激勵啟發他人的方式，來讓這個世界變得不一樣；而「靛色」層級的「受託者」必須先掙得單靠市場對他們的信賴，就能轉移百萬美金的這種權利。有很多世界最頂端的財富創造者們都選擇了這一步，他們過去的成功紀錄以及市場對他們的信任如此之高，讓人們甘願付出數百萬美金，只求能投資他們的事業或與他們合作，因為他們已經是所屬市場或使命的代言人。

點石成金稜鏡

　　各個市場中的所有遊戲規則，都是在這個稜鏡中創造出來的。這裡的重點是要專精於在社會中流動的財富。在許多關於創造財富的書中，講的重點都是「運作系統」而不是「改變系統」；然而，有許多現今最頂尖的財富創造者們，都藉由往上提升層級掙得了發言權，進而積極地以他們自己的方式改變系統，並以全球性的規模改變世界，如華倫・巴菲特、比爾・蓋茲、理查・布蘭森、歐普拉等人都是如此。

　　能達到這第三個稜鏡的人很少，這是「財富光譜」中最少人瞭解、但卻是最重要的一個稜鏡。金錢在這個稜鏡裡被創造出來、法律在這個稜鏡裡通過，而我們遵行的各種遊戲規則也都是在這裡制訂的。曾有一段時間，這個稜鏡是我們完全無法觸及的，因為這些層級是由政府在負責。不過最近我們開始意識到，其實每個人都有改變這個世界的力量，只不過在那之前我們必須先掙得那個權利才行。你有朋友或同事告訴過你，他們有個要改變世界的使命嗎？事實是，他們真的辦得到，不過首先他們得要先爭取到他人的信賴，並依照燈塔的各個步驟才行。

　　我目前還沒有到達「點石成金」稜鏡，不過我打算要做到這件事。我們

都在通過這座燈塔的相同旅程上，而我很希望在接下來幾年能一同走過這旅程。所以，在本書的最後一個部分，我會先簡要地說明「點石成金」稜鏡的各個層級，以及我們要如何才能在有生之年，在世界上造就最大的變革：

靛色層級：受託者——「我擁有市場對我的信任」

「靛色」層級是身價數百萬乃至億萬美金者的遊樂場。在你精通了「企業稜鏡」之後，「信賴」就成為你的最大資產，你可以用各種變魔術一般的方式來把這資產化為金錢。

紫色層級：作曲家——「我是遊戲規則的制定者」

「紫色」層級印出各種貨幣、制定我們的稅制、並撰寫曲調讓我們隨之起舞。在過去，這是屬於國家在管理的範疇，不過現在已經有越來越多企業家、領導者、以及社群組織踏入擔任作曲家的角色，開始重新撰寫遊戲規則了。

紫外線層級：傳奇——「我是所屬時代的一個表徵」

「紫外線」層級是最後一個層級。在彩虹裡，紫外線在可見光譜之上。處於這個層級的人是他人仿效的表徵，就像地圖上的地標一樣。他們的名字成為他們成就的同義詞，也成為流傳後世的遺產。

我們卡在各個層級的原因

你有碰過那種一直夢想著要當自己的老闆，但卻卡在工作之中，沒有採取任何行動的人？或者有認識一些人，他們有去採取行動，但那之後卻發現過去讓自己成為優秀員工的成功方程式，現在卻讓自己變成很糟糕的創業者？你有認識誰是想透過經營一個小事業來讓自己更自由，但後來卻連要讓自己

放個假都不行？

　　你有朋友原本是處於這類狀況，但後來他們有所突破，發現原本年復一年撞得頭破血流的透明天花板，突然很神奇地消失了嗎？在事後，他們都能指出之前在心態上的調整、以及所採取的行動；你會發現他們總是會告訴你，他們在過程中需要放棄某個東西並採行一套全新的規則，而這些都引領他們採取各種截然不同的行動。

　　在創業和事業經營的這條路上，我們每個人都會歷經這樣的時刻：不管我們多努力嘗試，讓我們達到目前成就的相同策略，就是沒辦法讓我們繼續前進。想想看手排車的檔位：如果想要讓行車速度往上提升一個檔次，維持在比較低的檔位然後猛踩油門是行不通的；而要由某個檔位換到下一檔，代表你得放棄原本的成功方程式，並學習全新的方法。換句話說，要讓這部「車」開得更快，你得先讓腳**鬆開**油門來換檔才行。你得先踩下離合器、讓車子滑行（即便只有幾秒鐘時間）、然後打入另一個檔位──在這個時間點之前都沒有使用過的檔位。

　　或許在你觀察周遭那些與你層級不同的朋友們，再加上閱讀了前面這些關於各個層級、以及我們為何會卡住的簡短描述時，你會有所領悟地點頭並且說：「我一直以來都想告訴他們這些，但他們就是不願意聽。」為什麼有時對我們來說，其他人可以做些什麼來脫離目前的層級可說顯而易見，但要讓我們自己動起來卻總是這麼困難？

　　背後的原因是，我們很享受在目前層級可擁有的某種自由，而在潛意識中我們並不想放棄這樣的自由。

　　在「基礎稜鏡」中的「紅外線：受難者」層級時，我知道（理論上）只要我更有紀律、更多實際應用我所知的東西，就可以提升到「紅色」層級；然而我並不想要放棄我能自由決定要把金錢與時間用什麼方式花在哪裡的這種「選擇的自由」。

　　在我透過放棄選擇的自由、藉由有紀律地執行各項能讓我賺到生存所需的金錢的例行事務，因而提升到「紅色：倖存者」層級之後，我獲得了「活

動的自由」；我的壓力降低很多，也更能善用自己的「發電機」天才。不過，要再提升到「橙色：勞動者」層級代表著要更加承擔服務他人、要適應他們的時程，而這表示會失去我在「紅色」層級努力奮鬥的目標：我的「活動的自由」。

不過在我到「橙色：勞動者」層級時，我獲得了一種不同等級的「選擇的自由」；有很多過去根本接觸不到的機會來找上我。然而要再提升到「黃色」層級時，會需要專注於一個利基之上，而這表示又要再放棄這個我努力要爭取的「選擇的自由」！我會需要對很多找上我的機會說「不」才行。

在我們進入「企業稜鏡」時，這件事也變得更加困難。做為一個「黃色：參與者」，我有能力去我想去的地方、做我想做的事情的「活動的自由」——就像提摩西·費里斯在《一週工作四小時》一書裡說的那種自由；然而要提升到「綠色」層級卻表示需要建立一個團隊、有固定排程、以及需要擔負的責任，而這表示我會需要放棄之前在享受的「活動的自由」。

在我致力於建立起吸引團隊所需的節奏與模式之後，這時作為「綠色：表演者」，我透過一個不需仰賴任何單一個體的、可永續的事業，而獲得了一種吉姆·柯林斯在《A 到 A+》一書中所提、全新的「選擇的自由」。這時有許多更高端的機會找上門來。然而，要再提升到「藍色」層級時，會需要放棄這個能決定我的團隊成員並決定事業運作方式的「選擇的自由」，我會需要放手讓其他人來幫我經營我的事業。

在成為「藍色：指揮家」並讓別人來幫我領導我的事業時，我不再能選擇自己要對事業做什麼改變；相反的，我必須授權別人來幫我做這些決定。不過，由於擁有多個收入流的關係，我獲得了更大的「活動的自由」。在這個層級時，你無可避免地會感受到一種更高層次的召喚或理想，要你成為所屬產業的「靛色：受託者」；而在這個時間點，你會需要問自己是否願意放棄之前掙得的那種「活動的自由」，如大眾的期待一般，成為你的產業或理想的領導者或模範。

有注意到這當中的模式嗎？我們是以「之」字形的路徑走過要爬上「財

富燈塔」的這九個步驟。我們由個人價值與個人的槓桿借力，進展到社會價值與社會的槓桿借力；每個步驟我們都會由駕駛（知道怎麼開車但不知道怎麼製造汽車的人）轉變為設計者（知道如何設計車輛的人）。

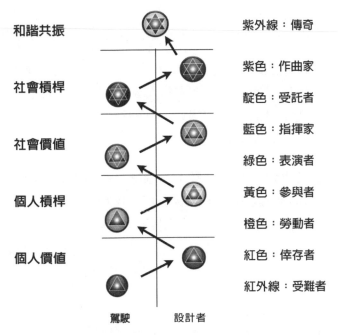

在放棄「活動的自由」或「選擇的自由」時，我們選擇犧牲掉之前如此努力爭取到達那個層級的理由。當我們還在「紅色」層級時，那些關於「財務自由」的書對我們非常有引誘力；當我們提升到「黃色」層級時，則會被那些關於如何能自由地到處旅行的書吸引。而當我們提升到「綠色」層級時，則會感興趣於如何建構可長可久、可遺留後世的東西。

但請記得這件事：我們或許在每個層級都會需要放棄某些「選擇」或「活動」，但並沒有放棄「自由」本身──我們為了能提升到下一個層級而掙得的自由、以及能以我們的天賦才華來做到這件事的那種感受。這本身就讓人感覺解放且自由！

另外，也要記得你並不孤單。雖然四種不同的天才在穿越這些層級時，

各自都有不同的路徑，不過有四大基礎真理是不管我們的天才為何、目前在哪一個層級，都一體適用的：

❶ 我們都在「財富光譜」之中： 不管是負債、身價百萬美金、有掌控稅制的權力、或者是世界性的大慈善家，一個人的任何經濟狀態都可歸於「財富光譜」的九個層級。我們都在這九個層級中的其中之一。

❷ 各個層級都彼此連結： 在我們的一生中，所在的層級會有所改變。就跟手排車的檔位一樣，每一個層級都連結到下一個層級。當你瞭解這九個層級以及你目前在哪個層級，會讓你能夠確保自己的成功之路是操之在你、而不是靠運氣。

❸ 你所在的層級決定了你的現實： 每個層級都各自有其財富流以及意識的層次。當我們所屬層級往上提升時，我們的財富流以及意識層次都會隨之改變。你在生命中看到的問題與機會，會因你的天才、以及這天才於你所在層級流動的順暢度而有所不同。當你改變層級時，也會改變你看到的東西與你吸引來的人，但不會改變你的本質。

❹ 你的層級是由自己選擇： 你的財富是你自己決定的。在知道自己目前在那個層級之後，你可以選擇停留在那個層級、可以選擇往下降低層級、也可以選擇往上提升。不同選擇都有不同的代價與好處。知道自己的層級讓你能調整注意力，聚焦於該採取的下一個步驟。在任一個時間點，你只會是當中的某一個層級；瞭解所有的層級，能讓你看清楚全局，知道自己要去（以及不要去）那個層級。

接下來就讓我們再往下走。你已經有這張地圖與 GPS 的基本概念、你透過「MMP 百萬美金創富藍圖」測驗知道在穿越「財富燈塔」的過程中，你是誰（你的天才）以及目前在哪裡（你的財富層級）；你也已經描繪好「未來願景」與你的「飛行路徑」。接下來，要穿越燈塔各個樓層的步驟就要開始了。

MILLIONAIRE MASTER PLAN

　　不管我們目前是深陷債務之中、即將成為千萬富翁、還是正在改變全世界，每個人都是「財富燈塔」的一部分。

　　「財富燈塔」裡有九個層級，並區分為三個稜鏡。我們會卡在某個層級的原因，通常是因為我們一直還依循著較目前低層級的舊策略去做，或者想在我們還沒準備好的狀況下，就去運用比目前更高層級的策略：

⬢ 基礎稜鏡是我們對於自己生命中的「流」的專精度。

　　第一層——「紅外線受難者」：你每個月在債務裡越陷越深。

　　第二層——「紅色倖存者」：你的錢只勉強足以過活。

　　第三層——「橙色勞動者」：你靠努力工作維持生計。

⬢ 企業稜鏡是我們對於所屬市場中的「流」的專精度。

　　第四層——「黃色參與者」：你的收益有限，因為你與你的企業仰賴你自己的程度仍更甚於其他人。

　　第五層——「綠色表演者」：你能造就真正的企業。你能得到的獎賞如指數倍增，並朝擁有多個高效能團隊與企業邁進。

　　第六層——「藍色指揮家」：你擁有許多投資項目，且已經精通了現金與資本的管理應用。你現在的金錢單位可能是百萬美金。

🔷 **點石成金稜鏡是我們對於社會中的「流」的專精度。**

　　第七層──「靛色受託者」：這是身價億萬美金者的遊樂場，此
　　　　　　　　　　時「信賴」就成為你的最大資產，你可以用各種變
　　　　　　　　　　魔術一般的方式來把這資產化為金錢。

　　第八層──「紫色作曲家」：在這個層級你能印出各種貨幣、制
　　　　　　　　　　定我們的稅制、並撰寫曲調讓我們隨之起舞。

　　第九層──「紫外線傳奇」：處於這個層級的人是他人仿效的表徵，
　　　　　　　　　　就像地圖上的地標一樣。

你的下一步

　　觀看線上影片：你可以在 **www.geniusu.com** 網站裡看到「財富光
譜」各個層級的影片，你可以先觀賞與你較切身相關的影片。瞭解這
些層級會讓你更容易瞭解後續章節中的內容。

　　另外，也請完成本章後面的「飛行前檢查清單」。

MILLIONAIRE MASTER PLAN

★ 行動時刻 ★
ACTION POINT

勾選檢查清單

從現在開始，在進行後續章節之前，很重要的一個動作是先檢閱每一章最後面的「飛行前檢查清單」。我稱之為「飛行前檢查清單」，是因為它們就像是飛行員們在起飛之前使用的檢查清單——即便是最有經驗的飛行員，都會在每一次飛行之前從頭到尾完成檢查清單中的項目。

請使用這些檢查清單來提醒自己在「MMP 百萬美金創富藍圖」每個層級中，應該採取的各個步驟，並且養成定期使用的習慣。我自己每個星期都會依序由第一個層級的檢查清單開始，一路做到我目前層級的檢查清單；這總共只需要大約 10 分鐘的時間而已，而這也是我每週在冥想後續一週進展時的一部分。

如果不這麼做的話，你就會跟我學到一樣的教訓：人會失去財富往往是因為掉以輕心，你偏離了自己的「飛行路徑」（或者根本沒有設定飛行路徑），而且停止注意儀表版上的訊息。你無法預測每次飛行時的外界狀態與內在挑戰，但你總可以持續自我調整並維持在軌道上。

這些檢查清單跟「GeniusU」網站上你個人頁面裡的各個練習本是同步的，每個練習本會引導你爬上「財富燈塔」的不同層級。這本書以及當中的各個「飛行前檢查清單」就像是通往這些練習本的閘門；而從第三章開始，我會在書中每一章後面加上一個行動步驟，只要完成這個行動步驟，你就至少可以把「飛行前檢查清單」中的一個選項勾「是」了。

以下是你的第一份「飛行前檢查清單」。如果你已經完成了第一章最後的「行動時刻」內容，把「未來願景」和「飛行路徑」都規劃好了，那麼你已經可以把其中兩個選項勾「是」了。

✈ 飛行前檢查清單：紅外線層級

1. 我有寫下明確描述未來理想狀態的「未來願景」，且放在可以經常看見的各個地方。	☐ 是	☐ 否
2. 我有規劃出自己的「飛行計畫」，讓我清楚知道每月要達到哪些個人以及財務上的里程碑，才能實現我的「未來願景」。	☐ 是	☐ 否
3. 我依照固定的規律檢視「未來願景」以及「飛行計畫」，以確保自己能隨時校正方向並走在正確的軌道上。	☐ 是	☐ 否

Part 2

基礎稜鏡

第一層——紅外線層級：受難者

第二層——紅色層級：倖存者

第三層——橙色層級：勞動者

攀上這幾個層級代表著精通在我們人生中流通的財富，這讓你能在不論何種市場狀況之下，都能創造豐足的價值與金錢流。

財富並不是你擁有多少錢，
而是在失去所有的金錢之後，你還剩下什麼。

紅外線到紅色：
由「受難者」到「倖存者」

衡量標準：	個人月現金流是負的
情緒狀態：	掙扎、抱怨、否認
停留在此層級的代價：	壓力、焦慮、無助
需要專注於：	紀律與本分
到達此層級的原因：	掉以輕心、不夠明智、沒有掌控好財富流
往上移動的途徑：	記錄與檢視金錢流向、遵從正確的行為準則、盡該盡的義務

你有沒有這種經驗：在沖澡時，原本的溫度非常完美，但**突然間**！溫度變得像滾水一樣熱，然後又**突然間**！水又變得跟冰水一樣冷？你趕快從淋浴間跑出來，但不管你怎麼調整，水溫就是沒辦法恢復正常？「紅外線」層級就像這樣，不過卻是發生在金錢上面，你的個人現金流每個月都在往後倒退。要擺脫這個狀態，我們會需要先把管路系統調整好，這麼一來才有辦法帶來某種程度的可預測性，讓我們明確知道每個星期會需要多賺多

少錢，才足以安穩生存並且移動到「紅色」層級。

「紅外線」層級的人要嘛就是不知道怎麼做到這件事，要嘛就是以為自己知道，但希望自己的收入**現在**就能暴增。他們會說：「那邊就有那種可以讓我賺一萬美金的機會，我為何要去傷腦筋怎麼每個禮拜多賺一百美金？」

在當年經營出版生意的時候，我就是這個樣子。我的車子被收回那時，就是處在這個層級。我的生意有產生營收，但我並沒有支付自己足以安穩生存的金錢。我對自己說：「不用擔心那個啦！我現在不會付自己太多錢，我會把那些錢拿去做更大的生意。我不用擔心怎麼賺個幾千塊錢來付車貸的問題，因為我很快就會是百萬美金富翁了。我哪裡會需要煩惱那種事？」

簡單講，當時的我處在「否認」的狀態——這是「紅外線」層級所處的那種失去連結狀態的核心。「紅外線」是屬於不可見光：你看不見它發出的熱能波，不過它卻能由內而外吞噬你；而當你戴上「紅外線」眼鏡時，能看到的也只有那些熱能圖案，其他東西全都看不清楚。也因此，在這個層級要做正確的決定異常困難，因為你看不到任何可作為基礎的參考點。

而這會帶來的後果可不只是「負現金流」而已——就像在新加坡那一晚，我眼睜睜看著自己的車子被拖走時一樣。

為什麼「紅外線」會扼殺一個人

處於這個層級時，每天面對的各種壓力、驚慌以及不確定性，使得「紅外線」層級一直都在緊急狀態，而我們周邊的人其實都能感知到我們現在是在這個層級，因為我們的行動、想法以及語言都會變得不一樣。我自己跟所有處於「紅外線」層級的人都一樣，每當我落到這個層級時，總會覺得精疲力竭、會更經常抱怨，即便對雞毛蒜皮的事情也會有很多意見與批評，而且會更希望他人能認同我的觀點。

這也是為什麼我稱「紅外線」層級為「受難者」。我們在自身的成就中找不到自我價值，因此就用各種批評、意見或觀點來分散自己的注意力，因

為我們得要這麼做才能感覺到自己是有價值的。或者我們可能會埋首於工作之中，因為那是我們唯一能想到的勉強餬口的方式。結果是，人們不再願意給我們像以前那麼多時間，我們也不再能吸引到過去能吸引的那種機會。

這正是為何「紅外線」層級的唯一目標，就只有：用盡各種必須手段，來讓自己由負轉正。這是唯一能取回掌控權與可預測性，並且移動到「紅色」層級的方式。

你會處在「紅外線」層級的原因也許跟我當時一樣：由工作獲得的收入不足以負擔日常開銷。也許你是失業了、或者正在處理像醫療費用、鉅額負債等巨大的財務挑戰，也可能你根本就搞不清楚自己目前的財務狀況如何。處於「紅外線」層級的人甚至可能外表看來還是非常成功，不管你是在失業狀態，還是擁有數百萬美金的資產組合，只要你的個人現金流每個月都在倒退，那你就是在「紅外線」層級。如果想要建立可長可久的財富，那麼讓現金流穩定下來會是第一優先。

好消息是，只要你承諾要改變、剪除所有的干擾、依循你的天才，那麼只要透過三個能「處理好你的金錢、時間和關係」的步驟，你在三個月之內就可以脫離「紅外線」層級了。

脫離「紅外線」層級的三個步驟

在你閱讀後面篇幅的各個故事時，會知道雖然四種不同類型的天才，各自會以對他們最自然的方式脫離「紅外線」層級，不過都是依循同樣的三個步驟：

❶ 追蹤度量財務數字：有多少錢流進來、多少錢流出去？你個人的現金流是多少？這個第一步驟起於建立追蹤金錢流向的紀律，再進而延伸到你追蹤你的時間與注意力的流向。對於由燈塔中較高層級掉回「紅外線」的人而言，這個步驟代表著要放下之前那個層級的一切。

❷ 遵從正確的行為準則：如果想要改變習慣，就得要先改變你日常依循

MILLIONAIRE MASTER PLAN

的準則。這裡的行為準則的關鍵，是要承諾提高自己的可靠度與持續性；另外，也要由想要靠自己解決目前的困境，調整成願意與其他已經在市場中順流而行的人連結。

❸ **盡該盡的義務：**如果沒有一個更重要的、需要有紀律地去實現的義務，那你就會繼續往下跌；如果不強迫你自己擔負起改變的責任，那一切都不會改變。現在不是你去放棄紀律去追尋熱情的時候，也不是你該去拯救世界的時機。這就像搭飛機時安全影片中說的：如果遇到緊急狀況時，在你要幫助別人之前，先把自己的氧氣面罩戴上。在氧氣開始流通，且你已能買回自己的時間之後，就會有很多時間可以幫助別人！

在過去你可能聽或讀過一些關於類似的內容，所以你可能在理論上了解這些步驟的意思；不過，請記住我們在本書一開始，就開宗明義提到「資訊」跟「方向」之間的差異。也就是說很多人卡住動彈不得，原因就是眼睛看著整張地圖，但卻沒有照著適合自己天賦才能的路徑前進。你擁有的天才就是你的指南針，而四種類型的天才各自都擁有不同的成功方程式，只要遵循這些步驟，你就能脫離「紅外線」層級。

以下是四種天才該遵行的步驟。無論你屬於哪一種天才，都請先從「發電機」天才的路徑開始閱讀；聽聽我的故事後續發展，以及我是如何應用這些步驟來幫助所有類型的天才們脫離「紅外線」。在那之後你就可以直接跳到指引自己天才的頁面閱讀，但四個部分都不要放過，這樣你才能理解四種自然策略的不同之處。

發電機天才脫離「紅外線」層級的路徑

我跟所有「發電機」天才都一樣，在「紅外線」層級時的最大挑戰，就是我過度樂觀的個性。「發電機」天才們都是天生的樂觀主義者。我**總是**這樣說：「明天就會更好……我一定拿到更多的信用貸款……戶頭裡還有一些

錢，所以不會有問題的……別擔心，船到橋頭自然直啦。」

現在回想起來，那時我認為我不需要煩惱怎麼多賺五百多美金來支付車貸（因為我快成為百萬美金富翁了），就像是說因為我未來會擁有一艘船，所以不用會游泳一樣的天真。

擁有「發電機」本質能量，就像是擁有了車子的油門——光有油門罷了，沒有煞車、沒有離合器，也沒有變速箱。我們不喜歡小格局思維，總是準備著之後要好好大幹一場。我嘗試做過上百種五花八門的事，我知道自己很有創意，也很確定自己總能推陳出新。

當時我將全部的資金，都挹注到我在新加坡的出版事業，想透過努力衝刺加速離開困境，但是我其實只是把排檔打在一檔，然後狂踩油門。即便已經身處「紅外線」層級入不敷出，我還是花了一些不必要的龐大開銷，期盼能賺回更多錢。我不停地在我輸不起的賭局下賭注——當然啦，後果就是我輸個不停。

總歸而言，我當時用的方法沒有一個是對的。那後來我做了什麼不一樣的事情？其實，關鍵不在於我做了些什麼，而是在於我**停止**做什麼。要脫離「紅外線」層級時一定要避免的事情，恰好就是當初我一直在做的事情。如果你跟我一樣是「發電機」天才，以下就是你要脫離「紅外線」層級時該採取的步驟：

 步驟一　記錄與檢視金錢流向

- 別把金錢和資源投資在你的絕佳創意上：把所有的資源運用在讓自己可以先賺到錢，而不是把錢拿去滋養你的創意想法；先別投資在任何大計畫上，先專注於確保自己有正現金流再說。

- 記錄與檢視金錢流向時，務必要將「未來願景」與你個人現金流的成長連結在一起。在奮力向前衝刺之前，需先採取小而穩健的步伐、取得他人支持、並設立各階段的里程碑！

我是在把「未來願景」描繪出來之後，才明白對我而言，家人才是最重要的第一順位，遠比我不斷努力的工作事業還要重要。我發現自己一直讓家人很難堪。我跟妻子分享我寫下來的願景，兩人都看得淚眼汪汪。這讓我們下定決心說出：「我們受夠了。」並且規劃好我們的「飛行路徑」，按月規劃出非常明確的季度目標，確保我們一家能夠擁有正向現金流——這跟我原先的好高騖遠截然不同。

然而有個問題是「發電機」天才的人很沒耐性，他們一整個不喜歡注意細節，也不喜歡每天記帳。那我是怎麼克服的？我找到一位「節奏」型天才幫我處理數字帳目。算是我運氣好，我太太蕾娜特恰好是「節奏」天才；在她當全職媽媽前曾經在醫院服務過。所以有史以來第一次，我請她幫忙打理我的財務。

好消息是，**不管你屬於哪種天才**，身邊總有人會願意支持幫助你——前提是你願意把計畫做好，而且開誠佈公讓團隊知道（這也是要打造團隊的初始步驟）。

沒錢？可以跟我一樣善用家人的資源。剛好你的老婆、家人或是朋友都不是「節奏」型天才？那你可以在網路上跟人交換「天才時間」。比如說你可以藉由為「節奏」或「鋼鐵」天才們所寫的營運企劃書，提供一些有創意的建議，來交換他們幫你處理會計數字。（「鋼鐵」和「節奏」天才可以提供「發電機」天才們欠缺的東西，來交換一些有創意的想法，也可以從「火焰」天才身上得到關於如何建立人際網絡的好主意。）或者你也可以到世界各地任何一個分租的辦公室裡，去租一張辦公桌，這樣就能夠跟許多人進行免費的意見交換，激發創業精神。如果你老是說沒人、沒時間，那其實你只是在幫自己找藉口而已。（在這一章後段，你就會讀到「紅外線」層級的人最常找的藉口有哪些。）

在我的案例中，蕾娜特和我組成團隊，一起把金錢從個人的問題，變成事業的問題。我們共同檢視前三個月的財務，決定如何整頓支出以及公司應如何增加營收。我們還請了一位「鋼鐵」型天才的朋友，來協助處理會計事務。

接著我們一起找出蕾娜特要怎麼利用她的「節奏」天才賺錢（等等就跟大家分享）；於此同時，我也思考我的事業該如何增加更多業績。

這些做法跟我過去根本是南轅北轍，我已經停止單打獨鬥，不再瘋狂地追著業績跑。我不再推出新的工作項目，而是把時間花在跟蕾娜特合作，認真檢視我的事業，好讓收入能支付日常開銷，讓我們可以提升到「紅色」層級。這就是我們第二步驟所做的事。

步驟二　遵從正確的行為準則

- 不要急著想透過開創事業或專注在自己的絕妙點子上，來開創第二份收入。時機尚未成熟，這麼做不是開闢財源，而是自掘墳墓。

- 務必用心為他人服務，尤其是那些有更好、更成熟想法的人——也就是那些「財富燈塔」層級比你高的人；由於他們早已進入順流之中，因此藉由幫他們服務，他們的財富之流也會流向你。建立好自己每天、每週、每月的工作節奏，以免在服務他人時，把自己累垮了。

市面上有無數的書本、講者和電視節目都不停地在鼓勵創業，談論著自行創業的好處，但他們都是假設在你找到讓公司賺錢的方法之前，都能付得起創業的相關成本。要是你說：「我準備要創業了，可是我還沒有完全搞懂如何管理公司財務」其實就跟說「我不打算上飛行課程，我要直接去開飛機」一樣，根本不可能有成功起飛的機會。

這對於「發電機」天才來說尤其適用，這類型的人總以為他們可以快速成功，但是實際上卻常沒他們想得這麼快；也因此，不論他們賺錢的速度有多快，都能以更快的速度把錢花掉。

所以我採取的第二個步驟是什麼呢？其實就是一個簡單的焦點轉換——從聚焦於**擴展**新業務，改為聚焦於**強化**舊有的業務。

自從小團隊成形後，我們執行明確的計畫、記錄金錢流向，以達成賺更

多錢的目標。我設定好每天和每週的節奏,而有了固定節奏之後,我不再焦慮心慌。我仔細檢視事業要如何創造出我需要的額外現金流,也檢視了我們出版品廣告服務的收費。我決定提高刊登費用,藉此增加收入,同時也能提供客戶更優質的服務。我跟團隊說:「我們要專注在服務願意花更高預算、付款快速不囉唆的客戶上。」而他們就出去找到這種客戶。

不到一個月,我就脫離了「紅外線」層級。突然間,我的壓力消失了。我開始能付得起每一張帳單。也因為工作上更有自信,讓我開始用不同的方式,吸引到新的生意和客戶上門。最重要的是,我買回了自己的時間(以及人生)。

你可能會說:「對你來講當然簡單,因為你有自己的事業呀!如果你沒有自己的事業,只是一般的上班族呢?要是你沒工作呢?難道你可以去跟公司老闆說,我就是你在找的人才,讓我上班吧!到底要如何做才能有額外的收入?」

其實,對於任何一種天才來說,要脫離「紅外線」層級,一共有四個檔次,排檔要打到第幾檔,取決於你的資產、事業和工作狀況(本章結尾部分會說明這四個檔次)。我走的出版事業這條路,是屬於「黃色:參與者」的路徑,也是當中的「第二檔」:我擁有一個事業,而我可以透過事業來創造所需的現金流。

不過我也有處於「第一檔」:「基礎稜鏡」路徑的經驗。如果你目前是上班族或是正在待業中,那就得依循「基礎稜鏡」的路徑。這條路徑我很熟,**因為在當時的三年前我也曾經掉到「紅外線」層級,而且手邊沒有事業可以協助我脫困!**

在到新加坡創業之前,我在倫敦住了三年。那時我剛收掉第一份事業,正在尋找下一個「大買賣」;當時由於我還必須支付第一份事業產生的龐大稅金,而深陷「紅外線」層級。身為樂觀到無可救藥的「發電機」天才,我深信我可以把這一切搞定。有次我去跟我的導師討教,他也給我了各種很正確的建議,但我卻是左耳進右耳出;結果是,和導師的會談反而讓我想到,

我可以嘗試當別人的顧問！我可以跟其他人分享我創業過程中學到的點點滴滴！我把當時所有的積蓄（大概有一千美金）拿去請地方報社刊登廣告，看看能不能為當地企業提供服務。

那個廣告登出了，而我那整天都坐在電話旁邊等電話響。結果，只有一個人打電話進來：一位當地的水電工，他很喜歡我的建議，只是他當時在「紅外線」層級陷得比我還要深，沒有錢付我任何酬勞。

我還記得我坐在那裡想著：「或許我根本不是創業的料。」我感到絕望，「發電機」的樂觀能量消失殆盡。當時蕾娜特在醫院的工作幫忙支付生活開銷，而我一直向她掛保證我很快就會賺到錢。不久之後，打斷我白日夢的鬧鐘響了：蕾娜特懷孕了，我們就要有寶寶了！那絕對是我生命中最開心又最害怕的時刻——我知道時候到了，我不能再繼續「玩創業的家家酒」了。**該是遵從正確行為準則的時候了。**

我必須找到能善用我的「發電機」天才，替已經順流的人工作的方式，不然的話我只是用時間換取金錢罷了。我知道我創意十足，我很清楚自己可以想出好的產品。所以首先，我把我認識的**每一位**處於順流之中的人都列在名單上，我知道有誰處於順流狀態之中，也知道他們的近況。我接著問：**他們有誰會認識處於順流的人？我能為誰提供創意，讓我的創意替他們賺錢，從他們獲利中分紅？**

當時網際網路才剛萌芽。這產業很吸引我，所以我去打聽，問問朋友認不認識業界的人，可以引薦給我，我能讓他們的事業更上一層樓。事情就這樣一件一件發生，過沒多久我就出現在一間新創公司的辦公室門口，這間公司的創辦人是兩位戴爾電腦的資深經理，他們在拿到認股權之後離開戴爾，與蘋果和微軟公司共同合作，籌措資金準備在薩里郡里奇蒙市合開一間新創公司。

我說：「我很樂於為你們工作。」

他們告訴我：「我們現在不缺人。」

MILLIONAIRE MASTER PLAN

我說：「沒關係，只要給我一個禮拜的時間，讓我到公司幫忙。一週之後我會提出一份報告，說明我可以怎麼幫助貴公司。或許可以替你們增加一些額外的業務。或是提出你們可能忽略掉、但旁觀者卻看得明白的策略。要是你們不喜歡我的建議，那也沒關係，就當你們免費得到我一個禮拜的服務。」

這就是「發電機」能量的人擅長的：我們能找到方法賺錢，也看得到商機在哪裡。這間公司喜歡我提的條件，所以我就順利開始上班了。一個星期下來，我仔細觀察他們團隊，我發現只要對他們的既有客戶增加產品線，並且開發新客戶，就能提高公司的營收。他們喜歡我提出的想法，也表明願意用分利潤的方式付我薪水。

這正是我所謂的「遵從正確的行為準則」：我承諾要為他人提供服務，而不是只想著自己的創意。當時我很清楚，我當前的目標並不是要成為百萬美金富翁，而是賺到生活所需的金錢。

不到一個月的時間，該公司給了我一份協助業務拓展的工作，我就這樣脫離了「紅外線」層級。隔年，我成為公司的高階主管，也因此開始研究網路生意；然而，如果當時沒有完成下面這第三個基本步驟，我也是無法走到這一步的。

 盡該盡的義務

- 不要到處嘗試說服別人支持你的絕佳創意，現在還不是時候。

- 務必在某個更大的事情中做好本分──而不是只為了自己、以及自己的成功。

不少「紅外線」層級的人總覺得自己早就已經盡了該盡的義務了。當我還在「紅外線」層級的時候，我就是這麼想的。但是犧牲掉物質層面的事物，跟為了更高層級的承諾而放棄原本的思考方式，這當中的差別是非常大的。

做好本分就像是從軍，其重點是專注在比我們自己更偉大、意義更深遠的事情上，因為要是這些事情意義不夠深遠、不比我們自己重要，那我們就會回到自己舊有的做事方式。

我在倫敦和新加坡的兩段故事，都是處於「紅外線」層級，要不是發生了那些戲劇化的事件，我根本不會調整方向。這兩次的經驗都和我對家人應盡的義務有關。在新加坡的時候，我的車子被銀行扣押強行拖吊，在眾人面前丟臉，而這逼迫我寫下第一個版本的「未來願景」。在倫敦的時候，蕾娜特懷孕有了小孩，讓我重新思考我未來到底要什麼。我從在那家網路公司上班的第一天開始，就很清楚我之所以投入自己的時間和心思，是因為我相信他們做的事情；但是，我也清楚不久之後小孩就會到來，我想要確保我自己能夠養家餬口。

想像一下，如果某個你愛的人需要手術費用，但你沒有這筆錢，還得籌錢才行。為了籌措這筆錢，你會不會逼迫自己用不同的方式思考？這就是「盡該盡的義務」的本質——把對其他人的義務，放得更優先於自己目前的活動和目標。我遇過不少人，多年來一直卡在相同的收入水平（不是只有「紅外線」層級的人），他們早就放棄增加收入的念頭，然而一旦家人突然需要錢，他們很快就能找到辦法去賺更多錢。

請記得，你的狀況可能跟我不一樣；你說不定可以從目前的工作或事業賺到更多錢，或者可以直接打造第二份收入來源。不過，這些都是後面的事情，而當下而言最重要的，就是運用你的天才來脫離「紅外線」層級。

現在的關鍵在於能夠持續不懈。不管對任何類型的天才而言，要擺脫對「紅外線」層級的上癮症，終極解決方案都是一樣的：考慮到別人；不過，要讓自己從此**不再落入**「紅外線」層級，也意味著**你得持續遵循這三個步驟**，並且不能重蹈覆轍。離開英國之後，我並沒有盡該盡的義務，所以又掉回「紅外線」層級；不過在經歷了新加坡的事件之後，我再也沒有掉回「紅外線」層級過，原因是我有了「未來願景」，把願景清清楚楚放在心上，並且用心執行這三個步驟。

這不代表我經營的各個事業都不會虧錢，或是甚至倒閉。還是會的。即便到了今天，我仍然會遭遇到人生的起起伏伏。但是不管整個市場或是我的事業是否處於順流，我個人的管道系統都會保持暢通。

時至今日，對我來說「盡該盡的義務」就是每個星期天晚上，我會透過閱讀並檢視「未來願景」、逐條勾選「飛行前檢查清單」、並在腦海中冥想接下來完美的一週的樣貌等方式，來為未來的一週做準備。

火焰天才脫離「紅外線」層級的路徑

如果我是「紅外線」層級的「火焰」型天才，要採取的三個步驟有什麼不同嗎？要是我的話，不會去閱讀那種要我變成會計達人、掌握好個人財務狀況的書。「火焰」天才喜歡人群，追蹤各種數字對他們來說毫無趣味可言。「火焰」和「發電機」天才類似，都需要整個過程好玩有趣；不過，相較於他們自己的想法，他們更容易因為其他人的想法而分心。只要有他們在，派對都不會無聊！

因此，雖然「火焰」型天才的成功方程式在於他們的人脈與人際關係，可是一旦這些人使得「火焰」型天才分心去追逐各種機會，搞得他們無法專注在本來正在做的事情時，這就很容易反而變成他們的失敗方程式。如果你是處於「紅外線」層級的「火焰」型天才，我敢說你的生活一定充滿一堆機會，多到讓你不知道該怎麼選擇；而且還有太多事情可以讓你分心，使得你無法去做你想做的事情。你可能忙著結交朋友建立人脈，但是當你晚上回到家，想起自己還是入不敷出的時候，有再多的朋友都無法停止這種孤單的。

這些正是兩年前我當羅絲提卡（Rustica Lamb）的私人導師時給她的提醒。羅絲提卡是個「火焰」型天才，她是從紐西蘭搬到峇里島的，她的小孩跟我孩子都就讀綠色學校。她把工作辭了，搬到這邊住一個學期。在沒有收入的狀況之下，她很清楚這不是長久之計，她當時深陷於「紅外線」層級，正在尋找脫離困境的方法。

我們從規劃她的「未來願景」開始。羅絲提卡想要進入蓬勃發展的線上學習產業。在她的未來願景裡，她看見自己成為產業的領袖標竿。她看見她過著可以在任何地方工作的生活模式、擁有足夠的收入、能夠輕鬆地負擔在峇里島的生活開銷和支付孩子的教育費用。她不知道這些願望要如何才能實現，但她相信夢想一定會成真。

她最大的問題就在於雖然已嘗試創立自己的線上學習事業，卻採取了不適合她天才的「發電機」策略。她為了創業奮鬥了很多年，卻從未了解身為一位「火焰」型天才，她的順流之道並不在於「應該要做些什麼」，而是「要問她該和誰合作」。

開始指導她之後，我要她全盤改變事情的做法。以下是羅絲提卡遵循她「火焰」型天才，一步步脫離「紅外線」層級的步驟。

 步驟一

記錄與檢視金錢流向

- 不要無視目前在金錢上的難題。例如幻想說只要跟隨自己的熱情，錢就會自己流進來：就是這種態度，才讓你深陷目前的麻煩之中。

- 務必將你描繪的未來願景，建立在你個人現金流的穩定成長之上，這是必須優先處理的最要務，不要因其他人、以及他們帶來的機會影響而分心。組個團隊來支援你，讓過程有趣好玩。

「火焰」型天才該如何輕鬆不費力地記錄與檢視金錢流向呢？第一步就是**不要**設法搞清楚錢都花到哪裡去了。有個簡單又適合「火焰」型天才的理財記帳方式，那就是在月初就決定好錢要怎麼分配。薪資轉帳要設定好，自動轉入繳款的帳戶、現金帳戶、捐款帳戶。理財的計畫必須簡單，讓你不需仰賴複雜的試算軟體。（當你準備好要這麼做的時候，所有的細節都可以在GeniusU 網站裡面，你個人專屬頁面中提供的「記錄與檢視金錢流向」練習本連結裡面找到。）

MILLIONAIRE MASTER PLAN

羅絲提卡馬上開始紀錄與檢視她的金錢流向，這樣就可以清楚知道她到底需要多少錢才能脫離「紅外線」層級（要好幾千塊美金才夠）。我接著幫助她組織了包含一名會計跟一個朋友的團隊。羅絲提卡以三個月內脫離「紅外線」層級為前提，設定好她的里程碑進度，並且每週固定跟團隊成員一起做回顧檢討，以確保她可以達成當初許下的承諾。

　　這個新目標讓她清楚了解到，她現在就急需的這筆額外現金流，是無法從她想創立的線上學習公司取得的。當然，這讓她進入第二個步驟。

 步驟二 **遵從正確的行為準則**

- 不要因為想要脫離「紅外線」層級，就急著開始創業，也不要聽從朋友們要你打造多重收入來源的那種建議。這些五花八門的方式對你來說都是不必要的誘惑。

- 務必找到已經處於順流狀態之中的朋友（或是透過你的朋友去認識他們那些已經進入順流的朋友），然後跟其中一位合作，發揮你的能量和人脈讓對方公司業績成長，同時你也可以得到金錢的回報。

　　你可能讀過很多內容在強調打造多重收入來源的書，然而，這個論點只適用於「財富光譜」層級較高的人，因為他們已經擁有穩定充足的現金流，也知道如何支持和帶領他們的團隊。

　　我常聽「火焰」型天才說：「我打算用一部分時間做行銷、一部分時間做股票、一部分時間去投資房地產……」千萬別這樣做。「火焰」型天才不適合這樣做（處在「紅外線」層級的其他類型天才也是），所以別讓自己有這種念頭。這樣做只會讓你能用運用的時間愈來愈少，所以別再讓自己分身乏術，搞得你的朋友們都以為你太忙，這會使得他們都沒辦法認真幫你賺到錢。

　　我請羅絲提卡列一份朋友名單，這些人她要信得過，而且也剛好正在尋

找擅長交際的人。這個任務對「火焰」型天才簡直是易如反掌！

當羅絲提卡在她的人際網絡散佈消息，說她打算把她紐西蘭的人脈做最好的發揮時，一位朋友就聘請她到他開辦的人力資源公司幫忙。她答應接下這份工作，條件是讓她能夠同時進行線上學習跟培訓的部分：這意味著她可以在打造個人知名度的同時，還能有錢賺。跟我之前在英國的例子有點像，羅絲提卡也告訴對方她想要用分紅的方式領取酬勞。不過比我更高竿的是，她和公司協議，讓她到新成立負責教育訓練的子公司工作，要是能把子公司經營得有聲有色，她就可以入股。我運用我的「發電機」天才創造了新的策略與機會，而羅絲提卡則是利用她的「火焰」型天才，透過她的交際手腕和人才挖角來進行人脈連結。

她接下工作、搬回紐西蘭，並且設置好能讓她平穩專注的節奏，接著就開始連結線上學習社群，讓她賺到所需的現金流。

 步驟三　盡該盡的義務

- 不要把時間花在免費幫助別人、不要帶著期望貴人幫助的心態結交人脈、也不要以「對別人好」的程度來作為自我價值的衡量標準。

- 務必全神貫注，為了更遠大的目標盡該盡的義務，這會激勵你朝正確方向前進，不管是你的家人、朋友或是整個社群都會因為你的成功得到好處。

「火焰」型的人很愛被人喜歡的感覺，結果這往往讓他們卡在「紅外線」層級動彈不得。原因是，他們樂於助人，卻忘了要先把自己照顧好才行。我不是要你別幫助朋友，而是要你在幫助朋友時，也要確保自己能從中獲利。訂好時間跟團隊成員保持聯繫，讓他們每週都能確保你朝正確方向前進。團隊成員可以是其他二個人，也可以是四五個人。把成員聚集在一起，指派一位當領導人，這樣你就可以跟著他的腳步前進。你在需要為其他人負責的時候，總會有更好的表現。找到「鋼鐵」型天才處理財務數字，然後你可以幫

助他建立人脈作為回報。跟你的團隊一起討論這三個步驟，並且一起慶祝每一場勝利。

　　只要你專心在這樣的策略上，那麼不用幾個月時間就能脫離「紅外線」層級，對羅絲提卡這樣的「火焰」型天才更是如此。她善用她的天才，藉著專注在能讓她發揮強項的單一工作，賺取單一收入來源，迅速地脫離「紅外線」層級。千萬不要覺得替別人工作只是在替他人抬轎，幫他們進入順流狀態，自己卻離創業之路更遙遠了；事實上，你現在替這些人工作，但是他們很有可能在你未來自行創業時，給予你支持協助。

　　最重要的是，羅絲提卡盡她該盡的責任，不單只是為了她自己，也不單只是為了她想要的東西。她為家人做了對的事情，而這比什麼都來得重要。

　　脫離「紅外線」層級後不到三個月，羅絲提卡透過她人脈的幫助，開始計畫在紐西蘭召開線上學習的研討會。她敲定了幾位知名的線上學習講者，努力邀請當地的線上學習協會跟團體一同參與。她成功結合了頗負盛名的講者跟機關團體。由於她在人力資源公司擔任資深主管的關係，這讓她能取得業界的認同，進而讓事情如預期發生。搬回紐西蘭才八個月，羅絲提卡就與她後來吸引到的團隊，把研討會辦得有聲有色。研討會結束之後，她的線上學習網站就正式開始營運，也建立了管理人力顧問部門的團隊，更成功地和一個紐西蘭公家機關簽訂線上學習的顧問合約。

　　2013 年底的時候，羅絲提卡跟家人一起搬回峇里島，得到了她一年前所想像的理想收入、自由和生活。在這之前，她奮鬥掙扎了好多年，一心只想自行創業，那時她壓根不知道，身為「火焰」型天才，她要進入順流狀態的關鍵問題，並不在於問該做些「什麼」，而是該跟「誰」一起合作。

節奏天才脫離「紅外線」層級的路徑

　　講到家人，接下來要討論的是「節奏」型天才的路徑。如果你有看完前面的文章，那你已經知道我太太蕾娜特是屬於「節奏」型天才。你應該也知

道我跟她組成團隊的前因後果：在車子被銀行收走之後，我們共同努力讓我們家脫離「紅外線」層級；我和她坐下來討論，說明事業上遇到的挑戰和我們的處境。她想要跟我一起解決問題。

我跟她分享了我的未來願景，然後她也想了屬於她自己的願景，因為她也有自己的夢想，也有自己得踏上的旅程。請記得：「節奏」能量與「發電機」能量擁有相反的特質。她的強項可能就是我的弱項，反之亦然。「發電機」能量的人擁有天馬行空的思維，節奏能量的人則是腳踏實地；我之所以能夠像風箏在天空翱翔，就是因為蕾娜特手中握著那條線！

「節奏」能量高的人往往會需要多一點時間才能做出決定，要他們放掉已經習慣的事物也需要更久的時間。「發電機」能量高的人賺錢速度很快（要花掉更快），而「節奏」型的人則沒像他們有這麼多鬼點子，所以挑戰通常在於如何想出賺到錢的方式。「節奏」型天才的優點在於他們花錢速度不像「發電機」和「火焰」型天才那麼驚人，而是比較小心謹慎一些；然而，他會面臨的挑戰則是如何讓更多錢流進來。

步驟一 **記錄與檢視金錢流向**

- 不要因朋友推薦就貿然開始用某些方法賺錢，也不要為了更快賺到錢而投入像是金融交易、房地產投資、網路行銷……等等賺錢系統，現在還不是可以這麼做的時機。

- 務必把預算編列的方向，轉為與實現「未來願景」相關的財務預測，然後與團隊合作，讓他們協助你用最簡單、最穩當的方法，讓你賺到所需要的額外現金，並脫離「紅外線」困境！

「節奏」能量高的人很清楚他們無法像「發電機」天才那樣創造新事物，不過，由於他們擅長掌握時機點，所以很容易在看到有人買進賣出大賺其錢的時候，就因而受到誘惑。在現階段，「節奏」型的人還不能這樣運用資金，

MILLIONAIRE MASTER PLAN

因為這會讓錢卡死，使得你缺少可以運用的現金流，結果可能導致你雖然擁有很多資產，卻沒有現金可用。

「節奏」能量高的人的團隊之中，應該要有「發電機」或「火焰」能量的人，因為他們能引導節奏能量的人，告訴他們如何利用最簡單的方式賺錢。在我們第一次召開小型的會議中，蕾娜特說她想賺錢，但是要怎樣才能賺到錢？我們討論了幾個可能的選項：到醫院工作嗎？她無法配合醫院的上班時間。管理的工作呢？不是太有趣。房地產相關的呢？這個她就有興趣了。我們一直縮小選擇範圍，直到她找到有興趣的產業。找到之後，我們就邁向了第二個步驟。

 步驟二　遵從正確的行為準則

- 不要讓自己全部時間都在忙東忙西，不要用忙於滿滿一堆沒能讓你賺到所需金錢的事情，來獲得那種錯誤的成就感。
- 務必尋求你那些人脈最好或者最有創意的朋友們的協助，讓你全心投注於扮演一個能善用你在「可靠度」與「服務」上的天賦強項的角色，透過這樣的方式來獲得金錢回饋。

「節奏」能量高的人通常在處理各種事務的當下會有最佳的表現，但處於「紅外線」層級時，這種特性反而造成不利。「節奏」能量代表的就是可靠的服務、細心照顧和行動力；然而當時蕾娜特每天都很忙碌，忙到連坐下來、下定決心要**專注**並且開始跟人連結，然後出去賺到需要的金錢的時間都沒有。

「節奏」能量的人不像「發電機」能量的人那麼熱愛冒險，他們只有在對要做的事情感到安心、或是找到了最好的方法的時候，才會採取行動。要是跟「發電機」天才共事，「節奏」型的人就能到找到他們需要的方向。我清楚蕾娜特對房地產有興趣，同時也知道現在還**不是**我們可以把錢投資在房地產的時候，所以我跟蕾娜特一起思考有哪些選項，可以讓我們開始進入房

地產市場賺錢。

　　蕾娜特是個「節奏」型天才（和新手媽媽），她在新加坡有很多好朋友，這些好友們住的房子都是用租的，而且大部分每兩年就搬一次家。如果當個房屋仲介，專門替他們找新的住處，根本是簡單的不得了呀。我們算了一下，一年只要成功租出四間房子，就能夠達到她設定的現金流目標，幫助我們脫離「紅外線」層級。

　　我介紹丹尼斯韋（Dennis Wee）這間公司給蕾娜特認識，丹尼斯韋是我們房地產雜誌最大的客戶之一，這間房地產仲介公司提供旗下的仲介業務員很棒的訓練課程。他們十分歡迎蕾娜特參加他們的課程。她設定了一個可以兼顧家庭跟事業的時間表，讓她有時間完成訓練課程，做好成為房產仲介的準備。

　　成果如何？她在六個月內就達成並超越自己訂下的目標。也由於她這麼成功的關係，所以後來我們甚至開了一間叫做外派租屋（Expat Rentals）的新公司，主要客層是外派到新加坡工作的人員。到現在，這家公司已經是新加坡最優質的外派人員租屋公司之一。

 盡該盡的義務

- 不要把這個世界隔絕在外，隱居在自己的小世界裡做自己的事情。
- 務必建立好支援團隊，來協助你專注於實現層次更高的使命。

　　「節奏」型的人不像「火焰」型的人那麼外向，他們大多數時間都是獨自一個人，也就是說他們大多數時間都不用別人的支援。如果你是「節奏」型天才，你應該會懂得利用 Excel 軟體記帳，而且很可能早就在計算成本了。你不用像「火焰」型天才一樣需要團隊才能把事情做到位，但是你需要團隊來幫助你集中注意力，讓你在做困難決定的時候不會感到不安。

　　「節奏」型的人跟「發電機」和「火焰」型天才一樣，都需要找到一個

會讓他們看得比自己個人更重的目標，才能順利脫離「紅外線」困境。我們在自己處於「紅外線」層級時，都能忍得住那種苦楚；然而我們往往忍受不了有其他人因為我們的行為而一起受苦。對蕾娜特和我來說，能夠脫離而且不再跌落「紅外線」層級的關鍵在於我們齊心協力、誠實面對當時的狀況。很多時候，願意幫助支持你的，會是你家人或是親近的朋友；不過在接受幫助之前，你得先確定你的家人朋友、或**任何**你尋求協助的對象自己已處於順流之中，而且擁有良好的人際關係。

　　有太多失敗後東山再起的故事都有類似的情節，主角只要遭遇一次真正艱苦的困境，就能夠清醒過來面對現實。這絕對不是巧合。我跟蕾娜特在脫離「紅外線」層級時所養成的習慣、建立的系統，到現在仍然沒有改變。蕾娜特藉由盡她該盡的義務播下了種子，而這種子後來不僅成就了她的夢想，也讓我的夢想成真。她在新加坡累積的房地產經驗，讓我們在全世界都能開拓房地產事業版圖，包括在峇里島買下了屬於我們的渡假村！

鋼鐵天才脫離「紅外線」層級的路徑

　　當我在 2011 年認識拉克倫和麗莎這對夫妻時，他們離順流狀態有十萬八千里之遠。他們夫妻倆在澳洲創業，銷售太陽能熱水器。由於景氣不好的關係，他們的日子也跟著不太好過；他們把所有的錢都投入事業上，因此掉到「紅外線」層級。他們跟蕾娜特和我一樣，事業產生的壓力也影響到夫妻兩人的關係。為了挽救婚姻，他們很懷疑是否還要一起共事，也懷疑事業到底還要不要經營。

　　以他們的例子來說，拉克倫是「鋼鐵」型天才，而麗莎則是「發電機」天才。當時他們的小孩才剛出生，在「發電機」型的麗莎問說：「那接下來我們要怎麼辦？」「鋼鐵」型的拉克倫採取了傳統的「我要當下做決策」的方法。

　　問題是，「鋼鐵」型的拉克倫無法提出富含創意和前瞻性的回答，好讓

「發電機」類型的麗莎滿意。他對於他們的產業和事業前景都感到悲觀，同時卻又固執不願意改變，他會說「我們要用原本的方式繼續拼拼看」，然後太太就會回答他：「……但是為什麼我們不要試試這個方式或那個方式？」拉克倫就會叫她不要再質疑自己的決定。

這就是我第一次遇到他們時的狀況。他們兩人都很清楚，事情已經走到一個不改變不行的節骨眼了。我們從描繪他們的「未來願景」開始。他們很快就發現，如果可以的話，他們**還是**比較想共同合作，而且他們兩人都夢想著要透過新的事業來讓這個世界有些不一樣──只是當下還不知道要透過什麼事業達成夢想而已。後來拉克倫利用他的「鋼鐵」天才，採取了以下的三個步驟，跟麗莎一起成功脫離「紅外線」層級。

 步驟一　記錄與檢視金錢流向

- 不要把時間浪費在批評與論斷別人做事情的方式上，並以此來作為不行動的藉口。
- 務必善用你的分析能力，建構一個與「未來願景」一致的財務計畫，來吸引到團隊與你合作，產生能達成計畫的方案。

在四種天才當中，「鋼鐵」型天才是最擅長進行深度思考和分析的。他們會認為脫離「紅外線」層級的三個步驟只是基本常識罷了──但是他們還是無法徹底想清楚下一步該做些什麼。這是因為「鋼鐵」型天才總覺得一定有更好的辦法，眼中總是看到事情的風險和缺點。

處於「紅外線」層級的「鋼鐵」型天才**不會**有存錢的問題，他們的挑戰在於怎麼賺到**更多錢**。「發電機」和「火焰」型天才天生擅長賺錢，因為他們懂得串連想法、媒合人脈，但是賺到的錢留不住；而「節奏」和「鋼鐵」型天才則精於守住錢財，每一筆帳都記得清清楚楚，但是卻不太擅長加快賺錢的速度。

「紅外線」層級的「鋼鐵」型天才們往往跟拉克倫一樣，凡事都會記帳、抓預算，但是死守著賠錢的資產跟低薪的工作，而且很難做出抉擇，特別是在害怕會遭受更嚴重損失的時候更是如此。「鋼鐵」能量的人應該要跟知道怎麼做決定的人聯合起來。「鋼鐵」能量的人可以提供的價值就是降低成本開支。（假如你就是這種人，或許你可以跟我這個「發電機」能量的人一樣，藉由幫助別人獲得更多利潤空間，而不是增加銷售量，來跟對方談分紅。）

以拉克倫來說，他只需要看看坐在他對面那個人，就可以找到所需的「發電機」天才了。所以後來，他和麗莎建立了團隊，擬定脫離「紅外線」困境的財務計畫。他們現在知道現金流方面需要很大的調整，雖然目前還不知道要怎麼做到這件事，但有了這個計畫，他們就知道該遵從哪些正確的行為準則了。

 步驟二 **遵從正確的行為準則**

- 不要把時間都花在弄清細節上，試圖透過分析的方式來往前進，也不要想單靠自己來讓事情有進展。

- 務必請求他人的協助來找到你的順流，要與團隊一起建立一個能讓你保持在軌道上並且維持正向的韻律節奏，並且要用你對於細節與系統的能力，跟能為你帶來財富流的人交易。

「鋼鐵」型天才習慣腳踩煞車，而不是大踩油門。他們習慣在內心反覆思索，事情要臻於完美，才會穩穩踏出下一步。當拉克倫和麗莎發現自己是「鋼鐵」和「發電機」天才的時候，他們瞬間就搞清楚應該要怎麼和彼此合作了（也瞬間領悟他們之前為何那麼沮喪了）。

首先他們建立好工作節奏，花百分之八十的時間，努力讓目前的事業達到設定的現金流目標；而另外百分之二十的時間，則是用來構想新事業。麗莎全心投入一系列的促銷活動來提高營收，而拉克倫負責與供應商協商更高

的付款條件。他們改變事情優先順序，把重心從追求公司成長，轉移到提高公司的效率和品質之上。

成果如何呢？他們先縮編成員，省下薪資成本，也透過更多的口碑行銷，降低行銷成本。他們的營業額沒有改變，但是獲利卻增加了，這筆多出來的錢已經足以讓他們脫離「紅外線」層級，讓他們的生活多了喘息的空間，得以規劃未來。

 盡該盡的義務

- 不要在試圖解決困境時，斷了自己與他人的聯繫。
- 務必要找到一個你得要向他負責的人：比如找個有更大使命的「發電機」型領袖來跟隨，或找個善於人際的人來合作，藉此讓你重返順流。

「鋼鐵」型天才喜歡凡事靠自己，當他們處於「紅外線」層級，不知道怎麼建立現金流的時候，就會把自己孤立起來。處於「紅外線」層級時，「節奏」與「火焰」型的人往往會迷失在各項日常工作或者跟人打交道上，而「發電機」與「鋼鐵」型的人則會想要靠自己搞定所有的事；可是，一旦「鋼鐵」型的拉克倫（或者「創作者」型的我）這麼做的時候，也等於切斷了獲得所需援助的可能性。

我跟拉克倫和麗莎討論他們的「未來願景」，要他們想像自己現在所有的煩惱跟憂慮，在一年之後全都煙消雲散，而且銀行戶頭還存有更多金錢……這類使人歡欣鼓舞的完美生活光景。我問他們，當這一切都發生的時候，他們會想做什麼，生活會有什麼不一樣的地方？當然他們還是會一起工作，他們還是想經營能保護環境的事業，只是那會是更充滿愛、能幫忙到很多家庭的事業。

接著，我們建立了每日、每週的節奏，以確保他們可以達成願景目標，我跟他們兩位分享了我每天早上一定會問自己的八個問題。這八個問題可以

讓我的每一天都是在沒有壓力的狀態開始。（你可在這本書的最後面找到這八個問題）。在他們知道自己事業要依循的路徑之後，他們不再覺得自己是事業的奴隸，這讓他們充滿動力而且更團結在一起。除此之外，這也讓過去曾經很難定下的決策，變得簡單很多。

幾個月之內，他們就決定好新的事業方向。麗莎列出了一卡車的想法，然後我們一起刪除選項。最後留下的是「Ecoriginals」這個選擇，「Ecoriginals」是第一間在澳洲推出100%環保尿布的公司，專門服務重視環保的家庭。「盡該盡的義務」對他們夫妻倆來說，已經不只是為自己的家庭擔起責任而已，他們目前的使命是要為全國的家庭服務。他們吸引到好幾千名粉絲，產品還沒上市，就已經拿到好幾筆預購的訂單。我們第一次見面後，還不到二年，他們第一批裝滿產品的貨櫃就出貨到澳洲了。

脫離「紅外線」層級是否意味著，我們就能夠從此以後，過著幸福快樂的日子呢？才不是這樣！故事旅程會繼續走下去！拉克倫和麗莎，就跟蕾娜特和我一樣，人生還是一樣會起起伏伏，有時順利，有時不如意，因為我們都是凡人。而爬上燈塔更高處就像是在海上航行一樣，你獲得的成就跟遭遇的挑戰規模會變大，就像海浪會越來越大；然而由於你擁有更多的流（就像風帆遇上強風），這讓你要乘風破浪變得越來越輕易，而當你需要時間或金錢來讓你走後續的旅程時，它們也都等在那邊隨你取用。

脫離「紅外線」層級的四個檔位

跟改善健康的過程一樣，你必須先找出自己的財富之流有什麼問題，才有辦法對症下藥改善問題。身處「紅外線」層級時，就像是水管線路漏水一般，錢賺得再多，到頭來還是會消失不見。記錄與檢視金錢流向的重點就在於把漏水的地方補起來，然後把你的現金流計畫轉化成百萬美金等級的金錢管道系統。

跟我一起做個練習：現在你有兩個禮拜的時間，可以用任何方式去賺錢

來增加你的現金流。你可以去打工領時薪，也可以利用自己的事業做點什麼，或是兼差也可以，你可以自行決定賺錢的方法。

思考看看，透過你能想到的所有工作機會，你有信心賺多少錢？賺得到10塊美金嗎？還是一百塊？你可以持續在數字後面加一個零，加到你不是太有把握為止。你賺得到一千嗎？還是一萬？十萬呢？

我最近和一組人做這個練習，只有一半的人在一千元時手還舉著，超過一千之後就寥寥可數了。每個人都有辦法多賺個一百美金，然而卻沒有人把目標放在多賺一百美金上，而這通常是因為我們都想著要賺到百萬美金，所以沒空去想怎麼賺到一百美金。然而，真正的關鍵並不在於學習怎樣能一下子變成百萬美金富翁；真正的關鍵在於要去探索，如果你知道怎麼賺一百元，要如何變成賺一千元？這就是你現在要規劃的：多賺一千美金的方法。每個星期多賺個五百美金，是不是可以幫助我們支付基本的生活開銷、讓我們的現金流打平、並提升到「紅色：倖存者」的層級？對多數在「紅外線」層級的人，多賺這五百美金是可以幫我們往紅色層級提升的，即便還沒進入紅色層級，相去也不遠了。

這也是為什麼不管你是哪一種類型的天才，每一條脫離「紅外線」的路徑都要從回答這個問題開始：「我實際需要多少金額，才能讓我不再每個月都入不敷出？」

對一些人來說，只要有個幾百塊美金就夠了，有些人可能要好幾千塊。但知道這個數字是脫離「紅外線」層級，進入「紅色」層級的第一步。這是我們聚焦在儘快脫離個人財務赤字的方法，愈快脫離，就愈快擺脫壓力。

所以你的數字是多少？

在清楚這個數字之後，就問問自己：「有沒有什麼辦法，能透過削減一些開銷的方式，來讓我目標的收入數字，跟現在的收入數字之間的差距縮小一點？」（不是要你永遠省吃儉用，只是要先進入到紅色層級）。這是非常重要關鍵的步驟，它讓你能爭取到時間、能讓自己往前推進、能用不同角度看待事情、同時再也不必一直處於充滿壓力跟焦慮的層級。你可以多快達到

MILLIONAIRE MASTER PLAN

這個數字呢？

　　在你清楚這個金額是多少，然後也讓自己減少支出，到了收支可以打平的程度之後，你就能更清楚地看到，前面這些「紅外線」層級故事裡的每一個人是如何找到打平收支的方法。要脫離「紅外線」層級主要有四個方法，它們就像是手排車的四個檔位一樣；要從哪一檔開始，則取決於你掉入「紅外線」層級之前的狀況。這四個檔位都跟市場的流相互結合，分別從「橙色」對應到「藍色」層級。

　　「橙色」層級策略（一檔）：如果你沒有自己的事業、團隊、也沒有可以脫手賣掉的賠錢資產，那你就必須把排檔打在這一檔。減少開支、找個領薪水的工作，讓你能夠負擔自己的生活開銷，脫離「紅外線」層級。這並不是要你隨便找個工作就好，也不是要你去找你根本不喜歡或是低薪的工作。我在第四章會說明要如何為你的天才和熱情找到一份對的工作，還有要怎麼選擇你的團隊，而不是等別人的團隊來選你。（羅絲提卡和蕾娜特都是打這一檔）

　　「黃色」層級策略（二檔）：如果你是自己當老闆，或是屬於擁有小生意的「黃色：參與者」，你就會懂得如何利用促銷活動來增加事業的營業額和利潤。你可以透過規劃一些促銷活動的方式來賺到足夠的錢，讓自己脫離「紅外線」層級。專注在可以產生最大量現金流的活動，讓你快速脫困。（這是我當年打的檔位，拉克倫和麗莎也是）。

　　「綠色」層級策略（三檔）：如果你是擁有自己事業、且知道如何改變你團隊的方向，讓額外的現金流入你戶頭的「綠色：表演者」，那麼只要一些快速的調整，就能讓你迅速脫離「紅外線」層級。你的做法可以很單純，是讓你的事業付更多錢給你自己，而不是把賺到的錢又投入事業中。聽起來很簡單，但只要你真的這麼去做，那麼在你看到自己不再入不敷出時，就能立刻感受到自己的能量變得正向積極。

　　「藍色」層級策略（四檔）：如果你擁有多重資產或是負債，那麼脫離「紅外線」層級可以是件很簡單的事：你只要整頓一下自己的資產跟負債就好了。

這個意思就是你要賣掉那些讓你每個月在賠錢的房地產，收掉那些一直讓你一直燒錢的事業。該是你重新調整利息支出，並重新審視還款計畫的時候了。不是要你一次還清，只是要你確保每個月的現金流都是正的。現在不是該期望資產能增值、也不是捨不得收掉事業或賣掉房子的時候。

選定你的策略，然後就開始按部就班地採取脫離「紅外線」層級的步驟，讓自己進到「紅色」層級或是往更高層級邁進。要是有任何讓你卡住的原因，甚至是你想不到要怎麼多賺五百或一千塊美金，**別擔心！**我會在下一章提供逐步的練習，讓你能找到對的人，並且跟他們建立連結，這些對的人可以把他們的流導向你。目前你只需要專注在能夠改善你現金流的最小金額，採取下列的步驟記錄與檢視金錢流向，並且設定計畫與時間表。先決定好要做什**麼**，以及**何時**要完成，之後人的問題、**做法**的問題就能迎刃而解。

對了，要是你在讀這一章的時候，現金流已經是正的，我還是要請你徹底遵照這三個步驟。如此一來，你就可以建立非常紮實的基礎，讓自己永遠都遠離「紅外線」層級。我們太容易在自己越來越成功的時候，忽略掉紀錄個人的財務狀況。

我個人的財富得以成長，都要歸功於這個策略（這也是為什麼這個策略是各種天才的第一步）：在我深陷「紅外線」層級的時候，我記錄與檢視了自己的金錢流向，讓我每三個月都能增加現金流淨值。你的第一步只是計算你需要多少錢，才能讓自己脫離「紅外線」層級，如此而已。關於擬定你個人收入的關鍵步驟，都可以在「GeniusU」網站上的「記錄與檢視金錢流向」練習本裡面找到。

你在由「紅外線」提升到「紅色」層級時，要建立起來的是一種定期記錄並檢視財富狀態的節奏（從第一筆額外收入開始），讓這個節奏即便在未來你的帳戶裡每年都有數百萬美金進出的時候，都仍然能持續運作下去。

那就不要再找藉口了；開始成為倖存者！

　　你應該還記得我說過我們每個人都是天才，那麼為何有這麼多人卻陷在入不敷出的狀態裡無法脫離？是這樣的：我們確實都如天才一般，很擅長做某些事情；然而，我們往往也更擅長找到各種各樣的、**不去做**某些事情的藉口。這裡有五個最常見的藉口，阻撓我們進入順流狀態，讓我們一直留在「紅外線」層級上不去：

❶ **我沒辦法減少開銷**：如果你有份工作，每個月有穩定的收入，但仍然處在「紅外線」層級，那就表示你已經過度消費了。事實上，世界上**總是**有賺的錢比你少的人，但是他們卻能夠找到方法，讓他們免於入不敷出。所以，**絕對**有辦法可以減少開銷的。

❷ **我沒辦法賺到更多錢**：無論你是上班族或是自己當老闆，你都可以規劃要賺多少錢。這跟你多有才華或是多努力工作沒有關係，而是在於你提供了什麼樣的價值，以及是為誰提供這些價值。

❸ **我很快就會脫離現狀了**：很多人都知道他們身陷「紅外線」層級，但是這些人不但沒有做好脫困的計畫，還天天做白日夢，希望可以中樂透或是事業突然變得十分成功。（這其實是在講我自己，所以我的車子後來被拖走了。）其實，真正可以保證你脫離「紅外線」層級的，是你採取的那些微不足道卻非常踏實的行動。

❹ **我必須追隨我的熱情**：你或許讀過一些告訴你要做自己有熱情的事情的書籍。這是很棒的建議，只是並不適用於「紅外線」層級的「**受難者**」們。如果你想要減肥，卻還是讓自己追隨熱情（所以繼續吃巧克力蛋糕），這顯然不是對的解決方案；而事實上，也就是這種做法才讓你落到現在這個地步。在追求熱情之前，得要先有紀律才行。

❺ **我做的投資比我自己更需要資金**：很多人雖然坐擁許多資產，但手邊卻沒什麼錢。也許過去幾年來你購入了房地產、也做了其他的投資，

但問題是如果它們是在負現金流的狀態，那就表示你得花錢才能保住它們。你只要賣掉這些賠錢的投資，就能讓自己由負轉正。在這之前，放棄這些投資的痛苦，讓你一直沒去做你該做的事，現在則該是你進入順流、放手讓它走的時候了。

這些其實也是我自己在人生各個階段時使用的藉口，其中有幾個藉口我還用了不少次。我也犯了所有會讓人跌落、卡在「紅外線」層級的錯誤。

堅持要單打獨鬥：會落入「紅外線」層級的起因，就是因為跟世界斷了連結。試圖要透過創立能引起人們興趣，進而來協助你的新事業（而不是多去想要怎樣才能幫上別人的忙），藉以「證明自己」，這種做法是保證會失敗的，會讓你繼續卡在這個層級裡。

責怪別人：要處理在「紅外線」層級時會產生的內在焦慮，最簡單的方法就是把罪怪在別人頭上。這樣做或許可以讓我們覺得舒坦一些，但卻改變不了現狀。事實上，這會讓我們不再為自己的人生負責任、也失掉人生的主控權。想要事情改變，就一定要有負責任的態度。我們的抱怨，不只會讓那些能幫助我們進入順流狀態的人，選擇有多遠躲多遠，而且還會吸引到一群想跟你一起怪天怪地、成天抱怨的人。也就是說，「抱怨、怪別人」會讓身邊充滿「紅外線」層級的人，而這會讓脫離「紅外線」層級難上加難。

找機會吵架：跟你想責怪的人吵架，可能會讓你覺得自己做了很多事，令你心滿意足，這是因為吵架讓你可以暫時釋放壓力；但是，把負面能量引導到爭吵之中通常只是做白工。如果你對某些事情感到強烈的不滿，請拿出力量，從內心開始改變。其他的事情都只是讓自己分心，讓你脫離不了「紅外線」層級，而在這個層級裡盡是你吸引來的負面思想和沮喪。

假如這些事你都做過、這幾個藉口也都用過，甚至你已經深陷泥沼動彈不得，快要失去希望了，那麼在我們進入「紅色：倖存者」和「橙色：勞動者」之前，我還有一件事要跟你分享，那就是：**一切都會好轉的**。

當然啦，要是有人在我車子被拖走的當下告訴我這句話，我是不會相信

的。但是，我已經決定好自己這一輩子的人生使命，也就是確保你**真的**能夠脫離貧困。創造「全球富裕（**World Wide Wealth**）」並不是讓**少數**幾個人創造並且貢獻更多的財富，而是要讓**每一個人**都能一起創造更多的財富。也許你覺得你老早就讀過很多本書，都是在講這些道理。你也讀過要清除信用卡卡債和理財的相關書籍，但仍然覺得困難重重。你對自己已經失去信心了。但是你要知道，還有願意相信你的人，而且將來你盡全力賺取財富、施予財富的時候，一定會有**很多人**感謝你。

除了要記得一切都會好轉之外，還有另一件事不能忘記：**不可以因為跌落「紅外線」層級而自責**。在天賦無法發揮的時候，任何天才都會陷入陰影之中。要是「發電機」型的人沒有機會可以發揮創造力，而只叫他們改進自己的缺點，那他們就會對自己的能力完全失去信心，不相信自己能為世界創造新價值。對「火焰」型來說也一樣，如果他們沒有機會跟別人合作共事，反倒強迫他們專注在枝微末節的事情；或是要「節奏」能量的人不要服務別人，然後要他們不停想出新的點子；或者剝奪「鋼鐵」能量的人把事情完成的機會，並且強迫他們在人群前面表演。當這些陰影吞噬我們的天才時，我們便無法好好發揮天賦強項了。

只要你照著這些人的故事去做，你也可以脫離「紅外線」層級。透過這些故事，你可以感受到脫離這個層級會有什麼感覺。這也是為甚麼有些人在脫離「紅外線」層級之後，只是進到「紅色」層級，但有些人卻是直接跳到「黃色」、「綠色」或是「藍色」層級。這是因為這些人了解到怎麼透過經營事業、跟高效率的團隊合作、或是利用投資組合重新調整他們的個人理財，來讓自己脫離「紅外線」層級。

所以一切都會好轉的。你值得擁有更棒的生活。

一切都會好轉的。

你值得擁有更棒的生活。

CHAPTER THREE SUMMARY

- 「紅外線」層級的世界充滿干擾和壓力。

- 「紅外線」層級現金流呈現赤字：即便坐擁百萬資產，還是可能處於「紅外線」層級——當務之急就是快點脫離這個層級。

- 你可以透過採取這三個步驟，脫離「紅外線」層級。
  1. **記錄與檢視金錢流向**
  2. **遵從正確的行為準則**
  3. **盡該盡的義務**

- 每種類型的天才採取這三個步驟的策略不盡相同，這當中包含開始做新的事情，以及停止做那些害他們跌落「紅外線」層級的事情。

- 要脫離「紅外線」層級時有四個檔位，分別對應由「橙色」到「藍色」的四個層級。

- 要持續陷在「紅外線」層級有三個步驟：單打獨鬥、責怪他人、找機會吵架（專注在負面的人事物）。

- 替自己找藉口也會讓我們無法脫離「紅外線」層級。我無法減少花費、我無法賺更多錢、我很快就會脫離了、我必須追隨我的熱情、我的投資比我更需要資金。

- 記得：一切都會好轉的。只要跟著步驟走就好。

✈ 飛行前檢查清單：紅色層級

在開始為事業奔忙之前，最重要的步驟就是知道你個人有哪些財務里程碑要達成，並且確保自己每個月都有正的淨現金流。在你於 www.geniusu. com 網站上的個人專屬頁面裡，有更多下面這份檢查表中各個項目的補充說明以及影片，還有進度評量以及練習本等資源。我在這一章的結尾就納入了練習本當中的一個關於如何規劃出適合你所屬天才類型的工作空間。

請完成下面的檢查清單：勾選「是」或「否」。你能得幾分呢？當你這九個項目都勾選「是」的時候，表示你已經建好所需的管道系統，能讓你從此之後都遠離「紅外線」層級。

記錄與檢視金錢流向

1. 我有可以記錄每個月財務狀況的系統，我清楚知道自己每個月的淨收入是多少。	□ 是	□ 否
2. 我有簡單預估每個月的收支狀況，並且記下實際的數字，藉此追蹤自己的進展。	□ 是	□ 否
3. 我有設置能讓我隨時掌握自己財務水平的帳戶系統與審查機制。	□ 是	□ 否

遵從正確的行為準則

1. 我有規劃自己的關係、所處的環境、所在的空間以及旅行的方式，以確保自己處在順流的最佳狀態。	□ 是	□ 否
2. 我在規劃自己每年、每個月、每週的時間與活動時，有依循著某種能讓我保持平衡且充滿動力的韻律與節奏。	□ 是	□ 否
3. 我每天都依照一種能讓我的身、心、靈都充滿能量，且能讓我有高檔的健康活力的韻律來進行一天的行程。	□ 是	□ 否

盡該盡的義務

1. 我把與我的「飛行計畫」方向一致的活動的優先順序放在首位，且承諾要每天完成這些行動。	□是	□否
2. 我很有紀律地管理自己的情緒以及那些會讓我分心的事物，並讓自己多跟會支持我的計畫的人們相處。	□是	□否
3. 我有向外尋求支持與解答，且即便面對不確定性仍有勇氣採取行動。	□是	□否

★ 行動時刻 ★
ACTION POINT

規劃符合你天才類型的空間

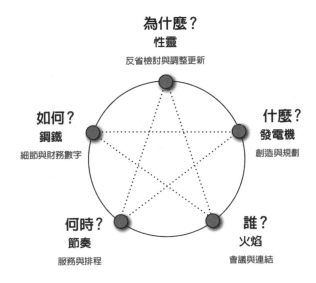

為什麼？
性靈
反省檢討與調整更新

如何？
鋼鐵
細節與財務數字

什麼？
發電機
創造與規劃

何時？
節奏
服務與排程

誰？
火焰
會議與連結

　　每個不同層級在記錄與檢視金錢流向時，有一個共通的關鍵，就是要建立一個管理自己時間與金錢的固定節奏，這個節奏要能符合你的天才、要能為你補充能量、要讓你想要投入、要能讓你維持在順流之中，除此之外，也要能為其他天才類型的空間分派對應的價值。

我們其實每一種天才都有具備一些，只不過在當中會有一個最具主導性的天才，那就是我們的成功路徑。

以我的「發電機」天才來說，我的成功之路就是善用創造力；然而，走上這個方向並不代表我可以拿這個當藉口，讓自己去做一些不該有藉口的行為，因為我其實也具備其他類型的天才。換句話說，像我這樣的「發電機」天才不能說：「因為我很有創意，所以我除了創造之外，其他的事情都不做。我不需要去跟人打交道，也不需要想跟數字有關的事情。」事實是，我需要做這些事才行。

現在我已經在「財富燈塔」的「藍色」層級了，也因此我對這一點有非常深的領悟。我知道如果我不肯每個星期、每個月都撥出一些「鋼鐵」時間給我的財務團隊，那麼我肯定會在哪個地方失誤，因此失去我之前建立起來的固定節奏。當我踏入我的「鋼鐵」空間時，我就會變成「鋼鐵羅傑」；即便那並非我最大的天賦，但我還是可以喚起內在那個稍微小一點點的「鋼鐵」天才：那個我對細節的要求很高、對於太天馬行空想法則有很低的容忍度。我只需要一個小時而已，在那一小時當中，我就能了解每一個事業的所有數字——因為我是如此規劃那一小時的時間。

你也許已經試過一些時間管理技巧，或許也有找到一兩招是適用於你的；不過，就我所見人們的最大問題之一，其實是想要在一小段時間之內盡可能塞入最多的活動。

要修正這個問題的秘訣，在於要明白其實重要的不是你在「什麼時候」做事情，而是你「在哪裡」做事。環境對我們生活的影響，往往比我們想像的還大得多。太多人因為混搭各種能量的關係，搞得自己壓力很大、生活喘不過氣來。想像你在辦公桌上研究財務數字，然後被一通電話打斷，然後再回頭繼續研究試算表；這其實就跟要把水冷凍成冰，又要同時把水燒開一樣。在我們由一個能量狀態轉移到另外一個能量狀態時，就會消耗掉大量的能量，所以當然會產生很大的壓力。

在我的峇里島度假村裡，我就規劃了五個不同的涼亭，每個涼亭都能產

生不同類型的能量。每個星期還有每一天，我都會依據要做的事情是需要哪一種能量——例如需要連結到「什麼？」的創意發想工作、要跟人交流互動（「誰？」）、要對各個計畫作回顧檢討（「何時？」）、要分析資料（「如何做？」）或者要沉思願景（「為什麼？」）——而實際移動到最適合的涼亭去做事。

現在，撥些時間運用我們在第一章談到的五種頻率（這五種頻率各自對應到四種天才、以及能把各種天才統一起來的第五頻率「性靈」），來規劃你一週的行程，然後決定一下你要在哪個時段、在哪個地方做事，完成後就堅守這個遊戲規則。把你所屬的天才頻率放在每個星期三，這樣可以穩定住你一週的能量；舉例而言，如果你是「發電機」天才的話，就把每個星期三定為「發電機日」，然後每星期四定為「火焰日」，以此類推。以我自己而言，是這麼規劃的：

發電機空間：這是讓你進行腦力激盪、創作文字、產生新構想、回答跟「什麼？」有關問題的地方。規劃空間時要有可以把想法貼掛起來，讓你能看到大局的地方。不要在這裡接電話、傳簡訊或使用任何社交媒體；別讓自己卡在枝微末節裡，或被其他人影響而分心。

火焰空間：這是讓你與人交談、回覆電子郵件、接電話、回答跟「誰？」有關問題的地方。踏入這個空間時，你會帶著要聯絡的人的資訊、重要的人的照片、以及關於談話內容或後續跟進的便利貼。讓這個空間專門用來交談，這裡不是讓你拖拖拉拉或者作白日夢的地方。

節奏空間：這是讓你能冷靜下來、很落地務實地與團隊成員一起作後續規劃、或者聆聽客戶意見的地方。在這裡每一件事都會有個「何時？」跟「在哪裡？」。這裡不是你要做行銷或銷售的地方，在這裡是要提供關懷與服務，並且處理比較小的、跟人相關的活動。別讓任何過度正面或過度負面的能量進入這個空間。

鋼鐵空間：這個空間讓你能專注在細節上、獲得安靜獨處的時間、並清

楚專注於「如何作？」的問題之上。你會在這裡存放所有的財務資料、試算表，並且讓自己可以容易取得各種細部檔案。排除所有打斷工作的可能性，在這個空間裡也不該有電話、電子郵件、或者任何會讓自己分心的東西。在這裡你要願意吹毛求疵，也要願意接受批評。

性靈空間： 這是個能啟發你，也能讓你反思自己更高的人生目的以及更大使命的空間。你可以在這裡喘息一下，並找到你內在的微小。我自己每天早上都會先到我的性靈空間去，然後問自己八個問題（請見第八章後面的「行動時刻」），用這個方式開始每一天。

　　你能為自己規劃怎樣的高生產力環境，來讓你能重新設計自己在身、心、靈層面的標準？就算你現在有全職工作、或者整天都在忙孩子的事情，也總是有辦法可以重新調整時間與空間，來讓自己有更大的發揮。在你把空間規劃好之後，接著就安排你的行程表並且照著執行。為自己定下一個標準，要求自己在該到哪個空間時，就到那個空間去。這就像是我不會因為一個行程拖得比較久，就讓另外一個人在那邊空等；同樣的，我也不會因為我的「發電機羅傑」想要強佔我所有的時間，就讓我的「火焰羅傑」空等！

Chapter **4**

紅色到橙色：
由「倖存者」到「勞動者」

衡量標準：	每個月數字都會歸零，月現金流不是負的但也沒有剩餘
情緒狀態：	焦慮、壓力、放鬆
停留在此層級的代價：	筋疲力竭、認命、人生在此狀態不斷循環
需要專注於：	熱情和人脈連結
到達此層級的原因：	沒有耐心、分心、被制約
往上移動的途徑：	找到你的熱情所在、訂出你要堅守的標準、順著既有的「流」而行

紅色層級看起來只比最底層高了一個層級而已，但在這裡的感覺跟「紅外線」比起來可說是天壤之別。在我自己的人生中，每一次由「紅外線」提升到「紅色」的時候，都會因為總算月底都能把每一張帳單付清，而獲得一種強大的解放感。我不再感到焦慮不安，也開始找回一些對自己的信心；我也容許自己再度能享受生命。我開始能用一種正向積極的方式與別人連結，不再有那種一定得講出我的意見、抱怨、或者批評的衝動。

這些感覺都很讚，不過在我年輕的時候，在這同一時間，也有很多東西在引誘我再度放縱我的「發電機」天才。當我停止賠錢的時候，腦子裡就會開始想說還可以再創造什麼其他的產品跟服務，來更快賺到錢……而這總是讓我再掉回「紅外線」。

這也是為什麼「紅外線」層級的這些美好感受伴隨著一個選擇：**你是要一層一層爬財富的樓梯，還是要在財富「跳跳床」上頭跳上跳下，永遠都回到「紅色」層級，或甚至掉下來，回到「紅外線」。**

月光族

你會處於「紅色」層級，可能是因為你的世界是圍繞著自己的工作或事業，而不是圍繞著你個人的財富和福祉；你會在這裡，可能是因為你有賺多少花多少的習慣，或者你管理投資的方式是讓錢永遠留在投資項目裡，從來沒有機會享用它們產生的流；你會在這個層級，也有可能是因為你的雙親或配偶在資助你；或者你的工作薪水比較少，而你不知道如何找到能賺更多的項目。

不管你現狀如何、年紀多大、事業有多成功，或者處於「紅色」層級的緣由如何，你都是個「倖存者」，因為你總是把額外的錢花在生活必需而非投資之上，或者花在讓自己外表光鮮亮麗、讓別人知道你負擔得起（雖然事實上是負擔不起）的事物上。

你現在不再處於溺水狀態，不過仍是在水中載浮載沉。管路系統有在運作，水龍頭也打開了，但問題是排水口沒有塞子。你的錢剛好夠支付你的日常帳單，也許偶爾也可以奢侈一下或有個額外開銷；不過，這些錢都不是拿去成長你的個人財富，而只是讓你自己能分散一下注意力而已。結果是，你覺得自己可以透過投資某些股票、房地產或者是事業機會來「翻身」——可是當你在這個層級時，不管試多少次……**你的錢最後都會歸零。**

投資你的點子、你的事業、股票、或者房地產都沒有錯，但在「紅色」

層級時，它們都無法長久。當你處在寅吃卯糧的狀況時，做的所有的決策都會很短視；而這會讓你無法繼續往上爬，因而可能帶來一種挫折感和無助感。

這也是為什麼處於「紅色」層級時的感受會是「解放」與「屈從」的原因。如我前面說的，在這個層級就好像在「跳跳床」上一樣，你或許可以彈得很高（甚至彈得非常高），但卻永遠沒辦法維持那個高度；你永遠都會再掉回一開始的地方。如果要進入「橙色」層級以上，來開始真的**構築**你的財富，你就不能用這種彈上彈下的方式，你會需要用攀登的才行。而要做到這一點，你會需要每個建築工都需要的東西：樓梯的每一階。

事實上，從這個層級到一百萬美金之間其實只有十階而已。我很清楚，因為我每一階都爬過，而只要你善用自己的天才，就也可以走過「財富燈塔」的這十個階梯。現在你已經脫離「紅外線」層級、離開財富燈塔的地下室了；而現在來的就是這十階裡的第一階。

通往百萬美金的 10 步驟

讓我很羞愧的是，在我的車被銀行收走之後，我用來脫離「紅外線」層級的那個計畫，其實早在**多年**之前，我在問我的導師（他是個百萬美金富翁）一個事業上的問題時，他就已經告訴過我了。**我當時以為自己很行，所以把他的建議當耳邊風。**

我當時還住在倫敦，經營一個出版事業，想方設法地要賺到錢。那是我第一次碰到真的百萬美金富翁！我記得那時我很興奮地跟他說我的事業，也問了一堆我之前寫下來的、關於我們的產品策略、如何訂定合作方案、還有我雇用的人是不是對的人……等等一堆問題。

「你賠錢賠多久了？」他打斷我連珠炮式的提問，問了我這個問題。

「喔～這個事業才剛起步不到三年……」我這麼回答，試圖要解釋為什麼事業沒獲利。

「我講的不是你的事業，而是在講你。你個人賠錢賠多久了？」

他怎麼知道我的錢一直在流失？這是在新加坡事件之前、在我了解「MMP 百萬美金創富藍圖」的一切之前，當時我還沒有意識到自己的「紅外線」輻射有多強。「你的意思是？」我當時很疑惑地問他。

「你每個月撥出多少錢來放在你的投資組合裡？」

「啊！沒有，我沒有什麼投資組合。」我笑著說。「我不是投資者，我是個創業家。我把全部的錢都投入事業裡。」

他搖頭。「如果你想要從我這裡得到什麼建議，就先讓自己的現金流變成正的，並且幫自己建立一個投資組合。如果連你自己都不願意投資自己的話，我是沒辦法投資時間在你身上的。」他一邊這麼說，一邊抽身要離去。

「等一下！」我大叫。「先別走。我很抱歉，我不是故意要讓你不悅的……」我很疑惑地說。「我非常珍惜你的協助，你剛才說我應該做什麼？」

他停下來，坐回原處。「你沒辦法讓事業賺到錢，原因是你連讓你自己有正現金流都沒做到。如果你是認真地想創造一些財富、帶來價值，那就先從你自身開始做起。」

「我學東西很快，」我一邊這麼說，一邊把我的問題清單摺起來。「你要我去做什麼？」

「這個月底，你要比前一個月多賺 100 美元。」他微笑說。「賺的要比花掉的多 100 美元，就這麼簡單。」

我微微皺著眉頭看著他，很怕又讓他不高興。「我現在就可以做到這件事，只要下個禮拜少花一點就好了。」

「太棒了！」他這麼說。

我停下來。就這樣嗎？「那，然後呢？」我又問。

「然後，就把數字乘以二，多撥給自己 200 美元。做到之後，再把數字乘以二。」

「變成 400 美元？」我問他，他點點頭。「在第三個月的時候？」我又問。

MILLIONAIRE MASTER PLAN

「如果你打算這麼做的話；什麼時候要做到是由你自己決定。」他回答。

「存 400 美元下來是要怎麼讓我變富有或對我的事業有幫助？」

「你先把數字加倍十次，再問我這個問題。」

所以，我把數字寫了下來：

$200

$400

$800

$1,600

$3,200

$6,400

$12,800

$25,600

$51,200

$102,400

如果我每個月的淨現金流是 $102,400 的話，在十個月後就會有百萬美金的年收入，而且還有兩個月沒事幹。只要專注於成長我的每月淨現金流，就可以獲得百萬美金的年現金流。

但這對我來說還是難以理解。因為我就是沒辦法突破第四步驟。我搖頭說：「我知道可以怎麼每個月多賺 800 美元或甚至 1,600 美元，只要更努力工作，產生更多業績並且付多一點錢給我自己就行了；可是我不相信自己能找到辦法從一個月 25,000 美元倍增到 50,000 美元，尤其這還是要在 10 個月之內做到！」

「首先，」他說。「你會發現隨著你越爬越高，這也會變得越來越簡單；其次是，你並不需要每個月倍增一次。如果是每年加倍一次呢？如果是現在起的 10 年後，你覺得自己會不會有辦法從一個月 $50,000 美元倍增到

$100,000 美元？」

我想了一想。我當時才 22 歲，32 歲對我來說還在很遙遠的未來——而且超級老的！「噢，才不要！」我說。「我一定可以更快做到的。」

「這樣的話每個月倍增一次太快了，每年倍增一次又太慢。我們現在討論的問題，已經不是你能不能做到，**而是你什麼時候才能做到。**」

我還記得自己充滿能量地離開那次會議，然後就把談話的內容忘得一乾二淨，一直到我車子被收走的那天。我在那個決定性的夜晚定下的計畫，當中有一部分就是我總算要做下承諾，去實踐我導師告訴我的 10 步驟策略。我發現，只要能每三個月讓個人淨收入倍增一次，我在兩年半之內就可以完成這 10 個步驟。這個計畫要嘛可行，要嘛就會是一個 30 個月的失敗實驗。

在「紅色」層級，我們都有開始這麼做的機會，而這當中牽涉到是要選擇「擴張」目前在做的事情，還是「強化」它。

在那之前，我把人生都投注在「擴張」——要讓我的事業越來越大——而不是「強化」既有的東西，讓它們變得更好。這兩者的差別在於當我追求擴張時，成長的是營收而非獲利。當我在做「強化」時，我會專注在已經存在的東西上，然後問：「我要怎樣提高這個的獲利？我如何能從那些好客戶身上賺到更多？我要怎麼調整這個流程，或者做個簡單的調整，來讓我每個月可以多賺一點點？」

後來在我身上發生了些什麼，以及我是如何爬上這樓梯，在本章以及後續章節的「發電機」天才路徑裡有很詳細的描述；不過簡而言之，我後來每三個月就會調整我的薪水，並且不斷地找到能增加我收入的方式。六個月之後，我僅僅藉由確保自己的公司專注在獲利而非成長上，就完成了邁向百萬美金的前兩個步驟，讓自己每個月都有 $400 美金的淨現金流。

我的現金流由負轉正，然後數字越來越大；而隨著我的收入增加，我也開始尋找更多的機會。到了第二年，我對錢的感覺已經有很大的不同了。後來，我開始募集風險投資的資金，開始擴張。我開始投資在能為我帶來高現

MILLIONAIRE MASTER PLAN

金投報的房地產上。隨著財富流不斷成長，我的思維也不斷提升。我花了三年的時間才達到百萬美金的現金流，不過我做到了。而我之所以能脫離「紅外線」、進入「紅色」層級，進而在「財富燈塔」上爬升，都要歸功於我那位導師的 10 步驟思維。

那麼，你會需要幾個月時間來達成 $100 美金的正向淨現金流呢，然後把它加倍，開始由「紅色」層級往上移動，並且完成達到百萬美金的第一步呢？有了答案之後，就依循後面這三個「紅色」層級的步驟，離開跳跳床，開始往「橙色」層級以上邁進。

由「紅色」往「橙色」的三個步驟

在「財富燈塔」中的每個層級的四種不同天才類型，都會依循相同的三個步驟來跳脫「紅色」層級，不過各自有對他們而言最自然的方式，但這些步驟和紅外線或任何層級都不相同。

在第二章的結尾，我提到我們在「財富燈塔」往上移動的路線是呈「之」字形，由能自由駕駛載具、但無法建造載具的「駕駛」，變成能自由建造載具、但不能自由地駕駛載具到任何他想去的地方的「設計師」。在「紅色」層級時，你是設計師；也因此，要移動到「橙色」層級所需的成功方程式與你在「紅外線」層級時使用的截然不同：你得要專注在內在（你與自己的連結），而不再是專注在外在（與其他人的連結）；你得要專注開發自己的熱情與人生目的，而不再是專注於強化紀律與承諾。

❶ **找到你的熱情所在：**你會處在「紅色」層級這個跳跳床上的唯一原因，是你沒有停止彈上彈下、開始往上爬的動力。當你重新連結那些會讓你為之一亮的事物 —— 例如與你的熱情一致的工作或在企業內部的角色——的時候，事情就會開始轉變。（我的好友珍妮·阿特伍德與克里斯·阿特伍德創造了一套「熱情測驗（Passion Test）」，可以幫助你找到自己的熱情。你可以在 www.geniusu.com 裡你的專屬頁面

中找到這個連結。

❷ **訂出你要堅守的標準：**這跟「紅外線」層級的「遵從正確的行為準則」類似，只不過這時的重點在於品質而不在於紀律。沒有人能靠著隨隨便便的行事標準，還能長期保持富有的。在你的思想與行為方面，有哪些標準值得往上拉升的？你的時間都花在哪裡？你都跟哪種人打交道？你要如何提升自己的標準，不再「花」時間而是開始「投資」時間？你不再讓自己屈就於哪些東西？

❸ **順著既有的「流」而行：**人們在試圖往前進時，會犯的最大錯誤（然後因而繼續停留在「紅色」層級或甚至掉回「紅外線」）就是想要靠自己獨力做到。世界上已經有很多既有的「流」存在，每天都有大量的金錢、價值與知識在到處轉手。你需要找到這些已經在順流之中的人在哪裡、吸引到他們、然後讓他們的錢流向與你的熱情一致的方向……，透過這些方式接上這些「流」。

在以下的各個範例中，說明了四種不同類型的天才採取這些步驟時的方式。不管你自己是屬於哪一型的天才，都從「發電機」天才開始讀起，看看我後續的故事發展，然後再閱讀你所屬天才類型的路徑；不過，請四個部分都閱讀，這樣你才能明白彼此之間成功與失敗方程式的異同。

在那之後，請務必詳讀最後面關於如何善用你的「超人時間」，還有關於順流的語言的資訊；這些內容將能確保你成功地由「紅色」往「橙色」以上層級移動。

發電機天才脫離「紅色」層級的路徑

故事要從我剛才講到的「通往百萬美金的 10 步驟」之後說起，透過強化我的小型出版事業，我已經可以從每個月零存款，增加到每個月存下 800 美金。我找到更願意花大錢的客戶，而且我的房地產雜誌也針對新的市場，像

MILLIONAIRE MASTER PLAN

是家居裝潢和房地產服務，另闢新的專區。不過我之後也遇到新的瓶頸：光是透過強化改善商業模式，無法讓我跨過每個月多存 800 到 1,600 美金這個門檻。我知道我得用不同方式賺錢，而這代表著我得正視那些過去讓我停滯不前的東西。

 步驟一 **找到你的熱情所在**

- 不要一直想找到下一個大商機，因而讓自己過度擴張，善用你自己的「發電機」天才，想出下一個好主意就好了。

- 務必善用此時的活動自由，投資時間尋找與你有共同熱情、你會很想要跟他們共事、而且已經在有獲利的財富流之中的這種人──要知道有的人有時間但沒有錢，也有人有錢但沒有時間。

一旦「發電機」型的人體驗到身處「紅色」層級那種鬆了一口氣的感覺之後，他們很容易就會再次大腳踩油門，再大張旗鼓擴張手頭上的一切。當手邊的商業模式沒有給我們進步的空間、工作的職位無法支付我們更多薪水、或是我們所在的市場不會有太大成長幅度的時候，「發電機」型的人最後常常攬太多事情在自己身上，結果又掉回「紅外線」層級。這就像是揠苗助長，結果就是整株植物死翹翹。就像中國哲人老子所說的：「道常無為而無不為，萬物將自化。」別試圖讓事物成長得比它該有的速度更快。

因此，找到我們的熱情所在，並不在於追求外在的事物，最後弄得自己和周遭的人都精疲力竭。相反地，找到熱情所在是要往內探索，想想我們最愛的是什麼──有哪些東西是可以讓我們每天清晨從床上跳起來的──然後再把這份熱情跟其他已經進入順流狀態，而且熱愛相同事物的人連結。

對我來說，我熱愛創造，也愛替別人增加價值，所以我針對跟我有相同熱情的公司列了一份清單。清單中有些公司是對房地產有熱情的出版業，不過也有好幾家公司是屬於教育培訓業；我想，如果我也可以跟這些比我更賺

錢的公司連結，然後向他們學習，我就能找到方法運用他們的流，讓我們雙方得以運用我可能都還不知道的、嶄新不同的方式，來賺取更多的錢。這讓我需要採取第二個步驟。

 步驟二　訂出你要堅守的標準

- 切勿急匆匆地想完成一長串的待辦事項，塞一堆你想做、卻超乎能力範圍的事情。
- 務必找到與你志同道合且已在順流之中的人，了解他們是以何種標準在管理他們的專注力、時間、想法、行動跟人脈，然後拉高自己的標準，向他們看齊。

　　當「發電機」天才們處於「紅色」層級時，會需要擬定清晰的計畫，用各種更高的標準，把建立更好的人脈、以及逐步獲得一些小成功放在優先。設定標準的重點是在於你應對周遭人們的行為展現。這並不是要你把自己的想法強行套用在他人身上，而是說你必須花時間去學習你該如何運用自己的天才，來提供對其他人而言有價值的東西，以及該如何依據**他們的**標準，提供價值給他們。

　　為了要增加我的現金流，我需要找到秉持更高標準的志同道合之士，然後盡力將自己的標準提升到跟他們一樣。你可以跟我當初一樣，問問自己這個問題：有誰早已處於我想要到達的財富層級，正在賺著我想賺的錢？有哪些處於這個層級的人是我可以去認識的？我可以在哪邊遇見這些人？

　　後來，我開始參與這個產業內一些人脈連結的活動，在這之前因為我腦袋只想著藉由出版業賺錢，所以一直沒有去做這些事情。而隨著我對教育的興趣越發濃厚，我遇見了一位叫做陳寶春（Richard Tan）的成功創業家，他在新加坡擁有一家叫做成資集團（Success Resources）的公司。他經常邀請美國知名的講者到新加坡演講，這些講者們包括約翰‧麥斯威爾（John C.

MILLIONAIRE MASTER PLAN

Maxwell）、波灣戰爭名將史瓦茲柯夫（Norman Schwarzkopf）、和美國前總統柯林頓先生，他們吸引到成千上萬的聽眾入場聆聽。我對他的活動事業很感興趣，因為辦那些演講並不用像我一樣要負擔昂貴的印刷費用，可是仍然得以接觸到許多人。這讓我來到了第三步驟。

 步驟三

順著既有的「流」而行

- 切勿試圖在沙漠中掘井，想從目前的工作或事業中，榨出超過它能讓你賺到的錢。

- 專注在協助他人增長他們的財富流，然後跟他們共享你帶來的額外獲利，善用你的「發電機」天才來把他們的流連結到你的流上。

當我們這種「發電機」天才在自己的流之中遇到發展瓶頸時，往往會想要重新打造別的事業。我們總是預設立場，認為我們很清楚我們接觸的人要的是什麼、以及他們為什麼會喜愛我們的創意想法；所以，我們會在花時間創造出新的東西之後，接著就馬上推出。這個做法會讓我們在不斷陷於「重新開始」的無窮迴圈裡。

然而，這第三個步驟是找到既有的流，而不是找到自己的流。現在還不是可以一切都靠自己的時候；你必須爬到財富燈塔更高的位置，才能擁有這個權利。現在這個時候，必須一邊學習，還要能一邊賺到錢。

我得知陳寶春正準備邀請湯姆‧霍普金斯（Tom Hopkins）這位房地產界的知名講師來演講。我跟他接觸，詢問是否能夠在湯姆‧霍普金斯人在新加坡的期間，一起舉辦房地產研討會，如此一來我將能把雜誌所有的訂戶都邀約到研討會現場。他覺得這想法很不錯，所以我們就合夥舉辦這場活動。我知道該怎麼跟我的訂戶們打交道，但我完全不知道要怎麼舉辦課程活動；現在有了跟陳寶春合作的機會，我就得以從內部窺見舉辦活動的技巧，並且從中學習。過程很辛苦，但我們還是吸引到了幾千名聽眾買票入場。我們一

起分擔風險，也共享成功果實。

　　結果透過這次的合作，我在一天內賺到的錢，比我的出版社一**整年**賺的還要多。藉由善用我的「發電機」天才來創造，並且持續專注於爬上階梯，我學到一種截然不同的新商業模式，讓我能爬升到百萬美金的下一階（每月個人淨現金流由 $800 美元提升到 $1,600 美元），而且在過程中幫陳寶春賺到錢，也為每個人帶來更多價值。

節奏天才脫離「紅色」層級的路徑

　　我遇見葛瑞絲·賴時，她年紀才二十出頭，住在澳洲。她剛從醫學院畢業，找了一份工作，處於「紅色」層級；然而，她對於成為醫療從業人員興趣缺缺。所以，當葛瑞絲發現自己是個「節奏」天才時，她以為這意味著自己應該要從事貿易相關的工作；畢竟「節奏」型的人非常擅長做買賣。所以，她開始去聯繫既有人脈當中那些有嘗試在做股票的人。

　　問題在於，葛瑞絲並不知道這些人到底有沒有賺到錢。而最後的結果是，這些朋友們都是新手，都還沒有成功。葛瑞絲問我說有沒有什麼最好的方式，而我給她的答案則是碰都不要碰。如果你自己都沒辦法肯定地回答這個問題：「人們有信任我到願意投資他們的錢的程度嗎？」那你為什麼要自己去搞投資呢？

　　我告訴葛瑞絲說，要學會交易的流是需要時間的，所以她最好是選擇自己有熱情的領域。「節奏」型天才們喜歡訂出該堅守的標準，也喜歡順著既有的流而行，但難就難在找到他們的熱情所在。對葛瑞絲而言，她的問題也是：在擁有一份工作，而不是自己創業的情況之下，要怎麼脫離「紅色」層級？還有「節奏」天才（「發電機」的相反）的做法有什麼不同？以下就是葛瑞絲的做法。

MILLIONAIRE MASTER PLAN

步驟一 找到你的熱情所在

- 不要因為有人跟你說怎樣可以更快賺到錢就去做，不要只為了錢而選擇某一條路徑。

- 要在你的人脈圈中找到你會很想跟他們共事的人——要有那種熱情到就算沒能實現你所有的財務目標，在工作的過程就已經會讓你非常滿足且充滿活力。

　　對於像葛瑞絲這種「節奏」型的人來說，要離開「紅色」層級，重點並不在於找到能載你到目的地的載具，而是在於當你找到的時候，要能清楚知道自己找到了。「節奏」型的人得透過自己觀察周遭的方式，來找到自己對什麼最有熱情，而對葛瑞絲而言，答案就是她當時工作的地方：她對整個醫療領域都非常有熱情，而在當中更讓她興奮的則是幾家很棒的生物醫學研究、生物科技和個人化藥品的公司，因為這些公司持續用嶄新又令人興奮的方式進行創新。

　　在此時，葛瑞絲寫下她自己的「未來願景」，在她的願景中，她為幾項頂尖先進的醫學技術操盤投資基金，遏止世界上特定疾病的發生。她為這世上帶來了不一樣的改變，也為她自己、她的投資者、以及所有為了醫藥的未來而承擔風險的人們帶來獲利。

　　葛瑞絲很喜歡她的未來願景，但問題是，她同時申請到了獎學金，「節奏」型的人面臨這種兩難的選擇時，真的會感到十分迷惘。所以我要她想想二十年之後的自己，我問她說：「如果你要走自己的這條路徑，拿不拿獎學金會有很大的差別嗎？」她想了想，覺得不會有太大差別。「當你成功的時候，你身邊會是目前一起共事的這群人嗎？」她回答，「不會」。所以我問她：「那你認為你應該要在哪裡工作呢？」答案就是投資基金。

　　她申請設定了推特（Twitter）帳號，並開始用部落格來追蹤最先進的未

來醫藥相關新聞和特定人士。問題的解決之道現在已經清楚明瞭：她需要出現在她想參與共事的人和公司面前，這讓她往前進到步驟二。

 步驟二　訂出你要堅守的標準

- 切勿想在仔細研究好每一件事情、蒐集好所有資料、問過第二、甚至第三個人的意見之後，才採取行動。
- 務必善用你的「節奏」天才，把你做的研究與你的人脈結合起來，並且去結識你所選領域中已經順流的人，達到他們目前狀態、現在在做的事、以及他們重視的事情……等等的標準。

對於「節奏」型的人來說，要訂出該堅守的標準不能只是獨自關起房門做研究。在葛瑞絲開始尋找合適的人選後不久，她發現有許多固定舉行聚會的頂尖醫藥技術團體，像是矽谷的未來醫藥（Future Med）及歐洲的許多大會。葛瑞絲必須要挪得出時間，好親自拜訪那些地方。為了要達成這個目標，她寄履歷給幾位澳洲的外科醫生，想擔任他們的助理。在她工作履歷裡頭，她清楚刻劃了她的願景，說明她想要參與目前醫藥界正在進行的蛻變改革，也附上了她十分完整的相關證照，並且懇請這些外科醫生給予支持：要是他們可以給予一定的彈性空間讓她追隨夢想，她就願意跟他們一起共事。

後來有三位澳洲頂尖的外科醫生同意讓她以兼職的方式，開始與他們共事，她會連續工作好幾個月，然後再一次請個長假。2013 年的時候，她請了一整個月的假期，參與了在歐洲跟美國的會議，並且跟業界首屈一指的人物們會面。因為採取了這條路徑，她進入順流狀態，從她約聘的工作中賺到更多錢，每天都覺得興奮充滿幹勁。至此，就可以邁入步驟三。

 步驟三　順著既有的「流」而行

- 不要想只靠自己解決所有問題，或者想抓住出現在你面前的每一個機會。

MILLIONAIRE MASTER PLAN

- 要善用你在感知上的敏銳度，觀察你可以在哪裡以可獲利的方式、順著流，為你想與之合作的人們加添價值。

「節奏」天才會把計畫付諸實行。這也是人們喜歡團隊裡擁有「節奏」天才的原因；然而當「節奏」型的人需要交出某個成果，但卻不知道怎樣才能做到、或者沒有足夠的時間做到的時候，問題就來了。「節奏」型的人需要加入或者創造一個在幫人賺到錢的時候，自己也同時能賺到錢的團隊。「節奏」型的人總是能夠找到更聰明的方法，來管理開支、設定工作節奏步調，並讓事情有條不紊。如果他們專注在這些天賦強項，就能讓團隊空出時間開鑿新的支流。

葛瑞絲就是因為做了這些事情，而獲得資金的挹注。她發現人們對她的研究及運作社群媒體的方式很有興趣。她根據每個人的需求，量身打造適合的服務，並且和一個符合她標準的支援團隊進行聯繫。更重要的是，她幫自己買到時間，可以出去認識她需要認識、想要認識的人們，讓她能保持在順流之中。她每分每秒都樂在其中。曾經只是夢想的計畫，現在已然成真，這全都是因為「節奏」型的葛瑞絲現在是順著別人的流前進，而不是靠著自己單打獨鬥做事情。

火焰天才脫離「紅色」層級的路徑

「發電機」型的人需要「成長（grow）」，「節奏」型的人需要「放緩（slow）」，而「火焰」型的人則需要「發光（glow）」。這是他們的天賦強項，但前提是要能夠把他們的光芒，聚焦於爬升到下一個層級這件事之上；這也正是在台北經營一間義大利餐廳的范志豪，為了脫離紅色層級而學會的事情。

我開始指導志豪的時候，他的餐廳正在考慮要在全台灣開放加盟。開放加盟是讓一個賺錢的分店倍增利潤的方法沒錯，但問題點在於，他的第一家餐廳根本還沒回本賺錢。在嘗試開放加盟分店之前，他必須專注讓第一間餐

廳更值錢才行。「可是這不怎麼有趣呀。」志豪這麼對我說。

志豪同時也和幾位夥伴合夥做生意，而且還同意肩負一個連他自己也不喜歡的責任：管理餐廳的財務跟績效。「火焰」型的人並不適合盯著帳目，而志豪當時用盡了各種理由跟藉口，就是想閃掉一些處理細節的工作事項，所以搞得合夥的生意烏煙瘴氣，自己也深受挫折。

第一個步驟，就是要讓志豪能去做他有熱情的事。

 步驟一　找到你的熱情所在

- 不要被外來的「事物（what）」分散注意力，因而一直追著其他人帶給你的機會跑，結果都在忙著給別人他們要的東西，而忽略了要點亮你內在的火花。

- 務必善用你活動的自由，好好把焦點放在關於「誰（who）」的問題上：把你的熱情跟你想共事的人連結，然後運用你的「火焰」天才替他們既有的流增加價值。

不管對哪個層級的「火焰」型人來說，「熱情」從來就不是個問題，他們的問題在於如何專注在正確的熱情之上。我問志豪，如果要他到餐廳招待客人和未來可能會加盟的潛在夥伴，讓客人有開心的體驗，然後透過他結交的人脈來讓生意更好，這樣他覺得如何。他回說：「樂意至極！這就是我很喜歡很享受的事情。」

在志豪寫下他的「未來願景」之後，我把焦點放在「強化他人的流」這個熱情之上。我們發現他的熱情就是為別人帶來歡樂。他喜歡當東道主款待一大群人，並分享他對義大利歷史跟文化的認識。所以我們描繪了一個理想畫面，在裡面這家義大利餐廳總是座無虛席、專注於服務喜歡義大利的客群、享受 20% 的利潤、吸引眾多投資者和加盟商，而志豪一個星期只要花幾個晚上到餐廳款待賓客就好。現在，志豪會需要針對他自己的時間管理，設定出

MILLIONAIRE MASTER PLAN

更高的標準，方能實現這個理想畫面，同時也要調整他平時連結的人脈，才能實現這些標準。

訂出你要堅守的標準

- 別一次想同時做太多事情，因而搞得自己無法提高標準、也無法專注投入時間，以至於有太多爛尾要收。

- 務必善用你的「火焰」天才，將時間投資在連結跟你有相同熱情的人之上，並且去了解他們是依循何種標準，來建立人脈與判斷成功於否；這麼一來，你（和你的團隊）才能在提供價值給他們的時候，連結他們的流到你自己身上。

　　我們試著推算到底志豪需要幾組客人、幾個主題之夜，才能達到他的獲利目標，結果一個月只要八次就能達標了。為了讓「火焰」天才更能享受這個過程，我們必須把他的財務數字轉換成人數，也就是：「你需要的額外獲利，會需要每週增加多少客人才能達成？」然後我們把焦點放在實際的人上面，也就是：「你想要看到座位上坐著哪些客人？」志豪跑了一趟義大利領事館，邀請領事館成員跟他們的朋友參與餐廳的主題之夜；他也跑去找教台灣人義大利語的家教，贈送一些優惠好康給他們，吸引他們光臨餐廳。

　　這些事情對志豪這種「火焰」天才來說，根本是輕而易舉的事情。他們喜歡與人交談，也喜歡打電話給朋友。而現在他可以全神貫注做這件事。專注並不是來自於你做些什麼，而是來自於你「不去做」什麼。「火焰」天才很容易一直分心，所以需要學會說一個簡單的字——「不」。像志豪就不再繼續管理餐廳的財務，而是請了位會計來幫忙。

順著既有的「流」而行

- 不要只注意那些講話最大聲的人而只與他們合作，用只照顧他們需求的方

式支持他們。

• 多花點心思在能支持你要做的事、分享你的目標、進而幫助你達成目標的人身上，並且強化他們的流。

「火焰」天才常遇到的問題就是，他們往往不求回報地去幫助每一個人。這是因為「火焰」天才喜歡那種受人歡迎的感覺，而且很難忽視任何一個人。就志豪來說，他常常遇到有人去找他，要他算便宜一點，給個優惠折扣。志豪沒有提供固定的菜單，而是想要替每一組客人量身訂做不同菜式。現在，為了做出對雙方都好的安排，他特別推出了合菜套餐，雖然選擇少了一些，但提供的還是餐廳最好吃的餐點。對於想要便宜優惠的客人，他提供特惠週日早午餐，一推出就大受歡迎，還要提前好幾個禮拜訂位才吃得到。

結果是，志豪是因讓其他人來配合他推出的方案而成功，而不再為了迎合客人而改變。到了這時，想到餐廳，志豪每天都很振奮。當他不再分心，就能從「紅色」層級提升到強而有力的「橙色」層級，除了擁有正向的現金流，還很期待未來的活動。計畫執行五個月之後，志豪為我和 12 位朋友在他的餐廳辦了一場晚宴，跟我說他已經達成所有設定的目標了。我恭喜他的成果，並告訴他餐廳已經可以開放連鎖加盟了。他轉過來小聲地跟我說：「這真的要感謝你。已經有人跟我們洽詢加盟的相關事宜了。但是只有在我確定自己還是能享受像這樣的夜晚時，我才會決定擴大！」

鋼鐵天才脫離「紅色」層級的路徑

「火焰」型的人需要「發光（glow）」，而「鋼鐵」型的人則需要「知曉（know）」。對「鋼鐵」天才來說，他們接上流的方式非常不一樣，因為他們並不像「火焰」天才一樣天生就擅長交朋友。珍妮・強森就是個「鋼鐵」天才，她當了一輩子的會計師。我認識她的時候，她已經在「紅色」層級待了好幾年；她在英國開的會計師事務所收支勉強可以打平，但是她已經快要

MILLIONAIRE MASTER PLAN

累垮了。她早年在政府上班，在所屬部門被裁撤之後，她就利用自己的會計專業能力接案子來做；自己組了一個小團隊。生活還過得去，只是她覺得自己走到了一個死胡同，因為她覺得自己只懂會計。「我只會這個。」她這麼告訴我。

珍妮很想從她開的事務所得到更多，但是不知道該怎麼做，因為白天的工時已經佔掉一大部分時間了。她也想要做點其他的事情，讓她可以賺更多錢養家，因為隨著她小孩的年齡逐漸成長，生活開銷也跟著變多。

我要她別過度分析商業模式，並請她善用自己的「鋼鐵」天才。「鋼鐵」天才最適合幫助已經處於順流狀態的人，透過替他們省時間、減少開支來賺錢。「你要相信我。」我這麼對她說。「你的天才對於流多到駕馭不了的人來說，是非常有價值的。」但是在珍妮這種「鋼鐵」型天才能夠認識這些人之前，她必須先找到試算表之外的熱情才行。「鋼鐵」型的人往往會迷失在他們喜愛的數字裡面。

 步驟一　找到你的熱情所在

- 不要用過度分析的方式尋求答案，也別想只靠做研究以及各種數據來釐清接下來該做什麼。
- 要列出已經在順流之中、且在你有熱情的領域已經獲得成功的個人與公司的名單。

在我問珍妮她最愛自己工作的哪個部分時，她回說：「我很喜歡看到客戶的帳目清清楚楚的。我也很愛看到客戶因為我的建議而省錢、也賺到更多錢。」我問她最喜愛的客戶是哪一個族群。她回答說：「學校」。

也難怪她會這麼說，因為在她所在的學區裡頭，珍妮的事務所是最多學校選擇合作的對象──有超過六成的學校指明要她服務。當初她之所以會成立會計師事務所，就是因為她之前在政府工作的部門，就是提供這些會計記

帳的服務給這些學校；而後來這部門裁撤掉之後，這些學校就必須要自行記帳，以供審查。因為沒了工作，她就去問這些學校，看看他們是不是還要她繼續幫忙記帳。所有的學校都說要。她的生意就是這樣做起來的，但是大部分的時候，銀行帳戶在月底還是沒什麼錢。

這是因為她並沒有去看數字以外的東西。如果她具有想要幫助這些學校解決問題的熱情，就能拉高自己的標準，尋求協助學校解決更大的問題。

 ## 訂出你要堅守的標準

- 不要拖拖拉拉，遲遲不肯做出決定，也不要想用與過去相同的行為模式來獲致不一樣的結果。

- 務必善用你的「鋼鐵」天才以及活動的自由，與那些你最想要服務的人連結，並且去了解你可以如何符合他們的標準，為他們帶來超乎預期的價值。

很妙的是，「鋼鐵」型天才們通常是在要他們「降低」標準，而非「提高」標準的時候會碰到阻力；這是因為「鋼鐵」型天才會很自然地把自己的標準，提高到一個幾乎不可能再更高的境界。而此時珍妮需要的是一套新的標準，因為客戶針對她的事務所提供的會計稽核服務，就只願意支付那些固定的金額而已。她得去問問看學校還需要哪些她可以提供的服務。她現在承接了學校的會計業務，但是一定還有其他方法，可以讓她用學校需要的方式產生收入。

找出她認為學校可能會想要的服務，是她提高自己的標準，以能符合學校的標準的第一步。她覺得自己能否只做學校的生意呢？答案是肯定的，接著她針對學校的整體需求去改造自己事業提供的服務，不再侷限於會計。她條列了過去跟她關係最好的學校，然後親自拜訪他們，看看他們需要哪方面的協助。他們需要成本控管的培訓嗎？他們需要購置資訊設備的建議嗎？是否需要協助製作教師薪資餉冊嗎？這些問題引領她踏上步驟三。

MILLIONAIRE MASTER PLAN

步驟三 順著既有的「流」而行

- 不要試圖透過把原來的事情做得更好、更有效率的方式，來增加現金流。
- 務必發揮你的分析技巧，學會如何運用自身的鋼鐵天才，替已經處於順流狀態，並且相信你擁有使命必達能力的人，創造出更大的流、更高的價值。

有了可以專注的幾個方向之後，珍妮開始對學區內的所有學校進行調查。她針對自己可以協助幫忙的部分，條列出各種選項讓學校選擇。結果這些學校真的很需要會計以外的協助。他們需要購置新設備的協助，他們也需要有人幫忙更有效率地管理薪資餉冊和教職員工，同時也需要有人幫忙選擇正確的硬體科技設備。他們需要幫忙的面向很多，但是並不需要在每一個面向都請一位專家來幫忙；他們只需要一個信得過的人，提供好的建議給他們。

珍妮這才發現，當這些學校的會計師當了這麼多年，他們早就完全信任她了。她把公司的名字改成「教育財務達人」，開始提供學校帳目稽核準備工作的培訓。為了讓時間發揮更高的效益，她安排了線上研討會，教導這些學校省錢的方法，接著提供她的協助，落實這些方案。

今天珍妮的公司提供的服務包含預算規劃、學校資金申請流程、人力招募諮詢、以及新舊員工的教育培訓。現在她從教育培訓這一塊，賺到更多錢、更豐厚的利潤。她的團隊也更大，員工跟專家都能協助她。她的利潤比起過去十年來，多出了好幾倍。之所以能夠做到這一點，都是因為她了解到，只需要順著流去走，她就能提供更多價值，找到更多元的事業經營方式。珍妮現在處於「黃色」層級，正在大步邁向「綠色」層級當中。

克拉克・肯特時間 V.S. 超人時間

當我們處在「紅色」層級，往往會讀到一些書或看到實境秀節目在告訴我們，一定要獨自努力堅持不懈才能成功，一定要賭上一切才能有所斬獲。

然而，即便你覺得自己被困在一份工作當中，**直接辭職**仍然是最糟糕的選擇。

當然啦，你想辭掉的那份工作或許薪水真的不高、你也不是很喜歡，同時你又對跳進未知的領域感到很興奮。但如果只是因為一本書或一位專家建議你辭職，你在還沒有能取代薪資的現金流產生之前，就真的辭了工作，那麼在辭掉工作不做的瞬間，你就會馬上掉入「紅外線」層級。即便你花的是本來就預期要用在此時的儲蓄金，但你仍已犯下一個大家都千金難買早知道的錯誤。

我不是要你逃避工作，也不要你辭掉工作，而是要你用最符合你的天才、最適合你目前狀況的方式，來找尋、並且追求你熱愛的工作。

也許你聽我這樣講還是會覺得驚訝。由於我的背景，你也許會認為我會說當個創業家、擁有自己的事業比上班來得好。或許你以為我會贊同那些書裡說的，當老闆在「財富階梯」比有份工作來得有價值。錯了！我並不這麼認為。如果說擁有一個事業比擁有一份工作還要好，其實就像是說擁有一輛巴士，要比擁有房車來得好一樣。怎樣才會比較好，要取決於你的人生目的以及你的個人目標。

有的時候我們能做的最佳選擇，就是為別人工作，當然前提是我們的老闆與我們人生的自然路徑一致，而且這份工作能幫助我們一步步離開「紅色」層級。背後的原因是你透過以上這些故事能學到的一大真理：**每個人**（不管是百萬、千萬、億萬富翁）都在為別人工作。差別在於，如果你走的是自己最自然的路徑，那就不會感覺自己是在工作。

太多「紅色」層級的人貿然創業，想要變成超人，然後放棄克拉克在報社的工作，搞得好像只能在兩者之間選邊站，而不是先挪出時間來學習以及建立人脈。世界上最成功的財富創造者都了解，即便是超人，偶爾還是得變回克拉克。

華倫・巴菲特是全世界最富有的人之一，他是屬於「節奏」型天才。他的投資生涯是從為發明「價值投資法」的班傑明・葛拉姆（Benjamin Graham）工作開始的。巴菲特並沒有直接把自己的錢投資在股市裡，然後期

MILLIONAIRE MASTER PLAN

待可以賺大錢。他在學得夠多、建立了信任跟良好的紀錄（如同葛瑞絲做的那樣）之後，就自然吸引到讓他能夠獨自成功的資金跟支援。

請記得，超人在拯救世界時並沒有錢可以拿。他偶爾還是需要克拉克那份報社記者的工作，才有錢買他的超人緊身衣跟披風。身處「紅色」層級的時候，你得問自己：**我每個星期最少要花多少時間，像克拉克那樣去上班，然後把辛苦擠出來的剩餘時間，化身超人追求自己的未來願景？**

在我自己還處於「紅色」層級的時候，我找到辦法可以把經營出版社的時間減少到一週兩天，多出來的三天可以讓我連結新的機會，也因此催生了我的培訓事業。葛瑞絲在替外科醫師工作的時候，擠出時間參加全世界的醫學會議，花一個月的克拉克上班時間，然後爭取到一個月的超人（或是神力女超人）圓夢時間。志豪跟珍妮也都努力減少克拉克上班時間到一週一天，把剩下的日子投注在他們的新事業上面。

我們在創業的同時，都還是**保有**我們的克拉克工作，才不會掉回「紅外線」層級。

因此，別聽人亂說什麼只有失敗者才去上班，特別是如果你的工作符合你所屬天才的自然強項時更是如此；而且，就算你超討厭你的工作，有工作還是強過只因為看到有大錢賺就倉促離職、然後在一個不適合你天賦強項的領域裡創業。要是上班賺的錢足以讓你來到「紅色」層級，那就善用你的超人圓夢時間，在上班的同時，創造出符合你的強項、且能讓你進到順流狀態的東西。這麼一來，你的人生會比成天擔心沒工作、跌回「紅外線」層級的壓力跟焦慮，來得充實圓滿多了。

一旦你從超人圓夢時間賺到的錢已經多到足以取代克拉克時間的薪水的時候，你就可以花錢請人處理一些克拉克時間的工作事項。這也可以是把工作辭掉，然後開始全職打拼自己事業的時機點。根據你的「未來願景」跟「飛行路徑」設定的現金流目標，你可能已經能夠看到這個時機點是何時了。或許是未來的三個月或是六個月。要是你的老闆體貼又善解人意，你或許還可以跟他們分享一下自己的願景，他們或許就能用行動支持你，給你彈性的上

班時間，或是丟一些案子給你，讓你能夠空出更多時間。如此一來，你在替他們工作的時候，也會更有動力，生產力更高。

不過如果要有效地做到這件事，你會需要先了解順流的語言。

學會順流的語言：「要求」跟「機會」的不同

記得我之前說過，離開紅色層級的第三步是「順著**既有的**流而行」，而不是「順**你的**流而行」。

如果你到河流旁邊，挖一個新的渠道口，你挖的開口最後會變成那條河的支流。事實上，水開始流動之後，你就不需要再挖了，它會自己順著你挖的渠道流出一條河來。問題是，太多人誤以為這個「挖掘」的動作，就是他們創造財富流的重點；但是其實重點不在於這個動作，而是你在「哪裡」挖。在沙漠中開挖是挖不出河流的，只會挖出一個洞。

在沒有透徹了解之前就創業，然後追著財富流到處跑，這就像是在沙漠中挖洞一樣：千萬別這麼作！

我不是要你辭掉工作，也不要你只是去找第二份工作。多數人在就業市場找工作時會遇到的挑戰就是：就業市場是**最難找到工作的地方**。在就業市場裡面，你得跟所有其他在找工作的人競爭，而且你看到的工作都是其他人已經想好的、針對他們的需求而開出來的職缺。

在每個「紅色」層級故事中的主角們都是在決定想合作的對象後，自己選擇、或者創造出工作的。他們沒有跳進就業市場。要創造財富，你就不能只是**找**工作，你得要**創造**一份工作出來：財富創造的重點在於創造工作——從自己的工作創造起！錢並不會賺錢，人才會賺錢；所以，幫助我們賺錢的，是其他人。

為了要做到這件事，你得要學會說一種不同的語言：**財富的語言**。財富的語言訴說的是機會——跟我們在學校裡學的語言正好相反。

我去找陳寶春的時候，說的並不是：「我需要一份工作。」或是「我需

MILLIONAIRE MASTER PLAN

要更多錢。」我跟他說的是：「要是我可以帶更多人入場參加湯姆‧霍普金斯的演講，對你會有幫助嗎？」這就是講話時提出要求（**這是我需要的**）跟提供機會（**這是我可以提供的**）兩者之間的差別。

我們在學校學到的語言是「要求」的語言。如果需要上洗手間，我們就會舉手要求說要上洗手間。如果不了解一道問題的答案，我們會拜託老師，要求他們講解。出社會之後，如果沒有錢，我們就去銀行，要求銀行貸款。同樣地，如果我們需要一份工作，我們就會說：「可以給我一份工作嗎？」

這些都是要求，對於我們沒有、我們需要的東西提出要求；因此，我們提出要求的對象，就成了掌控我們未來方向盤的駕駛，而不再是我們自己來掌控。而由於「要求」是始於我們沒有某些東西，結果就變成每次我們在要求時，其實就是在提醒自己（和別人）你自己欠缺什麼，而且把改變現況的力量交出去了。

處於較高財富創造層級的人都瞭解，他們的力量來自於把自己的最大需求，轉換為某個人的最大機會。你的**每一個**需求都是另一個人的機會。你可以去找一位有錢的人，對他說：「我需要錢。」或是說：「我有一個可以幫助你獲得高投資報酬率的機會，你有興趣嗎？」與其說：「我需要一份工作。」還不如像珍妮那樣說：「你們現在面對的最棘手問題，有哪些是我可以幫忙處理解決的？」

你可以放一百個心：每個人和每間公司都有著他們期待解決的挑戰，而且他們都正在尋找能解決問題的人（而不是製造問題的人）來協助他們。他們是不是想要賣掉更多產品？想提高工作效率？提供更優質的服務？他們是不是想創造更多業績？賺更多錢？

對於每一個有時間但是沒錢的人，總是會有一個沒時間但是有錢的人需要他。時間是你最大的資產，而且你跟其他人一樣，擁有的都是 24 小時，這點請你謹記在心；時間要好好投資，專注在解決你想要共事對象的需求，而不是專注於自己的需求上。當你能把自己為了解決他們需求所做的付出，轉換成提供給他們的一個機會時，你就能夠創造出一個新工作，把你的天才連

結到他們的流。

當你把所有的要求都變成機會時，你就替自己贏得了「企業稜鏡」的入場券。這是因為所有的公司談論的，都是機會。他們不會跟你說：「我們需要你買我們家產品或是服務的錢，來付辦公室租金。」他們給你的是機會，以產品或是服務的形式，來解決你的需求，滿足你的慾望。他們也不會跟你說：「我們需要你的協助。」而是給你工作的機會。

「機會」能產生的漣漪效應，是「要求」無法辦到的。當你分享自己的需求時，這個需求幾乎不會被傳遞出去；但當你分享一個很棒的機會時，人們會跟他們人脈中會因此而受惠的人分享。人們喜歡把好消息（和優質的人）分享介紹給他們認識的人。

當你把語言從「要求」變成「機會」的時候，你就會從一個貧乏的世界，進入到一個豐盛富足的世界。你可以從他人身上獲得的，是有限的；但是你可以付出的，卻是無限的。

準備好要往上爬了嗎？現在該是善用你的「活動的自由」帶來的機會，並且順著既有財富流而行的時候了。在後面的「行動時刻」裡的步驟，能讓你把現在需要的東西，轉換成對你想合作對象而言的絕佳機會：記得，要「創造工作」，而不是「找工作」。

- 「紅色」層級是賺到的錢全都花光光。

- 了解「通往百萬美金的 10 步驟」：從你能每個月存下 100 美金開始，只要翻倍十次，就能達到每年百萬美金淨現金流的數字。這就是財富燈塔的階梯。

- 要從「紅色」層級的「倖存者」提升到「橙色」層級「勞動者」時，依循這三個步驟就可以把你的熱情與天賦，連結到市場的財富流。不同類型的天才在歷經這三步驟時的路徑不同，成功與失敗方程式也不一樣：
    1. **找到你的熱情所在**
    2. **訂出你要堅守的標準**
    3. **順著既有的「流」而行**

- 把時間分割成克拉克時間跟超人時間：清楚區分你要做哪些事情來賺錢、買回時間、進入「橙色」層級；以及要做哪些事情來與市場以及未來的財富流連結。

- 學習順流的語言並創造機會：你的需求會是別人的機會。當你能將需求轉變成機會時，就能創造工作，而不再需要找工作。

在你於 www.geniusu.com 網站上的個人專屬頁面裡，有更多下面這份檢查表中各個項目的補充說明以及影片，還有進度評量以及練習本等資源。我在這一章的結尾，就納入了練習本當中的一個練習：透過「順流而行的 5 個步驟」創造你的工作。

這些能讓你脫離「紅色」層級的步驟除了能讓你存活，也同時能確保你持續提升個人的財富流以及標準。我們常會在財富創造上以及貢獻付出上進入停滯期，而這些步驟能確保你不會如此！請完成以下的檢查清單：勾選「是」或「否」。你能得幾分呢？當你這九個項目都勾選「是」的時候，表示你已經把自己的熱情與人生目的，與你的「飛行路徑」緊緊相連。

找到你的熱情所在

	是	否
1. 我有製作我的「熱情板」，在上面貼上能讓我每天感覺充滿能量、激勵我繼續進行「飛行計畫」的人、事、物。	☐ 是	☐ 否
2. 我有製作一份清單，上面列出跟我有相同熱情、且已經在順流狀態中、而我又能與之連結的人或公司。	☐ 是	☐ 否
3. 我有確保自己的例行行程以及與我一起工作的人們都與我的熱情以及人生目的方向一致。	☐ 是	☐ 否

訂出你要堅守的標準

	是	否
1. 我有製作一份「標準表單」，當中列出我設定的新標準、以及我將不再妥協的舊標準。	☐ 是	☐ 否
2. 我有盡量讓自己多跟那些現在正以我選定的新標準，在過他們人生的人們認識與相處。	☐ 是	☐ 否
3. 我有確保自己依據我所屬的「財富原動力」類別以及天賦強項來規劃自己的人生，藉此讓自己處在順流狀態裡。	☐ 是	☐ 否

順著既有的「流」而行

1. 我有與已經在順流狀態中的公司連結，跟他們合作來賺取正現金流，透過這樣的方式一邊學習、一邊賺錢。	☐ 是	☐ 否
2. 我有投資時間與我選定的產業裡的人以及機會建立連結，藉此成長我自己的流。	☐ 是	☐ 否
3. 我有在記錄與檢視自己的知識與人脈成長的狀況，而且已訂定出傳遞自身價值的明確計畫。	☐ 是	☐ 否

★ 行動時刻 ★
ACTION POINT

順流而行的五個步驟

如果你到目前為止一直都是上班族，或者對於「去了解人們需要什麼、以及運用自己的天才來服務他們並帶來獲利」這回事沒什麼經驗，那麼你可能已習慣於聽令行事，而不需要主動找出某個人的問題並協助他們解決。也正是因為這樣，你才會困在工作當中、或者找不到工作，只能等著其他人丟救生索給你。

對所有成功的企業主或投資人而言，就算他們的事業失敗了，還是可以重新再來一次，因為他們已經建立起找到別人的需求，然後把他們需要的傳遞給他們。他們都知道這種本事是現今最佳的工作保障形式。

你在本書當中讀到的每一個人，都問自己以下這五個問題，並依據其答案來與已經在順流之中的人連結。

問題 1 —— 你要創造的工作有什麼要符合的準則嗎？

你已經描繪了「未來願景」並規劃了「飛行路徑」，所以你已經知道要賺多少錢才能進入「橙色」層級。定下你可以用來實現這個目標的「超人時間」有多少，也定下你要用這時間賺到的金錢數額。

現在，檢視一下你的天才，以及你目前具備的技能和經驗：寫下你希望自己創造出來的這份工作要符合哪些準則，這些準則要能讓你很有信心，知道能為未來要接觸的這群人帶來價值。有哪些活動會讓你充滿活力，而且你做起來又很有信心？以下是一些方向，可以幫助你思考：

● 「發電機」型天才天生擅長導入既有客戶想要的新產品或服務來提升營

收、擔任行銷夥伴商、為既有產品帶來更多新客戶、承擔一些規劃方面或策略活動，來解放企業中主要營收來源的時間以產生更多收益、或者以創意行銷活動來作促銷推廣，讓滿意的客戶對他們的人脈轉介紹。

- 「火焰」型天才天生擅長的、可以協助一個事業提升營收的方式有：以聯盟行銷或擔任行銷夥伴的方式，透過跟他們的人脈介紹既有的產品、在各種活動或會議中認識新客戶、打電話跟既有客戶們聯絡，了解他們需要什麼和想買些什麼，以及與那些能藉由自己的人脈或產品來加添價值的人們建立合作關係。

- 「節奏」型天才天生擅長的、可以提升一個事業的獲利的方式包括為事業中最有產能的人安排事務，讓他更有生產力、找到能節省開銷的花費項目、測試各種定價來找到客戶願意支付的金額、協助對既有客戶提供更高等級的服務，以降低退訂率或帶來更多後續購買與轉介紹。

- 「鋼鐵」型天才天生擅長為事業提升獲利的方式包括分析數據來找出節省成本的方式、調整金流系統來優化收款流程、讓高成本的活動自動化，使其更有效率也更具成本效益、為事業的主要營收來源提供分析資料與數據，讓他們知道該專注在哪些最有價值的活動和客戶上，還有建立線上銷售、續訂、服務和溝通……等各種系統。

問題 2 —— 在走這條路徑的過程中，你會最想跟誰一起合作？

在你的「未來願景」中，你已經認識了哪些人？你最有熱情的產業是哪一個？或者你最想要服務的是哪個市場？在那個產業中，你最想跟他合作並且向他學習的業界領導者是誰？請列出一份至少有 10 個人與公司的清單。去研究，也四處探尋一下。你碰到的每一個人，都會認識一些你可能不認識的人；別假設你已經認識了所有該認識的人，帶著好奇心出去走走吧。

切記：你並不單只是要找到最厲害的人而已，也是要找到跟你能建立起信任關係的人。這可能是因為他們也認識你，或者他們認識某個你認識的人。

務必確定你清單中的人或公司都已經在順流之中，且他們目前賺錢的方式都還有機會能賺更多錢。完成這份清單之後，把選項縮小到前 3 名，然後就專注在其上。做好在發現某一個選項似乎此路不通的時候，就更換對象的準備，不過仍要帶著能創造工作的機會就在這三者之一的信心。這不是「會不會」實現的問題，而是「什麼時候」會實現的問題。

問題 3 —— 他們有什麼需求，是你可以去滿足的？

觀察一下你的前三名目前有提供怎樣的機會。他們也許已經有提供合作機會，或者跟某些人合作愉快。從中找出他們最大的問題與最大的機會，找出他們需要什麼、以及他們的需要和你設定的準則之間的關聯。

如果你已經認識對方的決策者（負責提升營收或獲利的人，不見得是創辦人或 CEO），那就太棒了；去跟這些人會面，告訴他們你很欣賞他們做的事情，對他們承諾會創造價值來支持他們，也跟他們說你願意證明自己能做到。在理想狀況下，他們會想看到哪些事情變得不同？他們最大的挑戰是哪些？現在起一年之後，他們會是什麼狀態？

目前還不需針對這些挑戰提供任何解決方案，只要專心聆聽就好。接下來，去跟這公司的其他人認識一下——如合作夥伴、或決策者的「守門人」（通常是助理或專案領導者），然後寫下三件你知道自己可以幫得上忙的事情；再來就想想看，對他們而言，這些事代表著多少的額外營收或獲利。

問題 4 —— 你要如何善用自己的天才來傳遞價值，以提升他們的流？

現在你已經知道自己如何能為一個事業帶來真正的價值了。這或許沒辦法在一夕之間發生，不過如果你在團隊的支援下進行這件事，通常不出幾週就可以得出答案。接下來該是把計畫付諸實現，開始提供試用的時候了。

透過你收到的回應，你將會把清單進一步縮小到先跟其中一家公司合作，把所有的精力都專注在上面。要有不拿錢、以證明自己能力為先的心理準備，知道只要能證明自己辦得到，以後就可以選擇自己的工作了。

MILLIONAIRE MASTER PLAN

一個月的試用期會是個好的開始，也是善用「超人時間」的絕佳選擇。你能在一個月的試用期當中做到什麼？你打算協助他們賺到多少額外的營收或獲利？還有哪些其他的度量標準？像是你幫決策者省了多少時間？或者設置一個新系統？

　　這當中的第一步，就是要讓他們知道你全心致力於協助他們；第二個步驟則是對他們提出這個專案。直接告訴他們，你打算在要求回報之前先證明自己的能力，不過你也會致力於賺到你要的額外現金流。你會需要達到怎樣的成果，才能賺到你需要賺的金額？當你幫助他們的時候，他們也會幫助你達到你的目標。

　　大多數時候，專心致力於這個流程的人都能在幾週、了不起幾個月的時間內，就跟他們列出的前 10 大清單中的某家公司開始合作，不過更常見的是公司會決定要給他個職務並付他薪水。

問題 5 ── 你與他們如何能夠藉由這樣的合作關係獲利？

　　所有的公司都會願意付錢給能帶來生意、或者提升其營收或者獲利的合作夥伴和承包商，至於數字是多少，會依事業類型而有所不同。比如對銷售數位產品的網路生意而言，他們最高可能會撥出 70% 的營收給能協助他們提高營收的聯盟行銷商；提供服務的生意可能撥出 50%；實體產品的生意可能是 5 ～ 20%、而房地產之類以資產為主的生意，由於其資產成本高得多，因此能撥出的百分比就少得多。

　　透過對話與研究，了解公司平常在建立合作關係或者導入外部協助的時候，通常都是如何分潤的。就一些基本項目取得協議：你打算要做些什麼？對他們有什麼好處？如果你成功的話，會發生什麼事？（你會拿到一些錢以及長期合作的機會？還是會成為他們的員工之一？）

　　超人先生，你還在等什麼呢？善用你的克拉克·肯特時間，讓你能保持正的現金流，並且回答這 5 個問題，創造一個能讓你進入財富圈的工作吧。

Chapter 5

橙色到黃色：
由「勞動者」到「參與者」

衡量標準：	個人現金流為正值，但決定權在他人手中
情緒狀態：	依賴、放棄退出
停留在此層級的代價：	沒沒無聞、恐懼、挫折
需要專注於：	定位與獨立自主
到達此層級的原因：	教育、心態、制約
往上移動的途徑：	確認你的市場定位、徹底了解你選定的市場、把機會轉換成金錢收入

歡迎來到「橙色」層級。這裡的空氣清新多了：你會發現人生除了「過得去」之外還有其他選擇。你現在的現金流是正的了，也開始對人生方向比較有感覺。就算你的狀況是收入不錯，但不喜歡目前的工作，但至少你有在往前進，而且比起那些貿然辭職因而掉回「紅色」或「紅外線」層級的人而言，你處在一個更有利的地位。你能感覺到自己的價值，特別是因為經常有人會稱讚你把事情做得很好。

MILLIONAIRE MASTER PLAN

然而，你仍然得要依賴其他人才能讓自己有過得去的生活。這也許是因為你是上班族，而且還沒有找到自己在市場上的定位；也可能你有個事業，但還沒能建立清楚的、能吸引到其他人的定位，因此還是需要一直追著錢跑。或者你投資了超出能力範圍的房產或其他資產，搞得自己入不敷出，因而需要在自己或別人的事業裡工作才能過活。又或者你是剛從「紅色」層級爬出來（如果是這樣的話，恭喜你！）現在你想要釐清如何專精於你的市場、倍增你的收入、並且吸引財富流向你。

不管是哪個情況，在「橙色」層級都得要努力工作才能維持生計。另一方面，這時金錢確實會持續流向你，因此你不會像「紅色」層級時這麼焦慮；然而，你得要一直追著生意跑，到了週末時才能稍微放鬆一下。

在以往，當個「橙色」層級的「勞動者」是足以讓我們有個美好人生的。在我們祖父母或者父母那一代，他們只要努力工作、工作生涯盡可能都待在同一家公司，退休時就可以有足夠的金錢。現今的世界沒那麼安穩了。現在真正的安穩要來自於規劃出你自己的路徑，由「橙色」層級的「依賴」提升到「黃色」層級的「獨立」，就像擁有自己的船，可以自由航行到想去的地方，而不再只是一艘隨時可能沉沒的船上頭的乘客。

「黃色」層級與「橙色」層級的感覺非常不同，因為你可以由你的機會、合作關係、產品與服務來賺錢，而不再只是用時間來換錢。你不再是一直追著財富流跑，而是專注在一個利基以及一群人（客戶、夥伴、員工）身上；生意會自己上門來；你在市場上的定位會把機會吸引過來。你賺起錢來變得簡單得多，而且實際參與在市場當中的那種感覺。

你要怎麼做到？在你開始依循你所屬天才類型的專屬路徑來走脫離「橙色」層級的三個步驟之前，讓我先為你揭露一個在你能夠藉由達到「橙色」層級來了解的秘密：任何系統中的流，全都是由兩樣東西組成的。不管是個人的財務、大企業的財務、乃全球的經濟，當中的一切都是由「專案」與「流程」組成的。

專案與流程

　　「專案」是那些能增加流的東西，比如說新開拓的道路。「發電機」與「火焰」天才們最愛專案，以及在既有的流之上，加添新的產品與關係。問題在於，我們常試圖啟動新的專案（例如創造額外收入、找新工作、創立新事業），然後才發現這些事情所需的時間與金錢並非我們所能負荷；或者我們啟動了新的專案，但反而搞得其他事情塞車，或者像是修建了條哪兒都去不了的道路一樣。我過去就看過很多人寫了很多書、或者建構了很多網站，這花掉他們很多時間，但並沒能幫助他們創造財富流，在專案完成之後也沒讓他們賺到錢。

　　「流程」則是那些能維繫流的東西，就像是能連結其他道路的道路一樣。當道路上有阻礙或中斷的時候（比如說塞車），交通上就會發生問題；同樣的，當我們的財富流有所阻礙或中斷的時候，也會導致財務上的問題。「節奏」與「鋼鐵」天才們最愛那種能恢復、維持以及提升財富流的流程。但問題在於，我們往往會卡在執行各個流程，試圖要指揮交通，而非透過把事情自動化或者外包出去的方式，讓自己能脫離道路，回去強化與擴展我們的系統。

　　在「基礎稜鏡」時，我們都參與在其他人的專案與流程當中；我們以消費者或者員工的身份，讓自己的金錢或時間流入別人的管道系統中。

　　在「企業稜鏡」時，我們成為創造者或者雇主，藉由加添或擴張全球的管道系統來獲得報酬。

　　要移動到「黃色」層級和「企業稜鏡」，你會需要觀察目前是把時間花在哪些流程上，看看有哪些事情可以自動化或者外包出去；再來的訣竅，則是把各個專案轉化為可獲利的專案。

　　我把這稱之為「可獲利的促銷專案」。有的人會稱之為行銷方案，用的詞彙不同但意思是一樣的，指的都是能讓我們創造新的流、學到新的東西、同時賺到錢的專案。你依據過去的經驗以及最佳的猜測來決定後續的路徑、然後設定開始與結束的時間、並定下途中的里程碑，透過這些方式來讓自己

MILLIONAIRE MASTER PLAN

知道要傳遞的是什麼價值，以及你打算如何傳遞這些價值。依據所在的層級不同，這可能是個要創造 100 美金、1,000 美金或者更多新現金流的促銷活動。在這之後，你就用它來獲得你想要的那份工作、來創立正確的事業、來進行正確的投資、或者建立新的合作關係……等等。你並不需要能回答所有關於「誰？」以及「如何做？」的問題，只要先回答「我的目標是什麼？」以及「我要達成哪些里程碑？」「我要何時達到這些里程碑？」就可以了。（本章最後面的「行動時刻」會協助你規劃出你的促銷活動，而在 www.geniusu.com 的個人專屬頁面中，也有詳細練習本的下載連結，能讓你再更進一步。）

一旦你能了解促銷活動的核心要點之後，就會發現任何產業的成功人士——不管是零售、出版、旅遊、演說、培訓、科技新創公司、網路行銷、傳銷、房地產、金融市場、金融服務……等等——都是把同樣一套最有效率的促銷模式套用到他們所屬的產業，來一邊賺錢、一邊學習。他們會對自己的假設進行測試與追蹤度量，且常會彼此分享自己的最佳做法。那些沒能獲得成功的領導者們的作法則是開店、把自己搞得很忙、追著生意跑，然後希望一切都會順利。

知道如何善用你的天才來創造促銷活動，將讓你能把自己的月現金流拉高到單靠用時間換錢無法做到的程度。我出版的第一本刊物、我辦的第一場活動、我買下與賣出的第一筆房地產、我創立與賣出的第一個事業……它們全都是促銷活動，讓我能賺到想要的金錢、吸引到所需的資源與合作關係、以及測試並且追蹤度量所有的成果。

更重要的是，隨著我們越來越擅長預測與複製各個促銷活動的成效，我們也會吸引到素質更高的合作夥伴，讓我們能從「黃色：參與者」提升到「綠色：表演者」再到「藍色：指揮家」。而在你要開始往上爬之前，有一件很重要的事，就是要先了解「零的力量」與「財富方程式」如何與促銷活動和前一章中的「通往百萬美金的 10 步驟」之間相關聯。

零的力量

我是如何在「通往百萬美金的 10 個步驟」中，由每個月 1,600 美金的淨現金流提升到 3,200、6,400 以上的？還有你要如何能做到呢？是透過「零的力量」。想想看，多少的數字會讓你覺得有點超過？在我 22 歲、我的導師為我設下每個月存 100 美金的挑戰時，我認為這數字很容易達到；當他說我可以每個月都有 100,000 美金的剩餘時，我覺得他瘋了。那麼，對你而言有多少個零的時候，會覺得那是好大的一筆錢呢？是 10 元、100 元、1,000 元、10,000 元還是更多呢？

如果明天你的帳戶裡會少掉一筆錢，是多少金額才會讓你特別注意？

在我七歲時，我每個禮拜有 50 分錢的零用錢。我想：「如果我把這筆錢存下來，就可以買下跟我朋友保羅的生日禮物同型的腳踏車。」那時我並沒有去計算要存幾個月還是幾年才夠，我只記得要存錢而已，而在一個月之後我有兩塊錢。五個月之後，我存到十元。後來，我們搬了家，而在搬家過程中我的撲滿不見了。我也失去了撲滿裡面的錢！那還真是讓我心痛欲絕。對當時的我而言，十塊錢就跟一百萬一樣多。

十多年後，我在就讀劍橋大學時成立了我的第一個小生意，那時我在「紅色」層級。對我來說，十塊錢不是什麼大數目，但一百英鎊就很多了。所以，當我在「紅色」層級時，十塊錢不痛不癢，但要花一百塊就得要深思熟慮。從那時開始，每當我在燈塔上爬升一階時，我會認為是很大一筆錢的金額就會多一個零。當我到「橙色」層級時，由於有更多錢在流進流出了，所以一百塊變得不痛不癢，但花一千塊就成了蠻有風險的事。而當我到「黃色」層級時，一萬塊不算是大錢（那時我很習慣看著這種金額的錢每天流進流出），但如果是十萬塊等級的風險或損失的話，就會蠻嚴重的。

簡單講，我透過自然且自動地達到各個層級而掙得了權利，可以玩有更多零的遊戲。在我進行促銷活動時，不斷在我可以很自在地損失掉的金額（以及我能夠賺到的金額）後面加個零，這解鎖了一組新的密碼：一種每個人都需要的、能讓我們在更高的層級聽得清楚、說得流利的語言。

MILLIONAIRE MASTER PLAN

隨著燈塔樓層的提升，我要完成一個賺錢專案的時間也跟著改變。從「紅色」層級移動到「橙色」層級時，我可以在開始專案之後一個星期之內就交出成果；在「黃色」層級時，完成一個促銷案的時間延伸至一到三個月（例如出版以及課程活動）。在「綠色」層級時，時程變成一年。而現在在「藍色」層級，我有些促銷案會持續長達三到五年，包括創立與賣掉事業、房地產或者其他資產……等等。

藉由專注於正確規模的促銷活動與執行速度，隨著你一步一步爬上各個樓層，原本對你來說的大數目，可以變成很容易就能賺到的金額。你同時也可以用**正確的步調**來做到。太多人在都還沒專精於 $1,000 規模的促銷之前，就把目標定在 $10,000 規模的促銷案，而這是他們目前能力還不及的。

在「基礎稜鏡」時，能進行的促銷活動通常是圍繞著運用你的時間與天才，來跟其他人的流互相連結；而「黃色」層級的促銷活動則規模會大些，因為現在你是在策劃新的財富流來源——新產品上市、新的合作方案、或者進入新的市場。不過，在我們要了解不同類型的天才如何做到此事之前，在你的工具箱之內還需要一個最後的工具，才能讓你精通「企業稜鏡」。我自己是在我人生的第一個促銷活動中學到它的，它叫做：財富方程式。

財富方程式：財富＝價值 × 槓桿

我當年 18 歲，大一的學期正要結束。那時我的朋友們都計畫著要到希臘去旅行，如果參加的話需要 $800 美元，但我沒有這筆錢；而且那時教務長才剛跟我說，如果我不在建築作品集當中多增加幾個作品，就很可能被當掉。除了這些之外，我還很想要參加學期後要舉辦的划船營隊。如果我去工作賺錢，那要怎麼增加作品？如果我去參加營隊的話，又怎麼會有時間去賺錢？

後來有一天晚上，我頭頂上的燈泡亮了起來：與其分開問這幾個問題，然後只能看到彼此衝突的挑戰，我把這幾個問題合併成一個問題：**我如何能在增加作品的同時賺到 $800 美元，而且還能有時間可以參加划船營？**

我想出了一個計畫來回答這個問題，並且給自己一週時間賺到 $400 美元，以此來評估我的進展。這個數字是我朋友們在倫敦打工一整個暑假能賺到的錢，而如果我能做到的話，就不需要去找工作了。

我每天早上都去參加划船營，不過在前三天，我在營隊結束之後就立即跑去劍橋的幾個觀光景點，像是國王學院禮拜堂（King's College Chapel）、三一學院樓門（Trinity Gate）、聖約翰街（St. John's Street）。我素描了這三個景點、用質感較好的紙張複印，再到超級市場去買夾鏈袋，然後把我的作品放在裡面。在第四天的時候，我找了個比較多遊客來來往往的地方，放了個牌子寫著：建築系學生繪製的劍橋景點畫限量版。每幅 $6 美元，兩幅 $10 美元。在等待買主上門的同時，我也開始繪製第四幅畫。

一開始的生意不是很好，一直到中午我才賺到 $40 美元而已。所以，我開始做實驗。我以 15 分鐘為一個區塊，追蹤什麼時候有人買畫、什麼時候沒有。結果發現，每當有團體中的一人停下來時，所有的人都會停下來買畫；但如果都沒有人停步，我就什麼都賣不出去。所以，我開始注意有沒有看來不那麼忙的人，然後跟他們攀談；當他們停下來的時候，就會聚集人群，而我的業績就會加倍。

在第一天結束時，我發現到只要我問小孩子想不想看我畫畫，他們全家都會停下來，而且待的時間會是兩倍久。這時我每小時的銷售額又加倍了。在第一天結束時，我賺到超過 $230 美元。第二天我又重複這個流程，在開張兩天後，我的作品集多了 5 幅畫，而且口袋裡多了超過 $400 美元——這是我設定的一週目標！

我非常好奇第二個禮拜會不會跟前一週一樣。不過在第二週進行到一半時，我碰上了瓶頸，一天只能賺差不多 $200 美元。雖然這仍代表我在一週之內就賺到去希臘的旅費，而且我發現自己比在倫敦工作的朋友們賺得還多；不過，真正讓我覺得興奮的，是透過跟人們互動來觀察與學習「流」的移動，以及它如何隨著時間而改變。我很好奇的是，還有沒有辦法在同樣的心力之下，再讓我賺到的錢加倍。

MILLIONAIRE MASTER PLAN

結果是有辦法。就像所有的促銷活動一樣，你會測試與追蹤度量成效以及目標達成率，但大突破經常是來自於意外之處。那是第二週的一個早上，我坐在另外一個街角，剛開始繪製一幅新畫作。有一位美國旅客跟她妻子停下腳步，然後我們開始交談。我問他要不要買幾張畫，他看著我正剛開始畫的這張，說：「不了，不過我想買這張。」

那是我的原畫耶！我笑著說：「不行，這張不能賣。我之後要拿這張去複印然後賣複印版，所以這張我得自己留下。」

「所有的東西都有個價格。」他說：「要賣多少？」

我想了想。如果我把之後可能賣出的畫全部估算進去，是可以說這張原稿價值數千英鎊；或者我也可以想說這張畫只花我一小時，然後以這個價格賣畫。後來，我想到如果用 $200 美元的金額賣出，那麼我今天就可以收工了。

「這張要 200 美元。」我說。

「成交。」他回答「不過你是否能在上面簽名？」

所以我在畫的下方寫上「未完成原稿」然後簽上我的名字。他付了 $200 美元後就跟他太太一起離開了。

我靜靜地坐著，看看那筆錢、再看看我的手錶。才早上 11：15 而已，我還有一整天的時間，可以拿來做任何我想做的事！那我要做什麼呢？我看著空白的寫生簿、再看看我剛才在畫的景點，然後抽出一張白紙又開始畫同個景點。在那天結束時，我多了一幅已完成的畫作，可以幫我多增加個收入來源、我多賺了 $200 美元、再加上那位美國旅客的 $200 美元……我把收入加倍，提高到一天 $400 美元了。

在那天之後，我每天早上的第一個小時都會先畫一張未完成原稿、簽上名、然後展示出來賣，然後再繼續畫。在我要出發到希臘的時候，我已經賺到超乎我能想像的錢。在我背著滿是現金的帆布背包出現時，我朋友們都用不可思議的眼光看我。

你可以說我的這段故事需要大大小小的好運與幸運的時機點，而不只是

藝術技巧與一些些的創造力而已。我必須人在觀光區、我得要知道如何畫出人們會想要買的畫;然而,在過去三十年我做過的所有促銷活動中,成功總是有點運氣成分。在你規劃促銷活動時,你得把所有的行動都瞄準特定的績效,但同時也要敞開大門,讓魔法能夠發生、好運能夠出現。

我自己是在這次的小型促銷活動之後,開始著迷於創業家精神,並且種下了未來的種子。總歸而言,我真正的成功並不在於一開始的計畫,而是我在過程中學到什麼以及如何調整方向,特別是我在過程中,有生以來第一次了解到財富的方程式。這個方程式說明了我們如何能善用自己的天才,像管道工人一樣,用最有效率的方式引導流向;而這也是要往上爬到「黃色」層級的重要部分。

財富 = 價值 × 槓桿

想像一條河流:在有高低落差的地方,水就會流動;金錢也很類似,當有價值落差出現的時候,錢就會依據價值的交換而流動。當有人花 $6 買了我的出版品的時候,就表示他們認為我的出版品價值等同或高於我設定的價格。我拿到他們的錢,而他們拿到我的出版品。世界上每天都有兆億計的金錢以這種方式在自然地流動著。

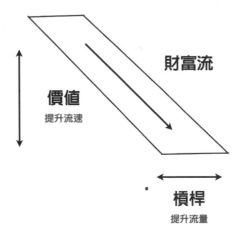

「價值」決定了金錢流動的速度，它等於是河流的坡度；「槓桿」則是河流的寬度，決定了金錢流動的量。我當年藉由複印我繪製的圖畫，來對它的價值進行槓桿借力，這麼一來我可以銷售同一幅畫兩次或甚至一百次；我只花同樣的一次工，卻能獲得更大的潛在報酬。這就是槓桿借力。當那位遊客買下我未完成的原稿時，他在我用一小時完成的作品中看到的價值，比我的槓桿一天能給我的報酬還要來得高；不過，如果不是我一天能賣出這麼多張畫的話，他可能也就不會付我這麼多錢了。我的槓桿帶來新的價值。

　　所有成功的財富創造者們，都在掌控著價值與槓桿的交替，並藉此來讓財富流成長。他們創造價值，然後對它進行槓桿借力。當你在傳遞更多價值時，感覺就像是開車時腳踩油門來讓車子加速一樣；而對價值做槓桿借力時，感覺則像是換檔到下一個檔位一樣。而你在任何時候，都可以透過創造新的價值或加入新的槓桿的方式，來增加你的現金流量。

　　後面提到的每一個案例，都與對這個方程式的理解有關。他們最初都是由對「時間」進行槓桿借力，改換為對「產品」或「合作關係」作槓桿借力，之後又變成在「企業稜鏡」中，對他人的專業或整個團隊作槓桿借力。而你也是在此時開始進入房地產、交易市場、事業等領域，而這些項目也都有你可以槓桿借力的價值。

　　你正卡在收入不足的狀況嗎？有很多方式可以讓你傳遞更多價值，很多時候只要調整你傳遞價值的對象，或者去結合不同人的價值，就可以做到了。你是卡在時間不足的狀況嗎？有很多方式可以讓你以自己的價值來借力、讓你用更少的時間賺到更多錢，而這也是成功的財富創造者們常用的方式：與其他人合作，互相以對方的價值來借力。聽起來很簡單？不，並不是。

　　「價值」與「槓桿」都有彼此相反的兩極。很多時候我們依循著的策略，卻跟我們的天賦才華完全相反；了解這些極性時，我們就能知道如何善用自己的天才，在所屬的市場中更有效率地加添價值與做槓桿借力：

　　「價值」是來自於我們的思想意念與感知能力——也就是我們的思維傾向，而它的兩極則是「創新」（發電機天才）與「時機」（節奏天才）：

- 「發電機」天才們具有「直覺」的思維傾向，最擅長透過創新來創造價值。「發電機」型的人總看著未來，把事情往前推動。不管是在「財富燈塔」的哪個層級，「發電機」天才們都是走創意途徑來進入順流。
- 「節奏」天才們具有「感官」的思維傾向，擅長透過抓住時機來創造價值。「節奏」型的人知道何時買進、何時賣出、何時採取行動、何時該按兵不動。不管在「財富燈塔」的哪個層級，「節奏」天才都是走感官路徑來進入順流。

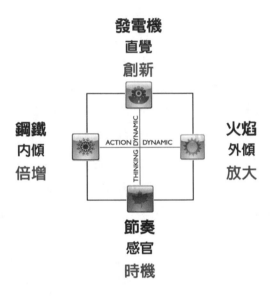

　　「價值」要透過我們的內在行動和外在行動（我們的行為傾向）來做槓桿借力。槓桿借力的兩極是「倍增」（鋼鐵天才）與「放大」（火焰天才）：

- 「鋼鐵」天才的行為傾向屬於「內傾」型，擅長問「如何能在沒有我的狀況下做到這件事？」這個問題，透過倍增的方式創造槓桿。「鋼鐵」型天才是透過專注於細節與建立系統來構築財富流的方式，來爬上「財富燈塔」。
- 「火焰」天才的行為傾向屬於「外傾」型，擅長問「如何能讓這件事情只有我才能做到？」這個問題，透過放大的方式來創造槓桿。「火焰」

型天才是透過發展自己的人脈關係,來爬上「財富燈塔」。

當你知道如何才能以與你的天才一致的方式,來包裝、定價、推廣與呈現價值的時候,就給了你自己打開專屬財富流的力量。這也是要精通財富流的第一步:知道如何以包裝價值,並用它來交換新的收入來源的方式,來控制與引導財富的流向。這可以透過你自有的產品或服務來做到,也可以透過交易或交換的方式來達成。要做到這件事並不需要花錢,你需要的是能接觸到既有的知識流、機會流、財富流,以及在透過你的獨特定位來加添價值的同時,也保持好奇心並願意善用手邊的資源。

「企業稜鏡」給你的報酬,是你不再為了錢工作,而是錢會開始為你工作。

由「橙色」往「黃色」的三個步驟

你知道現在該採取哪些明確步驟,才能在三個月之內,讓你個人銀行帳戶多增加 $10,000 美金嗎?如果不知道的話,這是因為你還沒有精通以下三個能讓你進入「黃色」層級的步驟。你跟你的市場之間的連結並不緊密,因此你不清楚自己可以提供什麼價值、如何為這個價值訂個價格、以及如何以夠吸引人的促銷活動來切入你的市場,吸引到市場中的玩家。

在「橙色」層級時,了解如何對價值做槓桿借力來創造現金流,是由你的雇主在負責,你只是整個價值鍊當中的一個環節而已;要達到「黃色」層級,你除了會需要了解整條價值鍊之外,也要知道你在這條鍊上扮演的是什麼角色,還有要如何組裝其他部件,來確保能創造持續的現金流。

以下是由「橙色」到「黃色」層級的三個步驟:

❶ **確認你的市場定位:**要在全球的金錢管道系統中獲得一席之地,你會需要先選擇自己的定位:你打算要在哪個領域成為頂尖?你要選擇哪一個利基?(仔細閱讀後面各個路徑的內容之外,也到 www.geniusu.com 去查看一下能協助你確認市場定位的測評工具與練習本。)

❷ **徹底了解你選定的市場**：在確認定位的同時，也會決定你的市場位置，這表示你已決定投身於一個你必須要精通的市場。如果想成為那個市場中頂尖的玩家，就必須學習裡面的其他玩家有誰以及在哪裡、市場的規模大小，以及這市場的最新發展。你的完美客戶的形貌如何？他們有哪些需求與夢想？在這個經濟快速變遷的時代，能否精通這些變得至關重要。

❸ **把機會轉換成金錢收入**：規劃與執行能把價值傳遞給市場，然後把錢放進你口袋的促銷活動。你會需要對一個特定產品或服務提供夠吸引人的提案，並且每天專注觀察得到的成果是否與計畫一致，逐日進行各種測試並追蹤度量結果。

脫離紅外線跟紅色層級有三個不同的步驟，每種類型的天才在走這三個步驟的時候，一樣有不同的成功方程式和失敗方程式。你可以直接先讀你自己的天才類型，但請**務必**也要讀其他三種天才類型，才能瞭解你的成功方程式和失敗方程式，跟別人的有何不同，以及要如何跟其他天才連結。

每個產業、每個商機、以及每種專業，都擁有，也都需要有不同的天才類型，才能發展茁壯。你可以根據你在「橙色」層級裡的熱情所在，去選擇你的產業或是機會，然後用最能夠發揮天賦強項的方式，替別人帶來價值。但當你到達「黃色」層級和「企業稜鏡」時，你將需要一個已經進入順流狀態的團隊或夥伴，陪你一起到「綠色」層級。

鋼鐵天才脫離「橙色」層級的路徑

海蒂·哈珊是英格蘭北部的水電工，困在「橙色」層級上不去。身為一名女性水電工，她的很多客戶，都是白天獨自在家、而且不希望有男水電工進到家裡的女性。但我認識她時，她告訴我說，她開發客戶開發地很辛苦。新的客戶不好找，而她又是個完美主義者，雇幫手的事也讓她猶豫不決。

MILLIONAIRE MASTER PLAN

身為「鋼鐵」天才的海蒂似乎理解到，必須要透過倍增才能幫自己脫離「橙色」層級，也就是得授權經營和特許加盟。不過要這麼做的話，她就需要一個團隊，能更有效率執行事務，並讓她以最快的速度進入順流狀態。她需要和「發電機」天才配合，發揮巧思創意來推動團隊前進；也需要和「火焰」天才配合，好跟市場連結。以下是海蒂採取的三個步驟，讓她從「橙色」進階到「黃色」及「綠色」層級。

確認你的市場定位

- 切勿鑽牛角尖，困在瑣事和衡量標準的數字，企圖透過分析來提升效率、創造更多業績。

- 務必要專注在你最具代表性的特色，以及你想要打出什麼樣的名號，並把它發揚光大，讓別人忍不住要為你宣傳。

一直以來海蒂都是運用她的「鋼鐵」天才，專注於壓低她每筆生意的成本、並試著找到更聰明、更好的方式，來兼顧工作品質和維持客戶。但在業界的割喉競爭下，不管她有多努力提升效率、也不管她的價格已經是業界最漂亮的，總是有人比她更便宜。

「鋼鐵」天才很容易困在瑣碎的細節和市場數據裡。但這並不是當下最重要的事。現在的問題是：**你想要成為什麼人物**？海蒂告訴我，她從事水電工的最大原因，就是因為她自己不喜歡每次有什麼東西要修理時，都要讓男性技工進到家裡。她相信女性水電工可以和男性一樣好，甚至是更好。為什麼女性不能擁有同樣的機會從事這個行業呢？

對海蒂而言，跟我這種擁有「發電機」天才的人交談，能夠讓她思考**自己可以做什麼**，而不只是想著**她該怎麼做**。她思考了自己喜歡做的是哪些事情，和她如何訂立公司目標，針對訓練女性水電工，讓她們在受訓結束後就有工作可以做。接著海蒂開始研究，業界有沒有其他清一色都是女性水電工

的公司。答案是沒有。所以她就決定，把這點當作她公司的賣點。如果她能夠取得這個獨一無二的市場定位，她的公司就不用只靠著跟市場競爭最低價而生存，並且建立其他獨特的賣點，而這引領她邁向第二個步驟。

 步驟二　徹底了解你選定的市場

- 不要太貪心，因為貪圖市場大餅而接了太多工作，導致在面對你要服務的客戶時，顯得冷淡不親切。
- 要善用你的「鋼鐵」天才，分析出一個明確的利基點，並且跟「火焰」天才合作，與客戶和夥伴建立好連結，確保你知道他們的需求，以及他們願意以什麼樣的價格請你幫忙。

徹底了解所選定市場的重點在於，瞭解別人在這個市場做些什麼、並瞭解自己客戶的真正需求。海蒂運用她的「鋼鐵」天才，進行了一系列的市場調查，發現市場上是真的有這樣的需求，也就是女性客戶需要女性水電工。在調查過程中，她也吸引到想要成為水電工的女性——特別是當她們知道，客戶也都是女性的時候。現在海蒂知道自己想要打出什麼樣的名號了：她要當英格蘭第一位純女性水電公司的創辦人。

緊接著，海蒂決定要建立一套商業模式，來連結女性水電工和公司這兩個部分，而且這套模式還要完全適合她的天賦強項：她可以用她的完美主義標準，來訓練女性水電工，然後協助學徒在她的品牌旗下各自創業，並針對女性行銷這個品牌。

但問題是，海蒂需要回到第一個步驟，找出這個新型企業的定位。一開始她摸不著頭緒，但後來她找到了一個名稱，可以馬上給人她想要的印象——用一個英式的水電零件名稱和男性性器官的俗語「cock」大玩文字遊戲：「Stopcocks」。

把機會轉換成金錢收入

- 不要被一些沒有實際效益的日常瑣事困住。

- 務必要聚焦在運用你對標準流程的長才，建立一套能賺錢獲利的促銷活動，並設定清楚的里程碑目標，在開發一套倍增自己價值的系統同時，也能為自己創造現金流。

就算找到了市場定位和對的市場，困在「橙色」層級的「鋼鐵」天才還是很常做不好促銷活動。同樣在「橙色」層級的「火焰」或「發電機」天才，容易迷失在追逐商機之中；「節奏」天才容易迷失在處理事務的活動之中；而「鋼鐵」型的天才則是容易回到想要把一切風險降到最低的舊習慣中。

海蒂的解決方法就是，建立一套適合她的「鋼鐵」天才，也適合她團隊的促銷活動，目標是為她自己的工作，建立一套系統和流程，以作為學徒學習、取得授權的標準。她召集團隊的力量來支持自己，吸引許多受她的願景和品牌激勵鼓舞的優秀人才。隨著她詳細地試驗、衡量每個細節，並想像在未來不久，所有的女性工匠和客戶都受惠於她的努力，她的工作就變得愈來愈簡單、也愈來愈有意義。

現在，Stopcocks 已是全國性的公司，全英格蘭都有它旗下的女性水電工。海蒂從未偏離她的水電工老本行，不過她已經擴大服務品項，現在事業的面貌是她夢寐以求的樣子，而且她比以前更有時間，能讓她的願景繼續發展。

火焰天才脫離「橙色」層級的路徑

「鋼鐵」天才們得專注於架構和清晰度，才能提升到「黃色」層級，而「火焰」天才靠的是人。我認識碧依・本科瓦的時候，她在倫敦訓練女性領導人，是倫敦城裡眾多在培訓市場競爭的領導力教練之一；她的客戶主要來自口碑和客戶推薦。 碧依知道她想要和女性一起工作，但除此之外，她不確定自己

的定位，也不確定該如何規劃自己的事業，才能確保事業能引領她自己抵達夢想彼端。

所以我們把視角拉遠一點：「想像五年後的自己」，我說，「妳受邀上台，要向幾千名觀眾分享妳的成就。你上台前有一篇介紹妳生平的一段短文。裡頭寫了妳是誰、妳的身份、還有妳的成就。妳希望五年後，介紹妳的生平簡介的內容有什麼？妳未來的自己是什麼模樣？」

碧依對於這個問題的回答是，她想見自己是推動全球女性領袖的運動成員之一。我告訴她，她的挑戰就是，她想要變成的人、和她所提供的服務，已經攪和在一起了。也就是說，她模糊了個人品牌和公司品牌的界線，而她根本還沒建立好產品的品牌。她必須立下非常清楚的目標，從自己的市場定位開始，然後確保出現在她身旁的人，都想要和她一起完成那個目標。

 確認你的市場定位

- 不要想滿足所有人的大小需求，不要對商機來者不拒，或試著討好每個客戶

- 務必要立下清楚的標準，告訴別人你是誰、你不是誰，這樣當工作夥伴出現時，他們就已經準備好往你帶領他們的方向去；而當別人推薦你時，也能很清楚說明你的優勢跟定位。

「橙色」層級的「火焰」天才，若想要滿足每一個人的每個要求，就會像一間餐廳，什麼菜色都賣，卻沒有一道菜色是有名的。客人走進來，問你說什麼比較好吃，你反問說「你想吃什麼？」你什麼都能做給他們吃。要吃披薩嗎？好呀。印度菜嗎？當然沒問題。一開始可能會有人進來，但任何人都不知道要怎麼向朋友推薦你這家餐廳，因為沒有人知道你這家餐廳的特色強項是什麼。

想滿足所有人的所有需求——就是失去了代表性，然後什麼都想做——

MILLIONAIRE MASTER PLAN

這不是成功之道。你必須專心一致，才能讓人很明確地把你做的東西推薦給其他人。碧依為自己打造了一個清晰的市場定位，決定她還是要為女性領導人發聲，只是地點不在倫敦——那裡已經有太多人跟她競爭了——而是在她的老家捷克共和國，在那裡她就能夠脫穎而出。她成立了一個組織，叫做「卓越女性全球學院」，還有一整套的認證，第一套就是「女性大融合」的認證課程。

步驟二 **徹底了解你選定的市場**

- 不要追著身邊的小商機四處跑。如果沒有符合你（和客戶）既定的里程碑目標，就別為他人的行程跟需求而分心。

- 務必有策略技巧地區分市場，你得瞭解自己的客戶和夥伴是誰，也得瞭解你要如何成為解決他們需求的首選。

　　一旦「火焰」型的人確認了市場定位，他們就會盡量把觸角伸向每一個人，接著就無可避免地，再次掉進了「滿足所有人的大小需求」的陷阱。「火焰」型的人和他們的火焰能量，就像火一樣亂竄，永遠都想要到處跑，四處點燃他們的燭火照亮一堆不同的地方，但這樣的成功機率，遠比不上專注在同一點，好好地照亮一個地方。相反地，你必須建立團隊，讓他們幫忙創造、測試、並衡量你們服務客戶跟夥伴的獨特產品。當你在前線到處跑、忙著了解客戶回饋意見時，你的團隊可以在後方研發產品、規畫系統，你只要檢視最後的成果品質即可。

　　碧依發現在她的市場內，客戶分成三個層級：想要開展事業而尋找啟發跟建立人脈的女人；尋找有意義連結的成功女性；還有已經擁有自己的人際網絡、正在尋找合作關係，以拓展她們自己使命的女性領袖。徹底了解自己選定的市場，幫助碧依決定成立她的學院，做為第一個促銷活動。

把機會轉換成金錢收入

- 不要在你自己和客戶都沒有可以追隨的促銷活動計畫的情況之下，一味地拼命工作、追著下一個顧客跑。
- 務必為自己的行動排好優先順序，確保每一分鐘的努力，都投注在能夠提升自己，能產生利潤的行動上。

雖然擁有強大的社交技巧，「火焰」型的人卻不太擅長說服夥伴，因為他們不確定自己到底想要，或需要什麼。他們需要有一個清晰的願景，看見自己到底想達成什麼，然後讓潛在的夥伴和團隊成員清楚看到，他們能夠怎麼和自己合作推出促銷活動。換句話說，別老是困在回答「我該做什麼？」這個問題。相反地，問問自己「誰（who）有對的東西（what）？」、或是「**誰有木頭，可以讓我丟進火裡燒？**」「火焰」們需要節奏天才，用精準的時間管理協助他們；也需要「鋼鐵」天才來幫忙管理細節。請務必和整個團隊共同討論出方向和里程碑，否則很快就會失焦、在不同的計畫裡跳來跳去。

建立了新的願景之後，碧依吸引到了一群人，願意在草創時期，義務付出時間協助她成立全球學院。她設定好財務的「飛行路徑」，也看到自己能用一套新的促銷活動，創造現金來支持自己和學院。這套促銷活動主要是針對十來位女性，讓她們參加一個為期十二個月的創始會員社群，享受導師顧問服務和人脈連結，並且成為學院最早的成功代言人。有了這套新的促銷活動，碧依只花了幾天打電話給原本就認識她、信任她的朋友，第一批的導師社群就滿額了。

藉由放大自己的價值，碧依籌到了足夠的資金，以進行第二套促銷活動，來倍增她的價值：她把自己的故事寫成書，為學院點亮一盞明燈。火焰能量的人很不善於推銷自己，但推銷自己相信的理念就沒問題。學院就是碧依相信的理念，六個月過後，書出版上市，她因為出現在電視和公家媒體上，而

吸引全國爭相採訪報導。再三個月過後，碧依在公家電視節目上，和首相同桌對談。

隨著一個又一個的促銷活動，碧依持續發展她的「卓越女人全球學院」；現在整個捷克共和國都被點燃了，她便將觸角延伸到全世界。成立才十二個月，碧依夢想中的全球夥伴關係，已經逐漸成形，包括一個和澳洲女性領袖團體合作的峇里島三十天女性靜修營。

節奏天才脫離「橙色」層級的路徑

許多想要賺錢的財富創造者，創業之初都是透過創業的組織，例如不動產或保險經紀人、特許加盟或授權經營（像是海蒂的「Stopcocks」女性水電公司），或加入傳銷公司等等。不管是哪一種方式，成功都不在於這些組織本身（雖然大家都會看到組織裡面，不少人成功賺到很多錢）。成功是取決於，你是以「橙色」層級的個體戶方式衝業績，還是以「黃色」層級的企業思維，用清楚且傑出的個人定位吸引客戶，讓自己鶴立雞群，在你所在市場跟促銷活動，成為最棒、最優秀的人選。

凱文和譚芯‧哈里斯加入的「Network 21」是南非最大的傳銷組織之一，有超過兩萬名經銷商。但他們和許多其他傳銷同業一樣，都面臨著一個挑戰：許多經銷商都在搶食同樣的商機。

凱文和譚芯此時都處於「黃色」層級，但他們也需要團隊的領導人把所有團隊夥伴一起提升到黃色層級，這樣凱文和譚芯才能邁向綠色層級。如果這些經銷商把時間全用在搶業績、彼此競爭，而不是創造自己獨特的市場定位的話，要邁向「綠色」層級根本就是天方夜譚。同樣地，有的人天生就有吸引顧客上門的魅力，他們的組織也會迅速成長；而有的人則是十分強勢，反而把顧客嚇跑。脫離「橙色」層級邁向「黃色」層級的成功心法，到底該如何調整，才能適合他們所有組織網內的夥伴呢？

確認你的市場定位

- 不要在沒有團隊幫忙規畫出統整方案時,迷失於服務他人、試圖控管眼前所有事務。

- 務必要釐清自己的定位,也要界定出創造給他人建立信任和流的空間。

推動女性領導力很適合碧依的天才,因為它正好處於夏天階段(女性領導者和這個圈子已經成形,而且剛開始連結);而傳銷則處於秋天階段(人際連結已經成形,而人們採取行動前,還需要多一點信任和證據)。這表示,譚芯需要用她的「節奏」天才來領導,而這跟他們之前所做的事,剛好是 180 度的轉變:凱文一直用他的「火焰」天才來領導,追逐著下一個商機,而讓譚芯跟在後頭跑。

我們把他們兩人關係的轉變,當作為他們組織的榜樣。譚芯運用了她的「節奏」天才,為組織奠定了新的基調和文化,凱文則在旁鼓舞大家。「火焰」天才們較常聚焦於「未來的展望」,而「節奏」天才們則較常聚焦於「當下的現況」:不是想著日後的成就感,而是享受在當下腳踏實地、把每個今天過得很充實。這變成了他們新的文化定位,他們也和團隊領袖夥伴們一起規畫打造新的團隊行動方針,按照一致的行事計畫和節奏執行業務。

徹底了解你選定的市場

- 不要迷失在市場的瑣碎事務中、或採用錯誤的市場模式,害自己每天老是做些沒有直接效益、不賺錢的事情。

- 務必確認市場的目標族群是誰,也要確認如何在交易的時候,在夠獲利的前提之下,提供最優質的服務。

譚芯跟凱文檢視了他們的組織,找出幾位級別最高的領導人,把他們聚

MILLIONAIRE MASTER PLAN

在一起開會，跟他們分享未來願景。他們訴說他們的故事，然後收錄在一個叫做「組織效應」的文件檔案裡，讓願景的擘劃更容易與人分享。接著他們找出在南非夥伴人數最多的團隊，進行「組織原動力」的小規模實驗計畫，最後決定在開普敦進行一個為期十週的挑戰計畫。

這個挑戰計畫，將所有成員分成幾個八人小組，每人都要針對五個不同領域，訂下十週後自己想達成的目標。這五個領域分別為：財富、健康、優點強項、人際關係、以及環境營造。他們每週都召開一次小組會議，由凱文主持，共同學習各種策略、分享成功經驗。

訂好這個計畫後，譚芯的天才就用來領導團隊跟上這個步調。她每週都收集大家的成功及大大小小的挑戰故事、串聯能夠互助的夥伴、並追蹤觀察每個團隊的成長。計畫開始時，團隊有超過一百位夥伴，而且每週都持續成長，因為如此規律的步調，帶領大家提升士氣、能量滿滿，也激勵了整個組織的所有夥伴。

當這些經銷商注意到加入他們組織可以獲得的實質效益，也注意到夥伴個人的轉變和團隊合作的好處，他們就發現自己可以吸引到想要加入這個實驗計畫的朋友，接著就進一步加入團隊成為夥伴。

 把機會轉換成金錢收入

• 不要迷失於眼前的事務。

• 務必根據預期的銷售額，來衡量每件事。

像譚芯這種「節奏」型的人，永遠都會有一整張清單的待辦事項想做，然後就卡在處理這些事情上。結果呢，整張清單的事情都做完了，卻還是賺不到一毛錢。「把機會轉換成金錢收入」對譚芯來說，就是避開待辦事項清單，然後用促銷活動來衡量每件事：促銷活動是否達成了他們預期的收入跟成效？還是她需要再調整一下他們做事的方向？她是否得到了最棒的結果，還是她

還需要再改變一下她規劃事情的方法，才能得到更好的結果？

在這個十週實驗計畫中，譚芯衡量組織夥伴的指標有三個：投入程度（透過意見回饋和成功故事）、新夥伴的數量（新的簽約人數）、以及整體銷售量（透過產品零售）。在譚芯對這些指標進行衡量之前，夥伴都覺得自己好像抓不準每個月的成果。好像就只要瞎忙，月底就會收到一張佣金支票。現在他們夫妻倆掌握了自己衡量的指標跟里程碑目標，這樣能夠有效地激勵自己，而且底下的領導夥伴也跟著受到鼓舞。

在實驗計畫的這十週中，他們確保每個人都要學會以下三個方法，好將自己的天才運用在事業上：自我管理、瞭解客戶、以及規劃團隊領導策略。他們請我透過影片，分享適合四種不同天才的不同策略，以創造出組織團隊效應（也就是透過口耳相傳，讓團隊自然快速成長），團隊也給予回應。

「火焰」天才的夥伴，每週都舉辦超好玩的聚會，整個團隊的人都邀約朋友參加，這些新朋友後來都因為這些活動的體驗，而紛紛地加入了這個團隊。「鋼鐵」天才的夥伴恰好相反，他們設計出一套系統，讓每個經銷商夥伴天天都可以透過一對一的會議做好跟進。「發電機」天才的團隊領導人，幫團隊加入創新的內容和素材，而打出一個獨樹一幟的團隊；而「節奏」天才的團隊領導人，建立的團隊特質跟發電機的就差很多——跟「天馬行空」的「發電機」不一樣，而是「踩踏實地」——著重在實際的成功故事、和見證口碑分享，而非創新想法。

由於譚芯的「節奏」天才，掌握這些衡量標準完全不費吹灰之力，結果Network 21 的零售業績和新加入的夥伴人數，雙雙成長了一倍以上，夥伴的投入程度也遠遠超出預期（有超過八成的人想要再度參加類似的實驗計畫）。團隊中的每個人，都得到可衡量的收穫，並將重心從「橙色」層級的「成交締結」心態，轉變為「黃色」層級的「分享機會」心態。

MILLIONAIRE MASTER PLAN

發電機天才脫離「橙色」層級的路徑

你是「橙色」層級的「發電機」天才，且目前是想要提升層級的上班族嗎？我在 2011 年認識海瑟‧耶倫的時候，她就處於這個狀態。她那時在澳洲，跟著一位知名的國際演說家，以約聘的方式，一起輔導企業領袖。但她已經準備好要創造自己的事業了。她認為事業應該要能用上她的專業（企業諮詢顧問），但不知道究竟該做什麼。在我當她個人導師初期，我問她「如果你已經不再需要為錢工作的話，會想做些什麼呢？」她的回答把我跟她自己都嚇到了，她說：「我一直都想要做跟小孩有關的事情。」

海瑟的夢想是協助小孩的教育。但她認為這需要時間和專注，所以就暫時把這個想法擱置在腦海中，等到年紀再大一點再說。我問她，如果她能改變小孩的人生，**同時兼顧**她眼前的事業，她覺得怎麼樣？她笑了，然後我們就把藍圖畫大一些，將需要潛移默化的輔導顧問對象，從企業領導人，另外加入世界未來的主人翁——**我們的下一代**。這時候她需要確立個人定位：與其出去尋找新的客戶，不如停下來，把自己打造成一個新品牌，讓客戶慕名而來。

 確認你的市場定位

- 不要一有新的好點子，或聽到每一個人的需求而激發出新創意，就一直忙著創造新的服務或產品。

- 務必為自己建立一個明確的定位，讓事業、夥伴、和促銷活動，都以你為中心而運作。

想像五年後的自己。你已經達成自己的成功，有人要把你寫進維基百科（Wikipedia）裡面。你希望文章的開頭第一段寫些什麼？所有成功的領袖人物和創業家，都有他們個人的一段簡介，摘要他們的定位和代表性——遠在他們因而成名之前，早就清楚自己的定位與代表性。知道自己代表什麼，就像是確定自己在足球場上的位置：選好要踢哪個位置、留在那裡，然後讓隊

友想要傳球給你。你成為**流的開端**，而不是想到哪就跑到哪。

　　換句話說，當我們選擇把一件事情做好，這就等於開啟了我們的成功方程式。海瑟仔細檢視了她當初只靠直覺，為企業客戶提供理想結果的做法。當時她還沒有想出產品的品牌，但似乎有一套步驟可循，帶著她按部就班走入企業的核心。她會分析該企業的文化，在員工、廠商、和客戶的心中，創造了怎樣的情感（而非想法），接著把這些要素拆解開，然後再從心出發，重新建立這些感情。我們為此想出了一個品牌名稱：感動企業。

 徹底了解你選定的市場

- 不要追著生意跑、老是從頭開始新計畫、或到處敲門陌生開發，希望人家跟你買你要賣的東西。

- 務必要多和值得學習和值得經營的人與夥伴連結，並分清楚誰是你的客戶、而誰不是。

　　徹底了解你選定的市場，並非要你在不知道市場上有什麼時，就著手創新；而是要你跟已經在市場上的對手同台競技。想要用拼業績的方式來徹底了解自己選定的市場，就像是追著蝴蝶跑一樣。也許你每次出征都能抓到一隻，但明天又得全部從頭來過。不如耕耘種植一整個花園，讓蝴蝶每天都自動飛來找你。這就是「發電機」天才的關鍵：吸引力。「發電機」能量的人天生的創造力，不該用在要創造**什麼**東西，而應該用在每天起床後，想著要**怎樣**出現在目標市場的客戶面前。

　　針對這一點，海瑟已經做好功課，並決定她的「感動企業」只跟頂尖的企業領導人合作。可是那些她也想要幫助的年輕孩子們怎麼辦？她發現，培養學生領袖的課程，雖然在亞洲和澳洲都才剛起步而已，在美國卻已經流行很久。我和海瑟分享了我和喬‧恰彭以及芭比‧迪波特的工作經驗，他們的 SuperCamp 超級營隊已經有二十年的歷史，目前是全球學生領袖夏令營的領

MILLIONAIRE MASTER PLAN

頭羊。

　　我們常常發現，最能讓我們學會如何進階到下一個層級的方式，就是和已經在那個層級的人一起工作，並學習他們的榜樣、以及找出他們對那個市場的瞭解。海瑟就是這樣向芭比學習的。SuperCamp 提供青少年七天或十天的沉浸式學習夏令營體驗，包括生活技能、以及快速學習的技巧。我們已經在峇里島的綠色學校辦過 SuperCamp 營隊，但 SuperCamp 還沒在澳洲舉辦過。海瑟跟喬聯絡了合作事宜，要在澳洲創辦 SuperCamp，用的就是喬跟芭比已經應用在全球超過百萬位青少年身上的所有工具和課程架構。

　　現在海瑟需要的，就是找出一套比挨家挨戶敲門更好的方式，來打入澳洲市場。她必須想想，有哪些人每天就是想著要怎樣才能給孩子最好的、有哪些人會參加澳洲的 SuperCamp：他們在哪？有哪些人常常出現在這些家長面前、可以當做聯繫這些家長的潛在夥伴？有什麼方法，可以輕鬆又直接地，把訊息傳遞到這些人眼前？

 把機會轉換成金錢收入

- 不要以為打開門，錢就會自己跑進來。
- 務必要創造促銷活動，在一定的時間裡，創造一定的商機；而且每天要留足夠的時間，來測試和衡量你的假設，並從中學習生財之道。

　　「發電機」天才永遠都對嘗試新事物躍躍欲試，而無法結束已經開始的計畫；因此，即便我們已經徹底了解我們的市場，也常常無法把機會轉換成金錢收入。我們寧願東奔西跑，創造新事物，也不想集中注意力，全神貫注在一個促銷活動上，測試、衡量，並尋找更聰明、更好的執行方法。如果我們能這樣做，即使我們沒有得到期望中的商機，也能夠學習到哪些方法可行、哪些行不通。

　　我們訂好一個升級方案後，就會設下一個目標，並吸引目標相同的人一

起前往。很多想要得到這些報酬、想要共同合作的人，能夠給予我們所需的支援。這就是把機會轉換成金錢收入的關鍵：站到一個高度，讓你能跟團隊一起讓事業持續進步、持續成長，後來還可以加注更多籌碼，進行更大規模的促銷活動、且選擇跟更多的夥伴一起工作。這真的是很大的躍進：從知道自己有正的現金流入，到為自己的事業創造穩定的市場之流，到擴張原有的版圖、或是跨足別的事業。一旦我們懂得萬事萬物環環相扣的道理，我們就能真正掌握「流」──那種感覺，跟站在那邊、希望生意自己上門來，是天差地遠的。

海瑟從美國的 SuperCamp 和我們在峇里島已經開始執行的促銷活動中學習實戰經驗。她對家長和學生們推動了一個獎學金的促銷活動，而且大受歡迎。由於教育在澳洲是個熱烈討論的話題，她成立的 SuperCamp 就提供了快速學習技巧的解決方案，並且獲得了媒體的關注。媒體的青睞也為她贏得了不少機會，到各種活動和研討會上台分享 SuperCamp 的成功經驗。

結果海瑟不僅吸引到許多人報名營隊，也為她的感動企業吸引到了客戶。她原本以為追求使命和追求金錢會很難同時兼顧，但她現在瞭解到，原來只要對自己誠實，為自己相信的、想要改變的勇敢站出來，反而**更容易**吸引到商機。

隨著事業擴展到不同面向，營隊也更容易成長，因為海瑟的企業人脈也幫忙贊助學生的獎學金。因為海瑟不想困在細節瑣事裡面，所以她維持 SuperCamp 的模式不變，只依照澳洲市場而稍做調整。她了解自己需要多大的團隊、自己損益兩平的點在哪裡、也學到了自己該專注和不該專注的事務是哪些。

海瑟現在瞭解到，不管是哪一種類型的天才，都是如何從「橙色」層級到「黃色」層級：一旦你確認了自己的市場定位、也徹底了解自己選定的市場，你就很有機會找到方法，和你能夠幫助的人建立連結、向他們學習，而不需要單打獨鬥自行摸索。你的價值能讓別人做槓桿借力，所以我們總是有辦法和別人一起合作的。

MILLIONAIRE MASTER PLAN

觀眾 V.S. 球員

雖然這本書的英文書名裡提到百萬美金富翁，而且你的目標是真的要賺個幾百萬。但也有可能你完全沒有要賺幾百萬的打算。也許你只是想在事業或工作上，尋找心靈的平靜，希望在為家庭打拼的時候，不必為了每分錢而汲汲營營。或許其實你只需要知道自己即便沒有這份工作，也能經濟獨立、過得很好，有這樣的安全感就可以讓你很開心了。

這就是在財富燈塔往上爬的重點：重要的不是你的身份，無論是受雇當上班族，自行創業當老闆，或是當投資人，也不管你是貧窮或富有。真正重要的是，要能夠選擇、掌控自己未來的財務狀況。也因此，從「橙色」層級跨到「黃色」層級，是十分重要、關鍵的一步，因為你不僅是往上爬了一個層級，而且還進階到下一個稜鏡。目前我們大多數人都處於「基礎稜鏡」，但在「企業稜鏡」才能賺到真正的財富。那才是真正的戰場。

想一下「基礎稜鏡」和「企業稜鏡」有什麼不同，想想「橙色」層級的「勞動者」，和「黃色」層級的「參與者」之間的差異，其實可以拿大型的運動賽事來對照，例如足球賽吧。觀眾很多（對，就算在美國也有很多人看足球賽），人數遠遠超過在場上的球員。一直在場邊觀賽的人，就像身處「紅外線」或「紅色」層級的人——大都沒沒無名，想來就來、想走就走。球賽不仰賴他們，沒有他們一樣照打不誤。而他們就算去觀賽，也不用遵循太多規則，只要別喝太多酒、也別跑進球場裡面就好了。觀眾很少離開觀眾席，意見倒是很多，講話超大聲的。他們對場上球員的成敗，都有許多強烈的意見看法，也會對著球員、裁判、或任何願意聽的人大聲叫喊、下指導棋。

如果你進到了「橙色」層級，你就已經贏得了不必只是旁觀的權利，而能進場和球員一同參賽。人們認識場上的球員。是因為他們擁有的整體技巧，也知道怎麼把他們的位置打好，所以有名氣。球員本來就該為比賽而鍛鍊身體、磨練技巧、並遵循比賽的規則。所有的人，尤其是場邊的觀眾，都對場上球員寄予厚望，也認為比賽輸贏是球員的責任。

如果你把「橙色」層級的「勞動者」，想成是看台上的觀眾；而把「黃色」層級的「參與者」，想成是球場上的球員；再把那顆球，當成是財富、商機、或資源，你就可以知道，為什麼還沒有人把球傳給你：因為你根本還沒有上場踢球啊。這就是很多創業家、和處於「橙色」層級的我們，會面臨的最大挑戰。如果你創業了、或是在工作崗位上努力，想要進入真正的比賽，卻老是追著金錢跑，這就會像是跑進球場的觀眾，很努力追著球跑一樣。沒有人想跟你比賽，反正你永遠也追不到那顆球。

那麼為什麼世界上有這麼多人，在財富燈塔上，都只是觀眾，而不是球員呢？這是因為我們的教育體制，只強調從「紅色」到「橙色」層級這一段：學校只強調該如何讓我們從依賴父母或國家的「紅色倖存者」，變成努力保住工作的「橙色勞動者」。

只是我所認識的每一位身處「橙色」層級的人，都很害怕他們將來會沒有收入。因此，在橙色層級中，在工作中創造價值、建立成就的正向感覺，和害怕失去工作、擔心一旦失業後很難再找到工作的恐懼感受，很容易混在一起。就算你自己創業當老闆，這種恐懼仍然存在：你永遠在找新的客戶、維繫現有的客戶，藉此維持你的現金流。

然而，我所認識的，每一個身處「黃色」層級的人，無論是受雇當上班族、創業當老闆，或是投資人，都不怕失去收入或工作。「黃色」層級的「參與者」，就只是學會了最重要的外掛技能，也就是幫自己創造工作機會，所以他們永遠都能得到工作機會，生意也會找上門。他們都是跟循著這三個步驟，離開了橙色層級、也離開了依賴的習慣，而變得獨立。當你進到黃色層級，你就有了自由，可以隨心所欲地在不同的工作或案子之間遊走。你已經跨越了橫在觀眾席和球場之間的高牆，準備認真踢一場球大幹一場。

換句話說，你再也不用一直追著球跑，就算在場上時也不用追，因為球場上有其他隊友，負責踢不同的位置。因此，你跑來跑去的時間就減少了，也開始花更多時間，可以進入球賽的順流狀態、跑到自己最能貢獻價值的位置上。站對了自己的位置，球反而會更常傳給你。

MILLIONAIRE MASTER PLAN

然而，達成這件事最有效的方法就是，你得先選好一個位置，努力鍛鍊、到場練球、並擔當起和觀眾截然不同的責任。買到一張觀眾席的門票，並不足以將你推向成功之路；現在你得踢好自己的這場球，這將需要三種重要的練習，而這三種練習都和我們大多數人在學校所學到的，可以說是大相逕庭：

❶ **學習來自於行動**：知道了卻不去做，等於不知道。精通「黃色」層級的要訣，並不是讀一本書就會得到，是要透過練習；從做中學。在學校裡，我們被教育的是理論學院派的智慧。要成為財富的創造者，我們需要學的是社會大學，實務派的智慧。財富的創造者必須先做了，才會知道。採取行動之後，再從中學習。這樣一來，**這本書就不再只是一本書，而是一個入口，帶領你進入一整套的練習本，讓你不管在哪個層級，都可以在線上使用、完成，以確保你用對的方式，打完對的比賽。**

❷ **學習是一場遊戲**：也就是說，學習一定要有趣，而且你得瞭解遊戲規則。選擇對的遊戲來玩、並挑選對的位置來學習，是這個階段最重要的：一定要挑適合自己天才的遊戲，這樣你才能樂在其中、並持續地玩，因為你越玩，就會變得越厲害。

❸ **成功來自於有效地付出**：你不是因為拿到球而得分；把傳球出去才會得分。太多人擔心，分享想法或機會的話，這些東西會一去不復返。試想一場棒球比賽，球被打到觀眾席裡：球當然永遠不會回來。但只要我們專注於付出，球賽就可以持續進行。無效的付出，就是把球傳給觀眾；有效的付出，就是把球傳給場上的球員。即使有時候球會被競爭對手搶走，但球還是留在場上，也就是說你傳出去的球，總有一天會被傳回到自己手上。

　　現在你要進階到「黃色」層級，這就是關鍵了：有效的付出——也就是，為別人站在對的位置，讓別人「把球傳給你」，再順勢「把球傳出去」。這樣一來，當我們把機會、資源、財富，都傳出去時，球場上的每個人都能踢

到很多次球。最後我們就能合力致勝。

　　這就是我們在企業稜鏡所能夠體驗到的，「流」的本質就是成就他人。要體驗到這層本質，不能像在橙色層級緊抓著不放，而學會放手，才能達到黃色層級。

- **「橙色」層級是「基礎稜鏡」的最頂層。** 處在「橙色」層級時，你的現金流已經轉正，但你還是需要仰賴他人。要進階到「黃色」層級，就是要脫離依賴、開始獨立。

- **所有的「流」都是由專案和流程所組成的。** 專案能讓「流」成長、強大。流程則能維持「流」的運作。在企業稜鏡裡面所有的成功財富創造者，都已經掌握訣竅，將自己的工作流程自動化或外包，好讓他們能將自己的時間投注在可以獲利的專案上──也就是促銷活動。

- **萬丈高樓平地起，財富燈塔也是要從透過零的力量向上爬升。** 在財富燈塔上一階一階向上爬時，感覺似乎只有一點點不同，但是金錢卻會有很大的改變──通常都是以十進位為主。如果你還沒掌握好一千美元等級的促銷活動，就不要貿然躁進到一萬美元等級的促銷活動。

- **財富方程式如下：財富＝價值 × 槓桿。** 價值的交換，會創造金錢流動的速度。對價值進行槓桿借力，則能增加金錢流動的量。財富之流，就是透過價值跟槓桿創造出來的。

- **要到達「黃色」層級，有三個步驟：**
    1. **確認你的市場定位**
    2. **徹底了解你選定的市場**
    3. **把機會轉換成金錢收入**

- **「橙色」層級的「勞動者」，就像足球賽的觀眾。**有三個重要的練習，可以讓他們不再只是旁觀，而能進階到「黃色」層級：

  1. 學習來自行動。

  2. 學習是一場遊戲：也就是說，學習一定要有趣，而且你得瞭解遊戲規則。

  3. 成功來自於有效地付出：球要傳出去，不要緊抓著不放。

MILLIONAIRE MASTER PLAN

在你於 www.gcniusu.com 網站上的個人專屬頁面裡，有更多以這份檢查表中各個項目的補充說明以及影片，還有進度評量以及練習本等資源。我在這一章的結尾，就納入了練習本當中的一個練習：促銷活動的骨幹。

釐清自己的位置以及與你所屬市場之間的關係，就能讓你出現在地圖上讓人們看得見。以下這些步驟能把你的時間轉換為金錢，並且接上市場的財富流。請完成下面的檢查清單：勾選「是」或「否」。你能得幾分呢？當你這九個項目都勾選「是」的時候，表示你已經把自己的熱情與人生目的，與你的「飛行路徑」緊緊相連。

確認你的市場定位

1. 我已經清楚知道要透過怎樣的路徑，才能達到自己理想的市場定位，當中包含我可以仿效的典範以及能清楚表達的定位描述。	☐ 是	☐ 否
2. 我在選定的利基市場中被視為是該領域的領導者，我的聲譽讓我的事業具有吸引力且能引來各種機會。	☐ 是	☐ 否
3. 我有確保對市場與整個世界採取的任何行動、發佈的一切訊息以及進行的各種行銷活動，都與我設定的市場定位方向一致。	☐ 是	☐ 否

徹底了解你選定的市場

1. 我分析過我選擇的市場，我了解我的競爭對手、我在市場上的獨特點是什麼、以及我目前及未來能獲得的市佔率有多少。	☐ 是	☐ 否
2. 我有將選定的市場進一步分隔，並且依據客戶的不同需求來規劃我的事業以及我時間的分配方式。	☐ 是	☐ 否
3. 我有設置好能讓我更貼近客戶、競爭對手、以及造市者的系統與例行性事務。	☐ 是	☐ 否

把機會轉換成金錢收入

1. 我已將事業中的各種流程類工作都自動化或者外包出去，讓自己專注在能產生獲利的促銷活動上。	□是	□否
2. 我有依據預估的每月損益與現金流數字，以年為單位擬定出各項促銷活動計畫與時程表。	□是	□否
3. 我有讓我的團隊與合作夥伴們建立起每週檢視各項促銷活動的成效、測試結果與各項度量標準的固定頻率。	□是	□否

★ 行動時刻 ★
ACTION POINT

高成效促銷活動的 DNA

所有的促銷活動都有著相同的架構，也都是依據相同的原理來設計。從新創立的零售或服務公司進行的小型促銷活動、到線上的促銷活動、到新產品的上市促銷、乃至於募集資金的促銷活動與數百萬美金規模的不動產促銷，全都依循著同樣的原理：「黃金螺紋（The golden thread）」。

以下的步驟是摘錄自「把機會轉換成金錢收入」練習本（你可以在網站上下載）。請透過這些步驟來訂定促銷活動計畫與你的黃金螺紋。

不過在開始之前，請記得以下四件事：

1. 這是「財富燈塔」中「黃色」層級的第三個步驟，所以其中的內容都會假定每個促銷活動，都與你的個人定位和你所在的市場方向一致。

2. 不管你做了什麼假設，**你都一定會犯錯**。真實的狀況**永遠**會比你想的更好或者更糟。你每個星期都會持續偏離方向，而需要重新調整航道；假使你有跟你的團隊一起，定期檢視計畫的進行狀況，那麼只要透過一些小調整就能讓你重新回到軌道上。

3. 每個促銷活動都會有個計畫、有獲利目標，以及一個時間範圍，且是你與你的市場之間的一場雙人舞。你採取的每個行動，都會導致市場的某種反應，所以，你會需要追蹤度量每一個步驟，並且視需要進行調整。偉大的領導者們都會學著以一次增加一個零的方式（由 $1,000 到 $10,000，再由 $10,000 到 $100,000），來提升他們透過一次促銷活動能創造的金錢，就像轉開水龍頭一樣。他們都知道自己會需要學習市場定的價值是什麼，並且確保提供的價值永遠超過價格，才能讓金錢流動起來。

4. 在爬上「財富燈塔」時，你吸引合作夥伴與投資者的能力，會取決於你過去在進行促銷活動時，設定里程碑與達成里程碑的記錄的優劣。這也正是你在市場中建立信任的方式。而這一切，都得要從你的第一個促銷活動開始。

你的促銷計畫

名稱：你這個促銷活動的名稱是什麼？

領導者：這個促銷活動是由誰來領導與負責？

為什麼（Why）：促銷活動的目的

為什麼此刻這個促銷活動非常重要？是因為要開發出新產品？要為事業體增加新的系統？還是在市場中建立起你的品牌？

什麼（What）：促銷活動目標

把你的關鍵目標限縮在以下三個領域：

‧**財務目標**：營收與獲利上的明確目標是多少？

‧**發展目標**：藉由此次促銷活動，要產生的持續營收流、新產品、新系統、新市場或者新團隊是哪些？

‧**學習目標**：你將會獲得哪些新的學習與專業？

誰（Who）：團隊成員

列出團隊中的所有成員，以及他／她要負責的領域。

何時（When）：時間範圍與里程碑

建立一個從開始到結束的簡單日程表：開始日期、完成日期、以及團隊進行每週回顧檢討的日期與時間。

日期	里程碑	營收
第一週		
第二週		
第三週		

如何（How）：促銷策略

- 你的「無法抗拒的提案」是什麼？
- 你的目標市場是誰？
- 你要把他們的哪一筆預算導引過來？
- 你要解決的問題是什麼？
- 你的解決方案有什麼優越之處？
- 現在就購買的急迫感來源何在？
- 錯過的痛點是什麼？
- 你的定價與促銷方案是什麼？

促銷：你的黃金螺紋

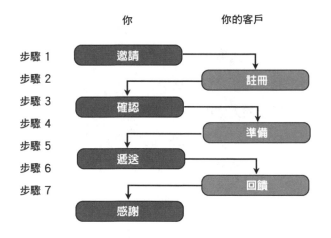

所有的成功促銷活動都依循著同樣的 7 個步驟，這每一個步驟都是可以掌控且能追蹤度量的：

1. 有吸引力的邀請：這是什麼？要接觸哪些人？什麼時候與如何做到？
2. 簡單的註冊程序：自動化、可度量、可追蹤。
3. 堅定的確認：建立承諾、當下得到好處。
4. 考慮周到的預備：建立期待、設定期望值。
5. 印象深刻的交件：超乎預期、進行另一次的邀請。
6. 簡易的回饋機制：誠實檢討、可量化的改善。
7. 誠摯的感謝：促銷活動的完成、令人著迷的收尾。

在進行促銷活動時，把每一個步驟的所有行銷素材、電子郵件、簡報材料、以及所有的文件都收集起來，讓你未來可以參考。把你以及你的團隊進行每個步驟的做法，跟業界的最佳做法和衡量指標做個比較。你可以藉由追蹤度量黃金螺紋中，每個步驟的影響力的方式，來提升每個層級的互動品質和流程。追蹤度量的指標有：

- 註冊率（在邀請的人當中，有註冊的比例）
- 轉換率（在有註冊的人當中，有購買的比例）
- 參與率（有確認或做好準備的比例）
- 遞送率（在有購買的人當中，有收到完整產品／服務的比例）
- 滿意率（客戶當中有給予正面回饋的比例）
- 回購率（有再下單購買的客戶比例）

Part 3

企業稜鏡和以上

第四層——黃色層級：參與者
第五層——綠色層級：表演者
第六層——藍色層級：指揮家

精通這些層級，能讓你連結到正在市場上流動的既有財富；其核心要點，在於我們是否有能力透過各種事業與資產來加添價值、或以他人創造的價值來做槓桿借力。

錢沒辦法賺錢，人才能賺錢；而且，只有透過他人的協助，你才能賺得到錢。

Millionaire
Master Plan

黃色到綠色：
由「參與者」到「表演者」

衡量標準：	透過了解與掌握市場脈動的方式獲得正向的現金流
情緒狀態：	獨立自主、有吸引力量、有所受限
停留在此層級的代價：	成長受限、影響力有限、單打獨鬥
需要專注於：	固定的韻律節奏以及專精
到達此層級的原因：	善於運用既有資源、彈性很高、頑固倔強
往上移動的途徑：	建構你的企業、調整企業的韻律節奏、讓步調與「流」同步

歡迎來到「企業稜鏡」，所有的金錢都是在這裡創造出來的。現在你已經精通了「基礎稜鏡」，不管你現在是擁有自己的事業、是屬於自雇者、還是屬於上班族，都會發現自己很被需要，金錢不斷流進來，而且到處都是機會。你現在已經是「參與者」了。你熱愛自己做的事情，並且能創造自己的財富流；也因此，你可以快快樂樂地繼續停留在這個層級，不過，現在你也為自己掙得了讓你的天才主動出擊、更進一步閃耀光芒的權利。

不過，有些事情你得小心謹慎：「黃色」層級也可以是充滿挫折的漩渦，一不小心就可能卡住，而只能發揮你真實潛力當中的一丁點。對很多人而言，他們到達這個層級的成功方程式是「油門踩到底」，他們認為自己做得越多，就能達成越多成就；但是，結果往往是有好幾個專案、好幾個事業都同步在進行，但卻沒有一個是如理想般運作順暢的。**背後的原因，就是因為所有這些事情都需要仰賴同一個東西才能完成：你。而如果你停下來了，錢也跟著停下來。**

這種狀況叫做「章魚效應（Octopus Effect）」：表面看來，你或你的事業都很成功，因為有金錢流進來，而且有好多事情都在發生；但實際的狀況是你有好幾隻觸手，卻都得靠一顆小小的腦袋來控制，一切都感覺糟透了。

如何克服章魚效應

要由這種章魚一般的「黃色：參與者」層級（一個人做所有的事情）提升到「綠色：表演者」層級（所有的人一起做一件事情），重點不是繼續把腳放在油門上，而是要把腳從油門挪到離合器上，然後換檔。

這代表著你要做的事情跟讓你達到「黃色」層級的成功方程式相反。這也正是為什麼對很多「黃色」層級的人而言，「綠色」層級很違反他們的直覺，因為看起來好像需要放棄掉他們的自由一樣；然而，此時的重點已經不太是自不自由了，而是在於對某一件比你自己更重要的事情負起責任。也因此，認為要創造財富就必須要離職並創立自己的事業，或者必須用每晚或每個週末的時間去投資房地產或股票，其實都是錯誤迷思。（讀一讀後面關於范恩‧克萊爾的「鋼鐵」天才故事，你就知道了。）

如果你目前是上班族，而你又想要走上自己的創富之路，可別把你的工作看成是一種讓你無法成長財富的限制；你應該把它看成是一邊學習還有錢可以拿。所有的大型組織或企業都已經在「綠色」層級，他們不需依賴任何一個人。你透過在團隊中工作學習到的技能，在你後續建立自己的組織時，

會產生非常大的價值。所以，你是可以在為他人工作的狀況下，由「橙色」提升到「黃色」再到「綠色」層級，而且避開「章魚效應」的。

事實上，我一直都致力於確保我的團隊做到這件事，那些知道讓團隊成員都往「財富燈塔」更高層級提升，能帶來的好處的人們也都是這麼做。舉例來說，像蘇拉傑・耐克在大學畢業之後就開始為我工作，然後逐步由「橙色」提升到「黃色」再提升到「綠色」層級，他現在正在負責領導我的「創業家研究所」線上平台「GeniusU」的開發工作。

他現在有個管理那個事業體各個面向的團隊，而他則用自己的「火焰」天才來領導這個團隊；不過，對他而言的關鍵時刻是發生在他學習到，自己應該慢下「黃色」層級的步調，少點注意力在想如何透過自己來運作事業，多投注些心力在各個思考與行動項目的分配上，創造出一個模式與節奏，來讓團隊中的每一個人都被充分授權，並且會負起責任完成他們的工作。這也正是「綠色：表演者」的關鍵一步。

結果是，即便在 2013 年我們在佈建所有的新系統的最忙碌時刻，蘇拉傑還是能跟他們朋友們一起去歐洲度長假，從飛機上跳出來，然後帶著他的夢想之一回來：特技跳傘的證書。如果他仍然像隻章魚一樣，試圖要靠自己管理所有的事情，那麼他就會有很多的擔心、很少的時間，而那感覺會糟透了。

不過事實上，蘇拉傑這個在為他人工作的同時達到「綠色」層級的實際案例，只證實了五個會讓人無法提升到「黃色」層級以上、關於財富的錯誤迷思中的其中之一而已。

關於創造財富的五個現代迷思

為什麼有這麼多想要創造財富的人搞錯了方法，急匆匆地在找各種「神奇解方」，卻沒有先精通所需的技能？這是因為在過去幾十年間，我們接收到許多根本不正確或者已經不再正確、關於財富的教導。在我指導來自全世界許多國家的數千位財富創造者的過程中，發現他們最常見的挑戰，就在於

MILLIONAIRE MASTER PLAN

捨棄以下這五個最大的財富迷思，來讓自己提升到「財富燈塔」的更高層級：

1. 財富來自於被動收入

- **迷思：**你可以用負債去購買那些能使你有被動收入的資產，從此你再也不用為了工作謀生。

- **真相：**你其實是挖了一個坑洞，而不是一條財富之流！所有的收入都需要管理，這意味著你需要知道如何管理一個可以打理你的資產組合的團隊和專家。

沒錯，建構能創造現金流的資產是打造你的財富重要的一部分，但很多人過度使用自己的資源去購買房地產或其他資產，希望能產生持續的被動收入時，卻發現他們的資產貶值、現金流變成是負的，信貸評級也毀了。為什麼不是所有的有錢人都會遇到這種事？因為有錢人都知道他們所有的資產——無論房地產還是事業——都需要妥善地管理好。沒有什麼是「被動」的。

種蘋果的農民看似有「被動收入」，因為蘋果樹不斷給他蘋果，但滋養這些樹木仍需要時間和專業知識。這與你的資產相同：謹慎地選擇資產，並考慮真實的成本——例如選擇、管理還有為了得到報酬而銷售資產等。

用投資組合的收入來取代被動收入的迷思，其中你的每一項資產是團隊所管理投資組合的一部分。監控和維持你的投資組合，還有其帶給你的回報。

2. 財富來自於多重收入來源

- **迷思：**當你開始啟動更多的收入來源，你將變得更富裕。

- **真相：**同時啟動許多條收入來源就像是試圖在同一時間把很多球推上山丘：也許一開始還可以，但是你最終會失焦和浪費時間。成功來自於擁有不斷成長的團隊，而不是單靠收入來源，所以要擁有的是多種「團隊」的收入。

這個也許是在「基礎稜鏡」中最具破壞性的迷思 —— 其實在各個層面或

財富層級都很危險。

如果你周圍的人目前還不清楚你主要的重心是什麼——你的定位是什麼，以及你在這個領域中的位置——你將會需要不斷地追著球跑，而不是別人自動踢球給你。

當人們從「黃色」通往「綠色」層級時一定得學會的一件事就是——錢不會賺錢，而是「人」在賺錢。先投資在對的人身上，再投資他們將負責管理的資產，不然你會成為一個要做所有事的人，這樣的話掉球只是時間早晚的問題。

3. 財富來自你的退出投資策略（exit strategy）

- **迷思：**當你賣掉投資的公司後，財富才會來到：計畫一個讓你可以現在努力工作，之後賺錢的退場策略。

- **真相：**要因為愛你所做的事所以繼續工作。不要因為可以把派賣掉所以才去烘焙；要擁有自己的麵包店，讓自己愛烤多少派就能烤多少，然後賣掉一部分，剩下的就留給自己。

我看過太多人保留有一條能讓所做的這一切成為值得的退路。他們並不享受他們所做的事。他們說服自己「等我賺了 × 美元、或直到我以 × 元把公司賣掉」前要佯裝笑容和忍耐。 當然，我們也聽過那些從他們的事業或資產大幅獲利了結的故事，但這些故事的主角很少是不熱衷於他們所做的事。

用「成功」的策略（留在遊戲中）來取代「退出」的策略（離開遊戲）。世界上最富有的人都仍然在做他們一直以來所做的事，因為當遵循你的天賦，以及做你所愛的事時，感覺不會像是費力工作。當你在財富的階梯向上移動時，任何退出的策略都不會適合你，只適合你的專案夥伴和投資者。

4. 財富來自當你自己的老闆

- **迷思：**通往財富的路徑始於當你自己的老闆，選擇自己要做什麼以及

在什麼時候去做。

- **真相：**財富不是來自當自己的老闆，而是來自正確選擇要讓誰當你的
老闆。

事實是，我們總是要對某個人負責的，對象可能是我們的客戶、股東或
者團隊。當自己的老闆，意思是你只對一個人負責，而這個人又是最難確保
你會當責的人：也就是**你自己**。這會是一條孤寂的道路。

我總是會選擇正確的人來領導我啟動的每個計畫、專案以及事業體**以及**
我在當中該扮演的角色。這表示我會需要向某個人負責。對於我想要參與的
任何事情，我都有選擇要讓誰當我的老闆的自由。我會確保自己有建立起一
個固定節奏，來確認他們的進展狀況，了解一下我需要做哪些事情來協助他
們，我會透過這樣的方式來確保自己有幫上忙、有當責、且跟他們保持連結。

5. 財富來自於賭上一切

- **迷思：**「英雄旅程」是創業者們必經的過程，起點在於把所有一切都
賭在自己的好點子上。敢冒大風險才能得到豐厚的報酬。
- **真相：**從爬上聖母峰到登上月球，這些最英勇的歷險旅程，都會把風
險降到最低，都步步為營地往前進、並在行動之前測試與追蹤度量每
一個步驟，來確保自己能維持在成功的路徑上。

失敗有兩種：提醒你要轉向的失敗及會讓你沉沒的失敗。要爬上「財富
燈塔」有它的風險在：你爬得越高，就會摔得越深。也因此，你要爬得越高，
就得要作更多的準備。把「賭上一切」的迷思改換成「把風險降到最低，來
讓自己能體驗到全部」。

把這五個迷思放在一起看的時候，會發現它們都是很機械化的思考，讓
我們彼此分離，試圖靠自己的力量走上不同的道路；而五個真相則是比較自
然的方式，是用成長財富流來取代建立資產，而在這條流當中我們彼此以及
整個市場都相連在一起。在「流」裡面，萬事萬物都彼此連結，而你是以何

種角色來滋養、強化，以及擴展圍繞著你的流，其重要性遠高於想辦法賺到錢然後退出遊戲。

對於這五個迷思還有點質疑嗎？隨便列一份「最有錢的人」清單，然後就每個成功創富者問你自己這些問題：

- 他們對於自己的收入是很被動還是很主動？
- 他們是試圖創造多重收入來源，還是有多個團隊在幫他們創造收入來源？
- 他們依循的是退場策略還是成功策略？
- 他們是只對自己，還是對周遭的人當責？
- 他們是賭上一切，還是只冒可控制範圍內的風險，來進行測試與追蹤度量？

在你釐清這些迷思之後，就做好了爬上與通過「企業稜鏡」的準備，而其起點在於由「黃色」層級往上提升的 3 個步驟。

由「黃色」往「綠色」的三個步驟

在我們討論這三個步驟的過程中，請記得兩個真相：首先，要創造出往上提升層級所需的吸引力、收入、以及安全措施，其實並不一定要有自己的事業；你可以透過讓工作升級的方式來做到。其次是，如果你屬於自雇者，那麼你可以藉由在你現有的事業中採行這三個步驟的方式，來提升到「綠色」層級。雖然確實對某些人而言，在他們既有的「黃色」層級事業之外，另外建立一個「綠色」層級的新事業會比較容易；不過，你可以用你的「超人時間」來在你自己的事業中建立「綠色」層級的團隊，然後在「黃色」層級用你的「克拉克・肯特時間」來確保現金流動！

Millionaire Master Plan

以下的故事中有這些不同選項的範例。不過要記得，在此時你有選擇權了。也許在「黃色」層級那種能在想要的時候作自己想做的事情那種自由度，讓你覺得如魚得水，這也是沒問題的！但如果你覺得有個就算你不在，也能正常運作的公司，以及有朝一日會有多個團隊在管理你的多重收入來源，對你來說更有吸引力的話，那麼你就會需要依循通往「綠色」層級的這三個步驟。

❶ **建構你的企業**：「黃色參與者」是藉由創造圍繞著自己天才的生意，來做到自我定位；「綠色表演者」則是透過建構就算自己不在，也能繼續運作的生意，來建構他們的企業。你的事業必須擁有能請得起強大領導團隊的財務模式，而每個財務模式都各自要有其使命與商業模式（要是不需要你參與也能進行的），其中要包含團隊有辦法管理的多個促銷活動排程。

❷ **調整企業的韻律節奏**：你在「黃色」層級中的那種可以在你想要的時間做你想做的事的自由，在「綠色」層級變成一種每個人都能依循的、預先排定的節奏。換句話說，你從吉他手變成鼓手，減少即興發揮的機會，轉而為團隊訂定節奏，並且創造所有高效能團隊都需要的信任和溝通層次。這代表著要預先排定一年的行程：定下所有的里程碑、衡量指標，以及會議時間，來進行回顧審查與計畫更新。（關於如何進行包括各種促銷活動的整體策略、各項政策、營運細節等所有項目進行回顧審查與計畫更新，是有一個特定節奏的；這個節奏摘錄在本章的最後面，除此之外你也可以在 www.geniusu.com 下載「調整企業的韻律節奏」練習本，裡面有詳細說明。）

❸ **讓步調與「流」同步**：「黃色參與者」可以邊想邊做；「綠色表演者」則會需要事前規劃好：讓所有的人合作完成一件事，而不再是一個人完成所有的事。你依據「季節」來協調團隊的各個步驟，由春天聚焦於成長，到冬天一切事物都有所改變，並放緩步調準備進入更新再生期。

不同天才在採取這些步驟的過程中，他們創造價值、對他人的價值進行槓桿借力的方式皆不相同。請先閱讀史考特・皮肯的「火焰」天才路徑。在史考特的案例裡面，我提到阻礙每個天才進入「綠色」層級的三大藉口，並進一步詳述要怎麼運用三個步驟來有效打敗這些藉口。讀完「火焰」案例後，請逐行研讀你個人所屬的路徑，同時也務必閱讀其它天才路徑的類型，藉此了解你團隊中其它天才的思維模式。

火焰天才從「黃色」躍升「綠色」層級的路徑

南非企業家，史考特・皮肯的事業總部位於開普頓。他一直是安東尼・羅賓（Tony Robbins）與查特・賀姆斯（Chet Holmes）的「商業突破」（Business Breakthroughs）發展機構的南非代表。史考特同時也從事國際房地產生意，投資澳洲房地產市場。幾年前，我與史考特初次見面，他做了財富光譜測驗，結果是「黃色」層級。

史考特抱怨說：「我已經受不了什麼都要自己做，快跟我說如何往上到綠色層級吧！」因此我成為史考特的導師，但是在輔導他走這三步驟之前，我必須正面迎擊包括史考特在內的**每一個「黃色」層級的「參與者」**，都擅長編織的理由；正是因為這些理由，導致他們無法在財富燈塔爬得更高。

❶ **我找不到像我一樣有能力的人。**使用這個藉口的黃色層級領導人都說服自己，只有他們才能把工作做好，但其實原因在於他們並沒有投資時間，培養、確保新的接班人能夠成功。

❷ **我請不起人才。**當「黃色」層級創業家沒有投資時間去打造能請得起優質領導人才的財務模式時，就會使用這個藉口。即便他們發掘了人才，還是請不起這些人才的。

❸ **我太忙了，以至於沒時間發掘、訓練人才。**沒有時間的「黃色」層級參與者很習慣搬出這個藉口。沒有時間的原因是，他們把自己想得很

MILLIONAIRE MASTER PLAN

重要，認為世界是繞著他們運轉的；所以自己得一直忙呀忙個不停。

我替史考特列出這三個藉口，並問他有屬於哪一種症狀？他笑著回答：「三個全中！」

如同我先前說過的，我們之所以在某一層級停滯不前，就是因為沒有準備好要放開某些事情，執念讓我們無法往上提升。我問史考特，是不是已經準備好要放棄當初幫助他來到「黃色」層級，而且是他最重視的一個東西了？史考特問說那是什麼？我回答：「**自由。**」

在「黃色」層級，我們隨心所欲，可以隨時改變心意，要做什麼都可以，要什麼時候做都可以。「黃色」層級就是你可以享受成為聚光燈下的焦點，讓自己變得很棒很重要。或許，在事業上必須遵守更嚴格的紀律、按照行程計畫行事，感覺似乎是倒退的樣子；但是如果團隊缺少固定的節奏，就無法採取一致的步伐，也無法獲得高效能，如此一來，你永遠都無法讓團隊迎向成功。

在「綠色」層級，你的重心要放在支持你的團隊，讓團隊變得很棒很重要。重點在於讓你的團隊成員甚至比你自己更擔心在意你的事業。一旦你在企業稜鏡獲得更高程度的自由，也就是到達「藍色」層級，擁有許多團隊與多重的收入來源，這時你不但可以贏回自由，並且伴隨這份自由而來的，是規模更大的財富之「流」。

史考特聽取我的建議，下定決心，迎頭痛擊自己的三大藉口。

他的第一個藉口是因為，史考特的事業完全以自己為中心去運作，缺少明確的角色定位與職責權限，也沒有其他人能夠承擔的預期目標或是標準，使得旁人不可能替史考特分憂解勞。為了解決這個問題，我們把他在公司的角色跟責任拆解細分為幾個職位，再請史考特雇用比他更勝任那些工作的人才來接手。我們以此創造出新的利基點，讓人才是受到事業的吸引而來，而不是因為史考特的個人魅力而來，容我稍後解釋。

第二個藉口是因為，史考特的成本模式雖然讓他得以維生，但是卻沒有

多餘的利潤或預算可以招攬領導人才。所以我們重新規劃他的商業模式，騰出足夠的金額來支付優質人才的薪水。

第三個藉口是因為，史考特的時間完全透支，就算他很想，他還是無暇訓練其他工作夥伴。因此，我們重新規劃他的行程，讓他在發展事業之餘，仍有多餘時間陪伴家人及旅遊。

不到一年，史考特三個原本經營不善的事業，蛻變成為一個營收數百萬，運作良好的事業體系。能夠成功，是因為史考特知道他必須改變，而他也真的辦到了，踏上「火焰」天才的路徑，成功地從「黃色」躍升到「綠色」層級。

建構你的企業

- 不要拿只有自己才能領導事業當藉口、老是採用只有自己才能執行的策略。
- 建構企業時，務必讓以你為首，另外三種天才為佐的團隊成為你的企業的領導核心，善用你的火焰天賦替團隊的成功注入能量，一起合作制訂整體策略、標準、政策、程序，以及財務管理辦法。

對於要前往綠色層級的火焰天才，第一步就是賦予企業比自己身份更明確的定位，清楚訂出三年內預期的財富「流」量：

- ・市場定位為何？
- ・有多少顧客？
- ・總營收和利潤有多少？
- ・傳遞給顧客的價值為何？
- ・公司的市場價值為何？
- ・團隊的規模與特質為何？
- ・需要的財務系統為何？

MILLIONAIRE MASTER PLAN

‧文化、服務、訓練、夥伴關係，以及訊息交流為何？

　　下一步，就是要建立好足以支持財富之「流」的專案。對於習慣在「黃色」層級孤軍奮戰的你，也許光聽到這些字眼就嚇死了，但是在「綠色」層級，你有一整個團隊分工合作，跟你一起找出上述問題的答案。

　　就史考特而言，我們從重新評估他的整個市場開始。「火焰」天才很容易因為看到新的機會、認識新的人而分心。為了提升到「綠色」層級，史考特決定把他的「火焰」能量向內傳遞，優先聚焦在自己最佳的客戶、團隊、與計畫上面。

　　史考特首先評估最值得投資的國家。先前，在澳洲的房地產市場不景氣時，他的許多客戶已經抽資。史考特詢問投資金額前百分之五的大客戶，需要達到什麼標準他們才願意重新投資。經過多方評估世界各地的房地產市場，史考特決定把重心放在美國市場。

　　接著，史考特設計好新的商業模式，讓他可以聘請美國當地的管理團隊與房地產合夥人，以及在南非雇用銷售團隊。**如此安排，史考特一開始就建立了一個沒有他也能夠獨立運作的工作模式了。**

步驟二
調整企業的韻律節奏
- 不要只侷限在你自己的時間框架中，不管是生活還是事業，都要有明確又密集的促銷活動時間表。
- 務必設定好固定的節奏，授權團隊放手去做，固定的節奏不但能讓你管好自己，也能監督管理好你的事業。

　　史考特替公司制定新方向之後，他開始分配自己應該待在南非與美國的時間，思考他的團隊需要什麼人才，以及決定公司應該要如何衡量成功。

　　在史考特初次赴美考察之前，便得知某些客戶已經有投資意願，也清楚

他們中意的投資標的物。這有助於他在美國找到能替他尋找房產投資標的物的合適夥伴。在採取這些步驟流程六個月之後，史考特發揮「火焰」能量的社交連結長才，同時將其他工作分配給團隊，因此順利地完成了第一筆交易。

接下來，團隊運用促銷活動的方式來達成公司的年度營業目標，在南非舉辦了多場投資人會議，以及安排多次投資人赴美的市場考察之旅。不是史考特自己做，而是**整個團隊**操刀。史考特就跟多數的「火焰」天才一樣，總是對其他人能做到的部分過度樂觀，這樣可以在短時間內幫團隊打一劑強心針，但要是目標不切實際，時間一拉長，就無法提振團隊士氣。所以史考特把「火焰」能量收起來，讓團隊重新設定目標，依據的是團隊成員自己有信心可以盡力拚到的程度，而不是依據史考特希望他們能做到的程度。

結果如何？團隊找到了新的、更具創意的方法，利用他們自身的本質天才來達成業績目標，而且團隊成員主動著手處理史考特自己做的很差的系統發展和財務管理。團隊成員有了更大的權限，能夠按照自己步調前進，史考特因而有了更多時間，能夠好好跟公司的前幾大客戶建立好關係，讓他維持在順流狀態之中。

整個團隊現在有了穩定的節奏，新的步調、更清晰的視野，史考特因而邁入步驟三。

步驟三 **讓步調與「流」同步**

- 不要只照著你的節奏催促事業運作，毫不考慮市場或團隊的情況（因此把人逼到崩潰）。
- 務必配合市場和產業的節奏，去調整你的團隊及計畫，讓事業成長的步調，跟市場、產業、和夥伴事業活動的「流」同步。

史考特找到新的事業重心，嶄新的商業模式，以及一支積極的團隊，所以他開始著手建立團隊核心主管跟業務團隊，管理方興未艾的流。他以一年

MILLIONAIRE MASTER PLAN

作為週期來進行事業規劃，藉此呼應市場的季節性變動。他也依據個人強項安排公司人員擔任適合發揮的職位。他並重新規劃時間，讓公司在最需要他的關鍵時刻來臨時，能夠親臨現場調度指揮。

史考特的團隊特別把美國的市場考察之旅，安排在多數投資人可以前往的空檔，並謹慎調整投資會議的時段，以吸引到最多人出席。他們在南非跟美國都有工作夥伴，支援團隊的行銷策略，與確保提供給客戶的房地產標的物品質。這些做法讓團隊能夠專注在測試跟衡量最有效的做法，讓客戶與適合的投資標的物迅速配對。

將公司營運託付給團隊的同時，史考特可以無拘無束，維持在順流狀態之中，將時間投資在前幾大的客戶身上，不但替公司帶來更多收入，也替自己的荷包賺進更多更多現金流。

過沒多久，史考特財富之流的成長就遠遠超越他過去在澳洲市場累積的成果。在面對自己的三大藉口一年之後，史考特在美國這個新的國度開創了新事業，突破自己的業績目標；是光靠口碑，就在南非吸引到一批新的投資人，讓公司業績蒸蒸日上。最重要的是，史考特感覺大局在握，再也不需要為了發展事業而成天找客戶追業績了。

節奏天才從「黃色」躍升「綠色」層級的路徑

「火焰」天才應該在自己的事業體系內發揮的強項是溝通與行銷；而「節奏」天才在扮演服務跟交易的角色時，能最快進入順流狀態。也就是說，他們往往放手讓事業由他人主導，而自己則專心注意業界動向。我的妻子蕾娜特，在我們現金流增加，開始進行「黃色」層級的促銷活動時，就是用上述的方式經營她的事業。

我們設立一家控股公司，向接受我們服務的事業體系收費，因此正現金流從 6,400 增加 12,800 美金。這個改變對蕾娜特這位個體經營的不動產經理人很有幫助，因為她的佣金收入還不穩定。藉由每個月固定從外派租屋（Expat

Rentals）獲得收入，她得以把現金流從這個個人層級的問題，變成是公司要處理的問題，透過專心增加銷售業績，來支付公司開銷。

為了讓我們夫妻倆躍升到「綠色」層級，我做了一些變動。首先，我重新規劃出版社跟培訓活動的事業，讓這兩個事業體在沒有我的狀況之下，都能獨立運作；接下來則是調整蕾娜特的事業，先是新加坡的外派租屋，再來是峇里島的願景度假村（Vision Villas）。以下是蕾娜特為了將事業提升到「綠色」層級，所作的調整跟取捨。

建構你的企業

- 不要一直忙著處理每日行程，導致分身乏術，無法抽空和團隊成員集會，為你的事業設立更遠大的目標與更有力的典範。

- 務必善用你的感官觀察力，發掘對的火焰天才負責溝通與行銷、發電機天才擬訂策略、以及對的鋼鐵天才負責管理公司財務，而你負責維持事務平衡。

從「黃色」躍升到「綠色」層級還有一個重點：你的事業要比你個人更有吸引力。你的公司必須在某個面向獨佔鰲頭；倘若在規模上不足以領先群雄，則必須縮小公司的利基範圍，直到可以稱霸市場為止。因此，蕾娜特讓外派租屋聚焦在租金三千元以上的利基點，這個價位在新加坡屬於頂級市場。

蕾娜特定位的市場，在和她一起工作的兩位房仲的介紹，加上我的出版社發行的姊妹出版品──**外派生活誌**的宣傳之下，成長非常迅速。因為公司吸引力大增，她因此吸引到從母親人脈圈裡認識的兩位非常能幹的經理人才加入。這就是「節奏」天才的強項：非常善於建立穩固的關係。這兩位經理，黛博拉·洛擔任**外派租屋**的總經理，而蕾貝卡·畢賽特成為**外派生活誌**的編輯與發行人。

我們從新加坡遷往峇里島的時候，蕾貝卡和黛博拉持續帶領公司獲利。

直到現在，這兩家公司仍在新加坡不斷成長。

外派租屋從「黃色」上升到「綠色」層級的同時，蕾娜特有了時間打造另一個適合她天賦強項的事業。我們搬到峇里島，找到屬於我們的夢幻度假勝地之後，蕾娜特開始主導員工的管理。首先，蕾娜特賦予我們的度假村獨特的定位。我們把它命名為「願景度假村」（Vision Villas），這個度假村同時也是支持約翰‧福賽特基金會（John Fawcett Foundation）的社會企業，為峇里島的白內障患者進行手術治療，讓他們重見光明。

願景度假村從舉辦工作坊的休閒聖地，搖身一變成為一個不但讓人得到願景，同時也讓人重見光明的地方（vision 有願景跟視力的雙重意涵）。願景度假村的經營重點放在個人成長與領導力發展，因此在峇里島上所有度假村裡獨樹一幟。蕾娜特現在致力於願景度假村的下一步。

 調整企業的韻律節奏

- 不要被日常瑣事絆住，以至於無法為團隊設定長遠的工作節奏，也無法為團隊擬定事業發展的策略。
- 務必把自己在企業中的職位當成是需要去扮演的角色：對於你不擅長的事務，要毫不留情地拒絕，相同地，對於提供優質的服務、維護公司文化，保持公司平衡穩定發展，也必須強勢執行，堅持作對的事情。

「黃色」層級的參與者往往以他們獨特的能力為中心，發展出複雜的事業體。而躍升到「綠色」層級，就得要簡化商業模式，如此一來，熟悉此模式的領導人才容易上手。

我們的度假村就是很好的例子。我之前提過，蕾娜特運用她在前一份工作累積的經驗——之前我們還在倫敦的時候，她在一家「綠色」層級的醫院服務——促成了她今日的成功。蕾娜特開始全心思考度假村提供服務的方式，我們便推出幾個促銷活動，讓度假村訂房數增加，以確保開幕時能有足夠的

現金流。然後我們聘請比我們更熟悉度假村經營的管理人才,最早聘請到總經理,衛揚‧蘇亞瑪,之後他招募了財務經理、營運經理、大廳服務台經理;而這些經理再找到他們自己旗下的員工。

蕾娜特接著設定了固定的每週行事曆,以檢查度假村的營運細節——節奏天才的強項,同時把度假村的經營與發展交給團隊執行。這讓蕾娜特踏入第三個步驟。

 步驟三

讓步調與「流」同步

- 不要把大部分的時間用在處理身旁的日常瑣事,為這些事情費心勞神,而不停改變計畫。
- 務必把時間花在制訂策略與調整節奏,如此才能永遠領先市場一步,完全掌握市場脈動。

倘若沒有把步調跟市場的流同步,你便無法恣意在市場的波浪中徜徉。然而,「節奏」天才**不應該**領導公司的策略,因為這不是他們的強項。讓別人來擬定策略,之後你再反對、質疑、以及修正策略。這才是你的「節奏」天才跟團隊最有效率的發展方式。這樣的模式可以讓你發揮敏銳的感知力,做出計畫的微調,讓事業得以跟市場連結。

蕾娜特的兩個事業隨著市場一起進化。隨著越來越多的外派員工在新加坡當地購屋,外派租屋升級為外派不動產(Expat Realtor),業務範圍從租屋市場延伸到房地產買賣。隨著創業家的市場蓬勃發展,願景度假村從原本只舉辦小型工作坊的度假地點,搖身一變成為創業家度假村,舉辦為期一個月的創業育成加速器的相關課程。

達到「綠色」層級以上,有一個最重要的原因是:「黃色」層級的企業要賣掉是不容易的,因為「黃色」層級的事業體所依賴的是參與者本人;而「綠色」層級的事業建立的是資本價值,意思就是,必要的時候,你可以賣掉整

Millionaire Master Plan

個或是部分事業體。了解這一點就是了解資產是如何增加（以及如何買賣），一旦了解這些運作方法，你就可以提升到「藍色」層級，甚至更高的層級。

蕾娜特跟我對市場的起起落落很有興趣，加上我們有打造、發展團隊的能力，所以我們在事業中一起學習到，將步調跟「流」同步有多重要。我們經常看到夫妻倆有一位進步了，而另一位就會被拋在後頭。藉由利用我們自身的天才一起成長，我們更加了解彼此的人生旅程，也了解市場的變化，並且可以攜手共同面對挑戰。

如我之前所說，提升自己的財富光譜層級並不會解決所有的問題。蕾娜特和我仍有許多挑戰；史考特也是。然而，一旦你提升到更高的層級，更艱難的挑戰出現的同時，也會出現更充沛的資源，讓你應付挑戰。當你一層一層往上爬，你也會發掘更多的資源，所以你不至於龍困淺灘，苦等遲來未到的資源：你會更加**擅長隨機應變，取得豐富資源**。

鋼鐵天才從「黃色」躍升「綠色」層級的路徑

有時候，安於「黃色」層級當個「參與者」是不夠的，特別是當你身處的產業正在劇烈變化時更是如此。我與范恩·克萊爾首次見面時，他的事業即將走到盡頭。范恩花了一輩子替大公司安裝複雜的銷售時點情報（POS）系統；他一開始是職員，後來自立門戶，承接大公司的案子來作。我在2012年認識他時，他的最後一個工作合約：與澳洲郵政公司的合作關係即將結束，他花大半輩子經營的 POS 系統事業也一樣走到了窮途末路。曾經，范恩是收入豐厚的顧問，但此情此景已是明日黃花。那些公司，不再自行安裝複雜的科技系統，轉而租用雲端服務的科技。

我開始輔導范恩時，他因為事業發展不順，已經從生意會自行找上門來的「黃色」層級，跌落到「橙色」層級。處於「橙色」層級的你就是「勞動者」，跟其他人一樣，追著相同的工作機會跑。你已經失去個人品牌跟定位——顧客就是因為你獨有的東西才來找你的。

范恩了解改變的時機點到了，也需要疑問的解答，但是他天生並沒有創新的生意頭腦，那麼「鋼鐵」天才到底要如何成為「綠色」層級的表演者呢？范恩並沒有嘗試要變成我這樣的「發電機」天才，而是以他最自然的方式，跟隨著這三個步驟去做。

步驟一　建構你的企業

- 在開始著手前，不要執著於事事都得盡善盡美。切勿妄想控制自己事業的所有面向，因循守舊，妨礙發展。
- 務必尋找引起你共鳴的商業模式，讓你得以施展你對細節的觀察力、分析與系統化的能力，進而創造收入與市場流，替自己增加價值。

　　我帶領范恩觀想他的「未來願景」，並且讓他思考未來的自己會是什麼模樣。而最讓范恩感興趣的是新的行動支付潮流。在范恩聚焦思考之前，行動支付這波浪潮在他眼裡，可以說是嚴重威脅了他所累積的專業；這讓他感到恐懼，而不是興奮躍躍欲試。想到自己或許可以領導這股新潮流，范恩開始感覺幹勁十足。

　　范恩在心中勾勒出他想效力的企業模樣：引領嶄新行動支付領域的公司。他必須「建構他的企業」，所以，他並沒有光靠自己開始著手去做，他想的是該如何定位、塑造自己，使自己融入這個產業。他並不想當那個帶領公司的人，他想要的是在公司內擔任科技與操作的專家。

　　范恩把自己塑造成行動支付領域內的「領導型學習者」。在從前，人們總是找尋「指導型導師」──能夠分享某個領域知識的專家權威。而今日，指導型導師已經不夠看了。只依賴過去的知識，會讓人跟時代脫節。因此，現在看重的是領導型學習者，他們在各自的領域內總是盡力追求領先群雄的優勢。

　　范恩申請了社群媒體的帳號，開始經營以行動支付新聞為主題的部落格，

MILLIONAIRE MASTER PLAN

並提供 E-mail 電子報給有興趣的人訂閱。范恩的氣勢看漲，業界人士覺得他的電子報和部落格很有趣，紛紛推薦分享給其他同好。

范恩開始經營這個新的個人定位，分享他所學的新知，不到六個禮拜，在業界深受零售業者信賴的新型行動支付系統的公司，同時也是業界領頭羊的黑標公司（Black Label Solutions）就找上了他。黑標覺得范恩的知識很有意思，並且希望他能為公司的行動支付部門效勞。這家公司完全符合范恩之前勾勒出的理想模樣。他加入黑標公司，擔任團隊的首席技術長（CTO）。藉由這一步，范恩發現自己不需要從頭經歷重重難關，就進入夢想中的企業工作了。

調整企業的韻律節奏

- 不要過度分析，不要在行動之前就想要得到所有答案，要以高效率團隊內的一份子來思考，而不是靠自己做出判斷。

- 務必善用你對細節的觀察力排定行程表，創造一種節奏，讓團隊中的每個人都有足夠權限全力發展事業，而你負責操作與衡量成效。

范恩一開始設定的節奏針對的是他個人的部落格和電子報，但從他擔任首席技術長這個職位之後，他幫身為「發電機」天才的執行長設定了節奏、方法和指標，讓公司成長更有效率。范恩也替不同的業務範圍制訂了方針與流程。

范恩將自己定位成「領導型學習者」，而且當上首席技術長之後也依舊如此定位自己的角色，他持續追蹤歐美行動支付公司所採用的最先進商業模式。這樣一來，他省掉一切從零開始的麻煩，直接沿襲這個新產業已付諸實行的典範實務。之後黑標公司簽了一筆大型合約，為澳洲一家名列前茅的銀行，提供他們零售客戶行動支付的解決方案。這個案子開啟了一條快速成長的康莊大道，要能在此馳騁，關鍵在於可靠的服務，而「鋼鐵」天才則精於

此道。

 步驟三 **讓步調與「流」同步**

• 不要過度重視內部細節，耗費所有時間檢視自己的標準與表現。

• 務必利用你的時間進行槓桿，找尋外在機會，讓你事業的流與市場的流得以匯集。

「鋼鐵」天才最擅長處理融資擔保，因為他們能夠提供金融業者可信度高的數字與細節。這個對「鋼鐵」能量的范恩來說，根本完美：他個人脫離「黃色」層級的最後一步，與黑標公司的下一步，都是替公司的快速發展籌措資金。

范恩主導貸款事宜，然而在澳洲，行動支付和高科技新創公司的集資發展未臻成熟。天使投資和風險投資又遭逢寒冬——不是播種的最佳時機！范恩於是向海外市場尋求資金，他首先接洽已經在歐洲與美國投資行動支付市場的投資人。美國跟歐洲的行動支付產業當時已經春暖花開，一片榮景。因此范恩不僅增加了公司的知名度，同時也站上了行動支付業界的國際舞台。

范恩意識到，今日通訊技術與分工合作的進步，讓建立國際事業比經營在地事業更加容易。你不必被你當地市場的淡季所困。世界上某個地方總有某個人，是你可以學習的；總是可以跟處於旺季裡的某個人，一起運用適合你事業跟天才的方式賺錢。

范恩現在對於成長快速的行動支付產業充滿展望。他不需白手起家就已經成為企業團隊的中堅，方法就是，與其把焦點放在追逐機會，還不如建立好自己有熱情，又夠吸引人的定位。如此一來，機會便會自動找上門。

MILLIONAIRE MASTER PLAN

發電機天才從「黃色」躍升「綠色」層級的路徑

麥特‧雷曼經營一家結合物理治療、按摩跟健身的診所，這間很成功的診所叫做「身體菁英管理中心（Body Elite Management）」。他總是忙於服務顧客，多年來他總是想要改善他的事業，而不是被工作綁死。可是情況並沒有改善。每個到診所的人都指明要麥特服務，但是他卻沒有辦法從每日的工作中騰出「超人時間」。時間只要一挪出來，業績就往下掉。

他要如何從「黃色」提升到「綠色」層級呢？要如何替行駛中的巴士替換輪胎呢？我開始指導麥特，我們一起列出他最大的三個阻礙：

1. 他需要全時段工作來支付診所的營運費用，所以沒時間做策略性思考。

2. 顧客總是指名麥特，所以即使他已經雇用數名物理治療師及按摩師，他依然是最忙的人。

3. 他的團隊缺乏管理經驗，所以他不確定是否該讓他們承擔更多管理責任，也不確定到底要不要聘請一位總經理來管理。

包含從你的顧客到團隊及工作夥伴在內的每一個人，都會照著你替他們預設的習慣與期望來走。麥特遵循脫離「黃色」層級的三個步驟，成功地讓他的公司脫胎換骨。不到一年的時間，麥特可以大部分時間不進診所，但事業卻比以前更加賺錢。

建構你的企業

• 不要把自己困在凡事都仰賴你解決的空間內，在那裡你總是要身先士卒，總是以你的節奏驅使事業運作，而把其他人晾在一旁。

• 務必把焦點從你身上轉移到企業本身。讓你的企業擁有比你更強大的品牌價值與吸引力。給予你的團隊足夠的權限，讓他們在沒有你的狀況之下，也能執行運作事業。

我們從檢視麥特的未來願景與理想的生活開始。他渴望擁有多重的事業體，更多的時間可以冒險，以及成為世界首屈一指的健康和身心靈全人健康領導者。我們接著替他的公司設定獨特的利基點：在運動健身方面領先群雄。我們發現麥特最大的客戶來自於把整隊球員都送到診所的球隊。在掌握了他的利基之後，他要如何對球隊行銷呢？他要如何包裝產品，讓該地區的所有球隊都相信他的診所是首選呢？我們替麥特訂下自己服務客戶的時間目標（一週兩天），也替公司訂下財務目標。

　　接下來，我們為公司打造「綠色」層級的工作模式，讓麥特收取比其他助理治療師更高的鐘點費。這樣一來，麥特不但可以在更少時間內賺更多收入，同時也讓其他治療師清楚看見未來的路，只要他們的能力跟麥特一樣，就可以賺取一樣多的報酬。麥特旗下的治療師們立刻動力十足，因為目標清晰可見：只要加強技巧、增加顧客數量，就可以獲得更高的收入。他們現在有了明確的工作動機，就是努力追過麥特，取代他的角色，而不是離開麥特另謀他職。

　　麥特本來最擔心的就是，顧客對於他個人收費提高會做何感想。當他宣布新的價目表之後，他很驚訝竟然聽到不少顧客反應：「早就該漲了啦。」**如果太多顧客讓你應付不暇，表示你的顧客知道，以你這種服務品質來看，收費實在是太便宜了。**不到三個月，麥特變成一週只須兩天親自服務顧客，但診所的營業額跟利潤卻是前所未有的高。

　　麥特把多出來的時間用來解決治療師受完訓練，之後卻離職的問題。他想把問題變成新的機會。他創辦了按摩與物理治療訓練中心，為新進的治療師提供在職的職業訓練，讓顧客可以指定收費較低的實習員工服務。這項創舉替麥特帶來源源不絕的新進治療師，同時也把訓練成本轉變成利潤來源。就算所有的治療師結訓後都離開了，麥特也還是賺得到錢，並且不用回到以前一週工作五天的生活。

　　結果呢？因為升遷制度健全，所有的治療師在受訓完畢後都嚮往在麥特的診所擔任全職員工，而且麥特還可以從中挑選最優秀的人才聘用。

MILLIONAIRE MASTER PLAN

步驟二 調整企業的韻律節奏

- 切忌天馬行空，想利用創新取得進展，一有新的想法就迫不及待去執行，一邊執行一邊改變。

- 務必跟團隊合作，尤其是跟節奏與鋼鐵天才合力制訂出所有夥伴都可以跟隨的韻律節奏。確保在你審核或更改策略、角色、促銷活動、里程碑、評量標準、每日表現的時候，讓全體成員都收到消息。

現在麥特擁有替他工作的團隊，他有時間可以發揮創意，把依舊存在的問題一個個解決掉，也有時間思索事業的策略。不到六個月的時間，麥特就替診所打造好顧客忠誠計畫，設計了新的客戶服務程序，也替團隊創造了願景與文化。新策略準備上路，該讓夥伴知道接下來要做什麼，於是麥特召開團隊會議，要與夥伴分享他的新願景與措施。

麥特以前從來沒有跟團隊分享過他的事業策略。他們會怎麼看呢？這就是要邁向下一個層級時最深的焦慮：我們不確定周圍的夥伴是否會支持我們爬上更高的層級。**要是顧客不願意多付鐘點費給我怎麼辦？我的團隊會不會認為我只想偷懶減輕工作負擔？他們會不會認為我把事業看得太認真？**

如你所料，第一次的會議，用麥特的話來說：「很不順。」他試圖向團隊解釋公司營運策略，結果大家反應冷淡，因此會開到一半，就變成輕鬆的聚會。

在此之後，我和麥特促膝長談，深入討論「為什麼（WHY）」的神奇力量。麥特必須分享他對公司的美好願景，讓團隊成員也為此願景深深著迷。他必須要清楚展示他**為什麼**要大家一起分擔管理的責任，並解釋肩負起更多責任的意義為何。過了幾個星期，麥特再一次召集團隊，詢問有誰準備好迎接更大的挑戰。他訝異地發現，他的美好願景已經感動許多夥伴，他們已經準備好要跳出來扛責任了。在接下來的三個月，麥特的**團隊**培養出一種節奏，

讓他們得以監督自己的工作角色與公司的績效。

　　麥特最近跟所有團隊夥伴到峇里島員工旅遊，慶祝最成功的一年。我們注意到他把「黃色」層級的工作犒賞（努力經營自己的事業，然後飛到度假天堂狂歡慶祝）升級成類似「綠色」層級的犒賞（讓你的團隊替你經營事業，然後送他們到度假天堂狂歡慶祝）。

 讓步調與「流」同步

- 不要過度重視內部細節，耗費所有時間檢視自己的標準與表現。

- 務必利用你的時間進行槓桿，找尋外在機會，讓你事業的流與市場的流得以匯集。

　　每個層級的第三步驟都會啟動順流的開關。為了到達「黃色」層級，你必須把機會轉換成金錢收入，透過促銷活動預估現金流，然後測試和評估成功的方法。在「綠色」層級時，讓步調與「流」同步則是要掌握促銷活動的時間點，以求最大效益。

　　現在麥特有的是時間，可以找尋外在機會，他發現未來醫藥與個人化健康事業的創新革命性發展令他著迷不已。由於他的事業現在處於「綠色」層級，保持獲利與獨立運作，在「綠色」層級停留一年之後，麥特開始有錢有閒追求新的事業。這也是所有「發電機」天才的興趣。麥特與開拓最新醫學科技與個人化醫藥的先驅連結，頻於出席重要的國際研討會，並在矽谷的未來醫藥（Future Med）研討會發表，因此受邀至聯合國演講，並就個人化健康議題向美國軍方提出建言。麥特現在正與領先業界的專家合作，研發行動式DNA與體型分析儀，可以說是完全進入順流狀態之中，追求他的人生目標：打造一個沒有病痛的世界。

MILLIONAIRE MASTER PLAN

由「黃色」到「綠色」層級的三種方法

試圖脫離黃色層級的人常常會提出類似的問題。方才討論過的這幾個人他們提出最大的問題都與成本有關：**如果人事是最大的成本，你要如何管理促銷活動的成本？如何在對的層級發掘對的人選，替你管理公司？**

答案就是，依據合夥關係與協議內容，你與人合作的模式可以分為三種。

回想我們在上一章所討論的財富方程式：

財富＝價值 × 槓桿

當你建立起夥伴關係時，你的夥伴可以分成以下這三種，然後把他們當成變異數，帶入方程式裡面。所以你們協議的內容不同，要克服的挑戰就不同。

1. 以成本為主的人

成本為主的人才，意思就是你僱用他們，然後支付薪資給他們。這是傳統概念上的勞資關係。在方程式中，以成本為主的人才就是你認為可以替團隊增加**價值**的人，但同時也表示你必須增加**槓桿**的部分，並且想辦法如何多賺點錢來發薪水。**如果你才剛在「黃色」層級起步，就必須在促銷活動中盡量減少以成本為主的人才。**通常，以成本為主的人才都處於「基礎稜鏡」，在合約簽訂後，他們透過勞動或服務來創造**價值**，並且期待應得的工資或薪水。不過，你必須加快腳步，對那員工創造的**價值**進行槓桿，才能夠賺錢。

2. 以營收為主的人才

以營收為主的人才，就是你合作的對象很可能是已經處於「黃色」或是「綠色」層級的個人或公司。以營收為主的人才願意一起做促銷活動，拿營

收的分紅作為報酬。他們很清楚如何對你創造的價值做槓桿借力使力，要是他們自己或促銷活動沒有產生業績，那就不會花到你半毛錢。所有的市場行銷和聯盟行銷都是這樣運作的。大部分的經銷商和零售商，以及所有的銷售或退貨合約也是如此運作的。史考特雇用以營收為主的人才擔任銷售及行銷人員，而蕾娜特則是雇用他們當作不動產仲介。這樣可以讓事業發展之餘，卻不必增加經常開支。而挑戰來自於你必須創造出他們能拿去做槓桿借力的價值。這意味著，你得持續提升品牌或是商品，讓業界最好的人才願意選擇與你，而不是跟其他對手合作。

3. 以獲利為主的人才

　　隨著你在「財富光譜」中上昇，你開始物色以獲利為主的人才加入你的團隊。這些人才擅長推出能獲利的促銷活動、僱用稱職的團隊，以及達成營收的目標；這些領導型的人物對於增加價值，以及對價值進行槓桿借力都非常熟悉。問題在於，這些人要不是已經擁有自己的事業，就是在企業裡領著高薪的「綠色」層級表演者。就財富方程式看來，要能吸引並留住以獲利為主的人才，你必須要在他們建立價值與槓桿的同時，建立你自己的財富。

　　切記，**財富不是你賺了多少錢，財富是當你失去所有金錢後所剩的東西。**財富是你過去的功績、人脈、氣勢、有多少資源，以及市場上的個人品牌。

　　這就是為什麼在「財富燈塔」上不斷攀升是如此重要。你必須先贏得足夠的本事，才有機會在對的層級吸引到你中意的好手加入你的陣營。「橙色」層級的「勞動者」還無法吸引以營收為主的「參與者」、和以獲利為主的「表演者」。「黃色」層級的「參與者」能夠吸引到其他以營收為主的「參與者」、和以成本為主的「勞動者」，但是請不動以獲利為主的「表演者」。「綠色」層級的「表演者」可以吸引到以營收為主的「參與者」和以成本為主的「勞動者」；而「藍色」層級的「指揮家」，本錢十足，可以吸引以獲利為主的「表演者」，來替他們維持強勁的流，無論是替他們管理投資還是管理企業。

　　這就是永續財富自由的關鍵。你需要多重的團隊來管理多重的財富之流。

你呢？你現在是否正以成本為主的狀態工作著？或者你已經利用促銷活動，讓自己升級成以營收為主的人，跟其他夥伴分擔風險並且共享成果？抑或你已經獨當一面，採取以獲利為主的姿態，向「綠色表演者」或「藍色指揮家」提供你的價值，為他們帶來獲利，並且賺取分紅呢？

不論你是誰，一定要記得你的路徑，並且參與的事業最好適合你的天才。**四種類型的天才跳脫黃色層級的路徑皆不相同，能讓他們獲得有最大成就的事業種類也迥然不同。**

四種事業類別

有不少人，事業在「黃色」層級停滯不前，成日悶悶不樂，也有不少人，事業一敗塗地，只因盲目追隨適合別人的成功方程式，卻沒發現那不適用自己的天才。所有的事業與投資都可以區分成以下四種類別：產品導向、市場導向、地點導向、交易導向。這四種類別的事業會在產業當中形成一種生態系統，當該產業的季節流轉時，能量也在不同的事業類型間流動。

雖然你可以成功領導任何類型的事業，然而，每一種事業都有其最匹配的四種天才類別。為了讓你們了解我的意思，請你們思考一下我自己的產業：個人與企業教育訓練產業。讓我從自己所屬的天才類型開始。

1. 發電機型的事業以產品為導向

在任何產業的「春季」，擁有創新產品的人和公司握有主導權。對於這些事業而言，關鍵指標數字在於他們想要賣多少產品，以及人們願意掏出多少錢買這些產品。在個人成長培訓產業的早期階段，擁有內容、真材實料的人——最早是拿破崙·希爾（Napoleon Hill）和戴爾·卡內基（Dale Carnegie），後來則是安東尼·羅賓（Tony Robbins）和史蒂芬·柯維（Stephen Covey）——就能索取最高的課程費用並且引領市場。他們都是「發電機」天才，經營產品為導向的事業。

領導新創公司，以及處於瞬息萬變的創意產業，總會讓「發電機」天才活力充沛。當他們身處以產品為導向的事業，就能**真的**發光發熱。當他們跟以市場為導向的事業合作，並且把部分業務外包給另外兩個種類的事業時（詳見如下），他們的事業一定更加蓬勃發展，因為基本的團隊架構已經到位，得以支持他們的成長。

2. 火焰型的事業以市場為導向

任何產業到了夏季，舞台會從以產品為導向的事業移轉到以市場為導向的事業。當市面上充斥著多種商品任君挑選時，人們會偏向跟同好者聚在一塊，在不同社群分享最新最好用的產品情報。因此，以市場為導向的事業，關鍵指標數字並不是你能賣出多少產品，而是著重於你擁有的顧客數量，以及你提供給每一位顧客的產品以及服務的終身價值。當個人與企業教育訓練產業來到了夏季，就變成了創業家的人脈網與會議主辦單位在挑人，選擇他們想要的內容創建者。

「火焰」天才在夏季茁壯成長，因為他們最擅長團隊合作以及與顧客交心。他們會想要知道顧客需要什麼；然後再去尋找能夠滿足顧客需求，以產品為導向的事業夥伴合作。他們也會尋覓適合的地點導向事業進行合作，方便在有需要、或是人數變多的時後變更活動地點。

如果你是位「火焰」天才，你連結和領導人群的能力，對於任何事業來說，都是非常有價值的。但是，當你領導自己的以市場為導向的事業時——專心替客戶建立產品或服務的終身價值，以及維持好每位顧客的月消費——那才是你大放異彩的時刻。

3. 節奏型的事業以地點為導向

任何產業到了秋季，風向從以市場為導向的事業轉到以地點為導向的事業。這時，許多不同的社群消費眾多不同的商品，因此產品會需要一個家。

MILLIONAIRE MASTER PLAN

以市場為導向的事業數量如果足夠，就可以支持一個地點的發展，這地點可以是菜市場或購物中心；如果以個人成長教育訓練產業來說的話，地點就是飯店會場和會議中心。以地點為導向的事業的關鍵指標數字不在於顧客數量，而是在於能夠充分利用地點這個資產。在飯店業，就是你的住房率。在零售業，就是你每平方公尺或每平方英尺樓地板面積的收益。要是能夠吸引越多以市場為導向的事業進駐，你就可以發揮越大的生產力。擁有最佳場地的人最賺錢。

眼見個人與企業教育訓練產業進入秋季，我便將峇里島的度假村轉型成創業家精神與領袖特質培訓的基地。我們吸引了其他的活動主辦單位，由於我們自己擁有度假村當作場地，所以得以壓低自己舉辦的活動成本。現在我們計畫在世界各地打造更多的創業家度假村，幫助創業家發展國際事業，因此他們便可以無處不工作，無處不學習。

像是蕾娜特這樣的「節奏」天才，在度假村可說是適得其所，因為「節奏」天才最擅長一直在活動中處理事務，利用他們的感知能力服務人群。不論地點是餐廳、醫院，甚至是證券交易所，「節奏」天才只要到了現場，就能進入順流狀態。如果你是「節奏」天才，不論你是哪個產業，都能幫助你的團隊腳踏實地，穩紮穩打；然而，當你身處以地點為導向的事業環境時，你將光芒四射。

4. 鋼鐵型的事業以交易為導向

產業入冬之後，風向從以地點為導向，轉向以交易為導向的事業。當大家都進到市場，對商品瞭若指掌，並有社群聚會互通消息，自然會設法追求效率與壓低價錢。此時，商機就會來到以交易為導向的事業。這一類的事業專門針對提高效率、加快速度，同時降低成本而打造更好的系統。以交易為導向的事業，不論是快遞公司（像是 UPS 優比速），或者網路公司（例如 Google 谷歌），營收都是來自每一筆交易產生的利潤。他們的關鍵指標數字就是交易的數量以及每筆交易所產生的利潤，毋需考慮對方交易的產品是什

麼、來自哪家公司以及所在地點。

　　個人與企業教育訓練產業已經邁入寒冬，原因是顧客都知道要怎麼從部落格、YouTube、書本，或 Podcast 直接取得任何資訊。每個人在需要建議的時候，都在尋找更聰明、更簡單的方法獲取建議。這本書，以及我們的線上學習平台 GeniusU，正針對這種情況做出改變，並同時提供現今每個人都迫切需要的：釐清所有資訊，指引正確的方向。

　　如果你是位「鋼鐵」天才，你對細節的細心可以替任何團隊增加價值。如果你涉足以交易為導向的事業，你將更快取得成功。

最後，切記：性靈型組織以奉獻為導向

　　四種類型的天才皆有自己天生最有效率的創造財富方式。當你提升你的精神與財富的層次、以及增進你創造財富能力的同時，其實你也增進自己貢獻財富的能力。

　　我們都有能力從今天開始貢獻。

　　石油大王洛克・斐勒一開始捐獻所得的十分之一，他持續樂善好施，直到把人生全力奉獻於慈善事業。即使你不是洛克斐勒，你依然可以奉獻你的部分所得，替人間注入一條意義深遠的暖流。記住：你為這股暖流奉獻的越多，你會吸引得到的回報越多。

CHAPTER SIX SUMMARY

- 「黃色」層級是「企業稜鏡」的第一層，身處「黃色」層級時，凡事皆仰賴你一己之力。

- 「黃色」層級的你享有個體戶的自由，但你必須持續到場，現金流才得以持續不斷。在「綠色」層級時，你的事業即便沒有你，依然能夠獨立運作。

- 你可以透過以下三個步驟脫離「黃色」層級：
  1. 建構你的企業
  2. 調整企業的韻律節奏
  3. 讓步調與「流」同步

- 不同類別的天才有其獨特的策略施展三個步驟，充分運用自身的天才，與各類天才組成的團隊，一起支持自己的事業。

- 阻礙我們從「黃色」躍升到「綠色」的三個藉口：**我找不到像我一樣有能力的人、我請不起人才、我太忙了以至於沒時間發掘、訓練人才。**

- 你可以一輩子都待在「黃色」層級，保有你的時間自由；然而，當你選擇更上一層樓，你便能夠學會管理團隊與不同種類的員工（以成本為主的、以收入為主的、以獲利為主的），而最終你將創造出多重的現金流。

- 有四種類型的事業分別適合四種天才：以產品為導向、以市場為導向、以地點為導向、以交易為導向的事業。所有的產業都包括這四種類型的事業，呼應著業界生態，四時更迭。

✈ 飛行前檢查清單：綠色層級

你準備好要從「黃色」提升到「綠色」層級，重新取回你的時間嗎？跟在其他層級時一樣，在 www.geniusu.com 網站上，你的個人專屬頁面裡，有與下面這份檢查表中各個項目相關的進度評量以及練習本等資源。我在這裡納入的練習就是摘錄自練習本，當中說明了如何優化你事業中的韻律節奏，使其符合五種天才頻率。你可以在網站上找到完整的練習本。

請完成下面的檢查清單：勾選「是」或「否」。你能得幾分呢？做完評量之後，就開始動工把「否」變成「是」吧。

建構你的企業

1. 我們有獨特且力道夠的、能吸引到客戶與各種資源的「企業承諾（Enterprise Promise）」。	☐ 是	☐ 否
2. 我們的商業模式讓我們能負擔得起一個領導團隊，且擁有具備清楚的飛行計畫的團隊憲章（Team Charter）。	☐ 是	☐ 否
3. 我已經選定了領導團隊，並且授權他們以清楚的里程碑與財務目標來領導公司。	☐ 是	☐ 否

調整企業的韻律節奏

1. 我們有設定在一年間要針對各計畫、促銷方案、專案以及運作流程進行回顧檢討與再調整的固定時間。	☐ 是	☐ 否
2. 我依循著一套能讓我處在順流狀態的韻律，而團隊每週與每天也都依循著一套能讓成員們都處於順流狀態的流程來做事。	☐ 是	☐ 否
3. 我們有能看到所有重要數字與里程碑的「飛行儀表板」，且設立了能讓我們保持在飛行計畫路線上的系統。	☐ 是	☐ 否

讓步調與「流」同步

1. 我們對於自己所屬的類別以及具備的天賦強項都有所了解,且大家都在對的位置上。	□ 是	□ 否
2. 我們都很清楚這個事業目前處在企業 8 大階段中的哪個階段,且專注於與這個階段頻率一致的行動上。	□ 是	□ 否
3. 我們都很清楚所在產業目前處於哪個階段,且依據所在的季節調整對成果的期望以及所做的宣傳活動。	□ 是	□ 否

★ 行動時刻 ★
ACTION POINT

讓你的節奏更符合自己的天才

「黃色」層級的人通常會以自己能在自己想要的時間、作自己想做的事情為傲。這也是為什麼大多數「黃色」層級的「參與者」們想建立企業時，往往會陷入一團混亂。唯有在具備管理、追蹤度量、回顧審查與更新調整的正確節奏之下，你的企業才能進入順流狀態之中。

你每個星期會在什麼時間開會，來回顧審查各個關鍵指標？你每個月會在什麼時間開會來檢視財務狀態？你每一季的何時會針對團隊與各個專案進行回顧審查？每年會在何時作策略面的更新調整？

「黃色參與者」們往往太常改變策略，卻又不夠常回顧審查各個關鍵指標，因而沒能確保企業的「心跳」正常。

當你把五種天才想成各種元素，也把各種元素連結到五種頻率時，就能建立起一種節奏，讓整個事業都能進入順流之中。

💡 企業承諾──「為什麼？」

企業承諾是你的「真北（true north）」：事業中的所有行動與每一個計畫都應該與它的方向一致。五種頻率都有該要做回顧審查與該要進行調整更新的時間。

MILLIONAIRE MASTER PLAN

企業承諾永遠都不會調整更新，且每年回顧審查一次。

　　你如何用一句話來說明你的「企業承諾」？你有實現這個企業承諾嗎？後續的一年間，你打算如何實現企業承諾？撥出時間來回答這些問題，並每年都把團隊成員全部聚集起來，一起回顧企業承諾，來確保大家的方向都與你的使命一致。（我每年都會為我各家公司的領導團隊安排一週的會議旅遊，來進行回顧檢討並讓大家重新聚焦於「企業承諾」。）不要在年度之間邊然進行一些其他人無法跟上的改變，把這些重大策略決策延緩到年度回顧審查時再來決定。你的「企業承諾」就像公司的 DNA 一樣，因此，如果你想出了截然不同的「企業承諾」時，比較好的方式是用這個新 DNA 直接創立一個新事業。

團隊憲章──「什麼？」

很多公司都有那種根本沒人在看的五年計畫或者年度計畫。事實是，現在的世界變化速度遠比過去快得多，而最能讓事業維持在正確軌道上的人，會是在第一線的那些人。當你讓大家每三個月都報告一下他們完成了哪些事情（「什麼」），來實現你的目標（「為什麼」）時，每個人就都能針對下一季的方向做調整。如果報告的機會太少，或者太過於頻繁改變方向，都會導致錯誤的頻率，因而無法與團隊的節奏協調一致。

團隊憲章每年調整更新一次，每一季回顧審查一次。

你接下來一年的「團隊憲章」是什麼呢？先跟你的團隊一起訂定出要達成些什麼，然後才決定要由誰來負責完成。在年度會議旅遊中完成計畫之後，就定下每季要回顧審查的日期，這通常會是在每季的尾聲，整個團隊會聚集在一起，回顧與檢討計畫的進展如何。

 ## 個人羅盤 ──「誰？」

公司中的每一個促銷活動與流程都會有某個人主導。這表示每一位團隊成員都會有負責的里程碑與度量指標。我們使用的「個人羅盤」有點像職務說明，不過一般的職務說明不會是由那個職位的人來撰寫，而且通常只有在雇用新人的時候才會用到，而不是真的拿來像指南針一樣，確保他們能維持正軌。

讓你的工作夥伴製作自己的「個人羅盤」，這可以讓他們更加自主。讓他們承擔責任來領導促銷活動，而不是只讓他們負責某個任務或職責。（你可以在「調整企業的韻律節奏」練習本中看到「個人羅盤」的範本。）

個人羅盤每一季調整更新一次，每個月回顧審查一次。

我們團隊中的每個成員，都有一份他們依據自己在「團隊憲章」中扮演

的角色與擔負的責任，來自行撰寫的「個人羅盤」。這份文件每個月都會在個人回顧審查時段進行審閱與檢討，並且每季會在團隊開季會的時候需要更新調整內容。在團隊成員們檢視自己各項里程碑與指標的進展時，就會自己找出方法，來確保自己回到軌道上，繼續扮演好自己在團隊憲章當中的角色。如果他們認為「團隊憲章」當中的里程碑與關鍵指標需要調整，也可以跟團隊討論如何修改。像這樣的節奏能確保每個人都更自主負責，並且隨著團隊成長也把壓力從你肩上卸除，讓你不再需要靠自己來作所有的決策。

專案與流程地圖 ——「何時？」

在第五章中，我解釋了所有的流都是由專案與流程構成的：專案讓流能進一步擴展或強化，而流程則能維持既有的流。專案有開始與結束，且當中有多個里程碑，流程則是持續進行，並具有相關的追蹤指標。團隊當中的每個人都會負責某個專案（我們會把所有的專案都轉化成促銷活動），同時也負責一或多個流程。

專案與流程地圖每月調整更新一次，每週回顧審查一次。

在我所有的事業中，我都會想辦法把流程自動化或者外包出去，然後專注在觀察各個關鍵指標上。這讓我能有空間專注在能擴展或強化企業財富流的促銷活動上。團隊應有一份所有專案與流程的地圖，讓團隊成員能知道每個人各自負責的項目有哪些。這份地圖每個月會在個人回顧檢討時間作需要的更新調整，並在每週的半小時團隊會議中進行回顧審查。

飛行儀表板 ——「如何？」

每個企業都會有「飛行儀表板」：這是一份共享的文件，當中列出事業中所有的關鍵指標，以及這些指標每個星期的數字，還有數字與目標之間的差距。

飛行儀表板每週回顧審查一次，每天調整更新一次（或即時更新）。

我總是會確保自己能透過手機跟平板來存取各個事業體的「飛行儀表板」，這樣我隨時隨地都可以知道各個事業的關鍵指標。每個指標都由負責該項指標的團隊成員來監控，而在週會的時候，大家都要報告自己目前的進展、自己打算做什麼來調整航向、以及是否需要協助。有了這些之後，我們每個星期都可以依據「飛行儀表板」來慶祝大大小小的成功，也可以知道這一切與各種頻率、乃至於企業的 DNA 之間的連結。這就是「綠色」層級的思維方式。

擁有了像這樣能增加你的頻寬的系統之後，你能設置怎樣的促銷活動，來邀請其他表演者跟你合作演出樂章？別再問「我要怎麼賺到錢？」開始問「我要如何協助其他人賺到錢？」

Chapter 7

綠色到藍色：
由「表演者」到「指揮家」

衡量標準：	透過企業中的團隊創造可獲利的現金流
情緒狀態：	專注於韻律節奏、文化、度量指標
停留在此層級的代價：	紛爭、維護、自由
需要專注於：	權威性與資本
到達此層級的原因：	互相依靠、準備、企圖心
往上移動的途徑：	建立你的威信、讓流程更精鍊、建立資產負債表

恭喜！你已經到達「財富燈塔」的中段了！「綠色」層級雖然是中間樓層，不過從現在開始重點已經不再是你還有多遠的路要走，而是你已經走了多遠。現在「藍色」層級（百萬美金富翁的疆域）已經到你舉目可及的距離了。

「綠色表演者」就像交響樂團中的音樂家一樣，負責演奏交響曲中的其中一項樂器，而現在「企業稜鏡」的最終層級：「藍色指揮家」已經近在眼

前。在交響樂團中，指揮家並不演奏任何樂器，而是手持指揮棒、決定曲調、並且確保大家通力合作演奏曲目。

表演者們面對的是觀眾，而指揮家則是背對觀眾而面向表演者們。在財富與事業領域中，這代表的是「綠色表演者」是企業中的高效能團隊的一份子，所有的人通力合作來完成一件事；而「藍色指揮家」是把各個事業體的枝微末節交給「表演者」處理，自己則專注在關鍵的財務數字、合約、以及建立獲取各項資源與最佳人才的管道上。

在「藍色」層級，領導者每個月除了會跟他們的「綠色表演者」們開會之外，也會另外跟他們的投資團隊進行會議，來掌握自己投資組合的現狀。所有的「藍色」層級投資者都會把個人財富與他們投資的企業和資產分開，且其個人財富的顧問團隊中，都會有會計師與律師作為成員。簡單講，「藍色」層級的財務成績單跟之前每個層級的都不一樣，就算都在「企業稜鏡」也是一樣。在「黃色」層級時，我們最重視的是企業的現金流；在「綠色」層級時，損益表變得更為重要；而在「藍色」層級時，最重要的成績單就是資產負債表。

對於像我這樣不太擅長財務的「發電機」天才而言（我喜歡視覺化的呈現方式，不太喜歡看數字），要掌握這三者之間的差異，我找到最簡單的方式就來自於這句名言：「**建立三角形，問題就解決了三分之二。**」

建立三角形

GPS 能判定你跟天上幾顆衛星之間的相對位置，然後計算出你所在的位置，且精確度可以到幾公尺之內。那為什麼有這麼多人在生命中迷失方向呢？原因有兩個。

第一個原因是，雖然我們擁有這個有形世界的清楚地圖，但卻一直都沒有無形世界的地圖。在古文明當中藏有這些地圖，但到了現代，它們都已被忽略或遺忘。「MMP 百萬美金創富藍圖」就是這個問題的解方，提供你一部

GPS 或者說無形世界的地圖，讓你能依循指引爬上財富燈塔。

第二個原因，則是絕大多數人都沒有在自己的人生中，應用讓 GPS 裝置能確保我們走對路的那個技術：三角定位。

三角形之父畢達哥拉斯（畢氏定理的發現者）曾說：「建立三角形，問題就解決了三分之二。」他的意思是，我們往往會試圖只透過兩個點來解決問題，比如「我們跟他們」或者「之前跟現在」——這會形成一條連結兩個點的直線；然而，當我們再添加一個點進去的時候，就可以形成一個三角形。這時，我們可以看到每個點與另外兩個點之間的相互關聯，而這讓我們在任何狀況下，都能抽離開來並以不同的角度看事情。

在你創造自己的「未來願景」時，就建立了一個連結你的過去、現在和未來的三角形；你創造出第三個點，讓自己能跨到自己正在走的旅程之外，看看你現在的人生、看看你未來的人生，然後看到連結這兩者的路徑。在前一章當中所有從「黃色」提升到「綠色」的案例，都建立了三角形來解決他們的問題。比如說，在史考特要訂定客戶們會樂於投資的房產準則時，他建立了一個由他的客戶、他的供應商，以及他們要一起做生意的準則構成的三角形。當范恩定下他想要合作的公司要符合哪些準則時，他建立了一個由他自己、他在尋找的公司，以及一個雙方都能獲利的合作準則所構成的三角形。

當我們創造了這第三個點的時候，同時也創造出各種動態關係，讓「流」得以發生。「財富燈塔」中各個樓層往上爬升的三個步驟，以及三個稜鏡中的三個不同層級，其彼此之間的關係也都是如此。此外，這同時也是所有成功創造財富的人做事情的方式。

三角定位的概念或許古老，但它卻也是現代會計制度的基礎。這個系統叫做複式記帳法，是由盧卡·帕西奧利（Luca Pacioli）研究與記載下來（他是梅迪奇家族財富的管理者，而此家族是文藝復興的重要資金來源）。複式記帳法把所有帳目視為由現金流量表、損益表以及資產負債表構成的三角形。當你改變其中一個項目的數字時，另外一份結算單就會產生數字相等正負相反的變動。每一筆交易都會同時被記錄為借方（debit）與貸方（credit），這

麼一來三角形永遠會在平衡狀態。要想建構你的財富,了解這個三角形會是非常大的關鍵。（在 www.geniusu.com 上有一段我錄製的影片,當中說明了這三者彼此的關聯。）

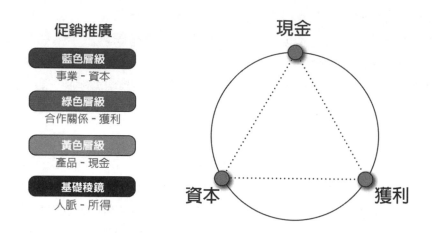

不管你想要的是現金、獲利還是資本報酬,總是有人會在三角形的另外一個點上,而他想要的是不一樣的東西,因而願意跟你做些交換。建立三角形,問題就解決了三分之二。簡單講,金錢不過就是個承諾而已（目前是由我們的政府來背書）,而所有的財富都是透過各種承諾的流動創造出來的:

- 你的現金流量表呈現的是你已收到付款的承諾。
- 你的損益表呈現的是你已達成的承諾。
- 你的資產負債表呈現的是你已做出的承諾。

在你答應要傳遞某種價值的當下,你就做出了一個承諾。在價值傳遞完成時,它就會以已達成的承諾（營收）的形式,呈現在你的損益表之中,並且以已做出承諾但尚未收到付款（應收帳款）的形式出現在損益表裡。在客戶付款之後,它就會以已收到付款的承諾（收據）的形式出現在現金流量表當中,並且由資產負債表裡的應收帳款中移除,變成付款完成的已做出承諾。

MILLIONAIRE MASTER PLAN

藉由選擇各項承諾的流動時機，你將可在需要的時候創造出所需的現金流。

在我了解這些之後，最初在管理財務這部分的挑戰（那時我看到的只有錢的符號跟一堆數字）就開始解決。現在，這些財務數字在我眼中，就像是用來追蹤各種承諾的流動狀況的日誌本，而每一張鈔票都只是個承諾而已（稱為本票）。也就是在這時候，我的財富之流開啟了。

舉例來說，在我經營出版公司的那時，我還在「黃色」層級，所以需要的是現金流，因此，我去找想要增加獲利的「綠色」層級印刷公司合作。後來，我找到一家公司，他們願意讓我延後六個月付款，條件是我付給他們的印刷費用要高出一般行情5%。這麼一來我省下了現金，他們則增加了獲利。然後，我去找比較有開創性的「綠色」層級廣告客戶，提供他們五折的廣告優惠，條件是他們要先預付六個月的廣告費。

這樣，我收到了現金，而他們用同樣的錢得到兩倍的價值。從市場上取得資金，比起要透過銀行融資簡單多了。我的客戶與供應商們跟我一起承擔風險，而當他們這麼做時，也等於是對我投了一票，讓我更有信心知道自己提供的是有價值的東西。

在我的出版事業成長到「綠色」層級，我想要找風險投資來挹注資金以供事業成長的時候，我必須證明自己能提供「藍色指揮家」要的東西：他們能投資且有可能帶來可靠投報率的事業與資產。

在我達到「藍色」層級之後，我的焦點也由追蹤各個事業的獲利，轉移到追蹤各項投資的報酬率之上。這也引領了我每年的投資決策，讓我們的個人月現金流能依據「通往百萬美金的 10 步驟」繼續往上提升。我的導師說得對，你爬得越高，這件事就會越來越簡單。

「藍色指揮家」會願意用現金來交換投資報酬率，「綠色表演者」會願意用獲利與資本報酬與「藍色指揮家」交換現金，然後用現金與「黃色參與者」交換更多獲利；這三者形成了「企業稜鏡」的三角形。每個人都可以進行像這樣的交換，而且不用花錢，需要的只是管理好時間（這我們每個人都有）以及他人的信任（這我們都可以培養），來建立起自己說到做到的優良記錄。

在你要走過由「綠色」到「藍色」層級的三個步驟時，務必把這件事牢記在心。

由「綠色」往「藍色」的三個步驟

每個人都有機會達到「藍色」層級。你並不需要超級聰明、沒日沒夜的工作，或者有嚇死人的天賦；事實上，你會發現有很多「藍色指揮家」們都非常平凡；他們甚至會貶低自己具備的特殊本事，然後聽從旗下的「綠色表演者」。

「藍色」層級的人除了都了解財富三角形之外，另外一個共通點是他們都在自己所屬的市場中，透過長期可靠且一致的表現建立起威信，因而掙得團隊、合作夥伴，以及金主們的尊敬與忠誠度。這也是「綠色」往「藍色」層級的三個步驟，以及不同類型天才的專屬路徑之間的共通主軸：

❶ **建立威信**：「藍色指揮家」是透過被視為所屬產業中的領導者與影響力人士，而吸引到「綠色表演者」。他們已經證明自己能調度所需的資源來讓事情成真。他們就像運動團隊的教練一樣，自己不需要下場去比賽，他們負責的是訂定賽事的策略。

❷ **讓流程更精練**：「藍色指揮家」把在「綠色」層級時的節奏抬升到另外一個高度，以一種不同層級的關懷與紀律，來讓所有的事情（包括現金與各項資源的流動、以及資訊的流動）都能處在順流狀態之中，讓他們能把日常事務交給其他人，自己則把時間投資於最重要的決策上。這表示他們有時間可以觀察自己的各個企業中資本、人才、以及各項資源的移動狀況。

❸ **建立資產負債表**：「藍色指揮家」最專注的就是資產負債表，且會把所有東西都視為資產或負債。這除了財務上的資產負債表之外，也是指個人的資產負債表——所以，當事情一切順利的時候，你永遠都會考慮可能的不利因素；當事情進行不順的時候，你也永遠都會看到光明面。

MILLIONAIRE MASTER PLAN

在我們進入這些路徑以前，請先將這三句財富箴言，想成是你的健康箴言。

現金流之於你的生命和事業，就像是血液之於你的身體。身體存在的目的，並不是為了要製造血液，但若沒有血液的流動，身體就會死亡。「黃色」層級的參與者必須專注在現金流，因為若是沒有現金流，遊戲就結束了。身體要生長，肺部的律動會將氧氣打進血液裡，來維持你的健康。同樣地，企業的收益，也會製造現金流，來維持你的財富。「綠色」層級的表演者，從更高的位置運作事業，能將利潤注入現金流，讓企業得以成長。

如果醫生知道你的肺部正常運作、心臟正常跳動、生命跡象都很強健，那他們就能專心觀察你每個器官的狀態。健康的關鍵，並不是要哪些器官長得特別大，而是要確保每個器官都能在平衡狀態下運作。

「藍色」層級的「指揮家」，在企業裡也會做一樣的事情，遵循這三個步驟並且著重於能夠對整體事業更有貢獻的資產。成功的「藍色」層級「指揮家」，並不是單單為了成長而成長，而是在風險與獲利之中、在現金流與資本成長之中、以及在擴張規模與提升品質之中，不斷尋求平衡。

節奏天才從「綠色」躍升「藍色」層級的路徑

我二十二歲的時候，初次認識我的第一個致富導師麥可·布勞恩斯坦（Michael Braunstein），我們在第四章紅色層級已經談過的「通往百萬美金的10個步驟」就是他教我的。麥可是俄亥俄州哥倫布市的一位地產投資專家，也是一位「節奏」天才。他致富的方法是投資、興建、並管理房地產的開發。我在麥克一整排的公寓社區工作，以換取他的指導。我工作的第一週，就是幫忙他的河堤公寓社區經理——梅莉莎。

我跟梅莉莎一起工作時，社區正要翻修，翻修的結果，就是那一百戶公寓的租金要調漲四成。梅莉莎要向社區所有的租戶，說明漲價的事情。儘管社區翻修之後租金調漲是完全合理的，也能提升生活品質，還是有很多人決

定搬走、去租別的地方。很多人都選擇搬到同一條路的路底、租金較能負擔的「雪儂道」社區。

梅莉莎覺得很挫折。她說「我們這些租戶，很多都已經住好多年了。現在看他們搬走，真的很難過。我們其實有賺錢，所以租金並不需要調漲。我希望麥可知道自己在做什麼。」梅莉莎就是以「綠色」層級表演者的觀點來看待這件事：他們已經達到盈利目標了。已經做對的事，何必要改變呢？

第一週過後，我跟麥可見面談話，我直接問他，「你已經有賺錢了，為什麼還要再多收錢呢？是因為銀行有多收你錢嗎？還是你只想要賺更多錢？」

麥可拿出了一張紙，把他不同的房產、和每個案子產生的利潤畫出來。他在每個案子旁邊，都寫了更大的數字。「這個，」他指著那些大數字說，「是銀行願意給我那些地產的估價。如果我的房產租金收入提高了十萬元，銀行可能願意把估價提高到十倍之多，也就是說，這個房產的價值就提高了一百萬。」

「我正在收購一批新的房產，所以我和我的投資部門跟銀行開會時，我們會檢視手中所有不同的房產。他們願意重新估價河堤社區，前提是我要提高租金，以增加獲利。只要我們達到一定的出租率，也就是說市場同意我們提高的價格，他們就願意重新評估這塊房產，並提供我要收購新房產的那筆資金貸款。」

這是我第一次接觸到「藍色」層級那種截然不同的生命觀，每件事物都有倍增的效果。利潤對一個人來說，可能是很單純的獲利，但當以資本價值和投資報酬來衡量時，也可能是十倍或甚至更多的價值。一間零售店的獲利增加一百元，如果放大到五十間店的連鎖企業來看，就是迅速倍增；這也可以轉換成股價的增值，或是——如果要將企業視為獲利的總和時——轉換為企業的市值。

我問麥可，贏得發展而失去客戶，會不會讓他覺得難過。他說：「所以我才要確保我投資組合的平衡。」

我當時不懂他的意思，就說：「不是啦，說真的。你失去了這些客戶耶。好多人都搬離了河堤社區，到路底的另一個公寓社區去了。」

麥可用了我當時所能理解的話來回我：「我知道啊。雪儂道社區也是我的。」

到底麥可和他的「節奏」天才，是採取了怎樣的步驟，才瞭解了這些事情而進入「藍色」層級呢？

 步驟一

建立你的威信

- 不要留在堅固的企業城牆裡，當作是管理的重點；不要一直參與每日例行公務的運作，還以為關注細節是維持事物平衡的必要條件。

- 務必指派並授權一位綠色層級的表演者來領導企業；要讓自己從每日例行公務中跳出來，善用你的天才，在你的市場利基點，建立資本的價值，進而成為你這一行的權威。

身為「節奏」天才，你可能會成為市場裡的權威，就像唐納·川普（談判媒合）、喬治·索羅斯（交易）、或華倫·巴菲特（投資）。你天生敏銳，讓你很能掌握時機。所有「節奏」天才對交易，都比對創新更感興趣，也都需要在行動之前花點時間。因此，他們建立自己威信的方式，就是在市場分析和執行上，保持踏實、務實。他們會需要一個可信賴的團隊，來看管他們的投資——包括能夠衡量這些承諾的會計師，以及能夠確保承諾的律師。

麥可很年輕的時候，就跟著他的導師學習。他的導師是最早開發美國公寓社區的先驅之一。麥可跟著老師學到，如何為每個開發案都打造一個管理團隊，好讓自己可以把時間投資在尋找資金跟優質的投資案。他也因此空出時間，能在自己的事業中，專心做適合自己天才的事情。這就引導他走到第二個步驟。

步驟二 讓流程更精練

- 不要在檢視你的事業時，被各種決定的取捨綁住。
- 務必微調你企業裡的各種運作流程和規定，讓現金和資源能夠暢行無阻；也要微調有關策略擬定、創新、行銷、系統升級、和人才招募等等的流程，確保你的企業運行無礙。

　　麥可告訴我，「藍色」層級的指揮家在檢視企業內部時最重要的事，就是「名字和數字」──你的成功80％都來自於這些重要的人物和關鍵數字。但當你身處於「藍色」的「指揮家」層級，時間就變得很寶貴，每分每秒都很重要。如果定一套流程，讓自己能夠「在對的時間出現在對的地方」，你就為自己留了空間，能夠看顧事業，也能讓幸運發生。

　　由於「節奏」天才們喜歡親力親為，所以麥可建立了一套流程，在不干涉他們管理的狀況之下和幕僚溝通。跟總經理開會時，他最關心的是在事業產生最大影響的人（客戶、幕僚、承包商、合夥人、和競爭對手）和「飛行儀表板」裡面最重要的指標數字。他建立了一套流程，包括巡視自己的房產、附近區域的新房產，以及地產拍賣會。

 步驟三 建立資產負債表

- 不要過度關注企業內部的交易，或希望透過人員和服務來提升交易的品質。
- 務必把焦點轉移到總資本價值上，為你的資產價值、和投資報酬都定下目標。

　　回想我們從「黃色」到「綠色」層級討論過的五個迷思，像麥可這樣的最佳地產投資人、以及「節奏」天才，賺錢的訣竅決不是翹著二郎腿、盲目地期待會有被動式收入；而是積極地增加自己的投資組合，而且隨時保持敏

銳的觀察。麥可的成功並不是一夕致富——很少「節奏」天才的成功是一蹴即成的。他們的成功來自於持續專注於同一個領域，並持續讓促銷活動成長：從「黃色」層級（資產非常少時）和合夥人的第一個開發案，到「綠色」層級和一整個團隊合作的開發案，到最後他成為「藍色」層級的指揮家，同時擁有許多不同的開發案，每一個案子都自成一家公司，也有各自的團隊在經營。

　　麥可有一個小團隊，負責檢視這些事業，並由他的會計師和律師負責讓每件事井然有序。他則會利用自己「節奏」天才的強項，提前一整年來規劃下一個年度：知道自己要重估哪些地產的價值、取得哪些獲利、賣掉或是買進什麼物件。他每年一調整投資組合，就能產生幾百萬的現金流，所以他從不需要仰賴任何工作賺來的收入來換取現金。

鋼鐵天才從「綠色」躍升「藍色」層級的路徑

　　強德拉敘‧帕拉在印度和倫敦都有事業。我一開始輔導他時，我們發現他這個鋼鐵天才，困在紅外線層級，忙著用自己的現金挹注自己的事業。他也買了一些房地產，但現金流都還是負的。

　　我開始跟強德拉敘合作後，我問他，如果可以任意選擇的話，他會選擇怎樣的未來。「我想要像藍色層級的指揮家那樣工作。」他說：「我會很樂意投資新創的科技公司，並用我的「鋼鐵」天才為他們增加價值。」

　　所以強德拉敘便採用了「藍色」層級的「第四檔」路徑，來脫離「紅外線」層級：我們訂了一個計畫，讓他去處分自己虧損的資產、清償債務，並限制自己每個月只能放多少現金到他的公司。他有一個地產閒置著，等著以更高的租金出租，我們就把租金降低，好讓強德拉敘的現金流能夠由負轉正。

　　不到三個月，強德拉敘就處分了他個人財務的虧損，也將現金流轉正。我初識他時，這些原本都不是他重視的點，但他做了我的測驗之後，測驗結果把他震驚到開始展開行動——並跟隨「鋼鐵」天才的路徑，從「紅外線」、「黃色」、「綠色」、最後終於到達了「藍色」層級。

建立你的威信

- 不要只聚焦在內部細節，不要用你的鋼鐵天才不停微調企業的衡量指標和系統——那是鋼鐵天才在綠色層級的勝利方程式，但在藍色層級卻是失敗方程式。

- 務必善用你的鋼鐵天才，成為自己領域的專家、市場利基的知識來源，打造團隊來支持你，讓你能和業界的有力人士打好關係。

強德拉敘此時已經投資了他的活動科技公司「Coconnex」，也接下了執行長的位置。他做了個轉變，連續六個月都投入一定的金額，當做是貸款。如此，他的投資組合中就有了一筆貸款利息，而公司也有六個月的緩衝可以週轉。然後他任用了一名「火焰」天才當總經理，好讓自己能空出時間，專心走完「綠色」層級「表演者」的每個步驟（也就是我跟著彼得一起在我的出版公司走完的那幾個步驟）。

隨著 Coconnex 開始獲利，營業額也增加， 強德拉敘將他的一間公司 Cohezia 重組為一個科技育成加速器公司，接受科技公司的報名申請。他的鋼鐵天才強項，讓他能輕鬆地為這些科技新創公司提升效率、改進體制。因此他將這些特長，當成這個加速器公司的招牌，提供這些服務給正為了發展而尋求第二輪資金或技術支援的科技新創公司。

為了要建立他的威信，強德拉敘把 Coconnex 變成 Cohezia 投資的第一個公司——他把自己的公司，變成自己的第一個客戶。然後他開始參加天使投資人的會議，從此開始和投資社群展開連結。

這也帶他踏入第二個步驟。

 讓流程更精練

- 不要困在公司內部的管理和評量上，也不要過度聚焦於提升收益。

MILLIONAIRE MASTER PLAN

- 務必讓團隊為你處理管理和評量流程的事務，你才能從外部檢視整個公司、執行讓你能掌控趨勢和時機的流程，將你的事業和資產的資本價值放到最大。

從投資人的角度來看自己的公司，強德拉敘的手法便徹底地轉變，從戴著「綠色層級的帽子」（老是想著要如何創造更多業績和收入），變成戴上「藍色層級的帽子」（想著他投注的資金是否獲得了報酬、以及他的領導團隊提供的價值是否帶來收入）。

這樣一來，強德拉敘看自己的事業就能看得更清楚，也更沒有壓力；他也能把領導團隊放在對的高度——並能給予足夠的信任——讓他們把公司管得比他自己管得更好。這讓他多出更多時間，可以和天使投資人的社群聯結。不到六個月，強德拉敘就獲邀參加英格蘭最頂尖的輔導／投資組織「TIE」。強德拉敘以導師的身分，加入這個橫跨十四國、擁有一萬三千名會員的組織，也因此吸引了許多投資人和新創公司的客戶。

步驟三 建立資產負債表

- 不要再用現金流或損益表，來當作你判斷成敗的主要評量方式——這些應該要排在資產負債表之後。

- 務必要建立一套投資報告書，當作主要的評量方式，才能對你投資所得的現金報酬、每筆資產的收益，做出清楚的預測和實際數據，你就更能取得資本。

強德拉敘改變了自己的未來展望，開始聚焦在資產上。因為要為自己的公司估價，他發現可以用一個五年計畫，預測這個公司的成長，並藉此募到和自籌資金對等的款項。短期的獲利對他來說已不再那麼重要，重要的是長期布局，並跟隨這個成長曲線，讓潛在的投資者可以看到，公司有跟著預期

而成長。這讓他的五年財測更有公信力，也提升了強德拉敘募資的能力，不僅是為 Coconnex 募資，也為 Cohezia 募到更多投資資金。

然後強德拉敘幫 Cohezia 雇用了一位總經理。新的總經理創立了一套流程與衡量標準的模組，可以用在他們投資的所有新創公司上。

可是強德拉敘的故事在此有了個轉折，值得大家引以為鑑，尤其是鋼鐵天才：就算你開始跟隨了 MMP 百萬美金創富藍圖的步驟，並不代表一切會從此一帆風順，或你可以放下一切不管，然後就能船到橋頭自然直。

我最近和強德拉敘見面，雖然他對自己的進展很興奮，卻也開始對自己的未來感到壓力不安。他問我，對他的事業成長有沒有什麼建議。我頓了一下──就像很多年前我的恩師那樣──接著問他：「你的個人財務狀況如何？」

強德拉敘太忙於打造自己的加速器事業，導致他自己的個人財務退回了「紅外線」層級。我們回溯了一下他不小心退步的這幾個月（他真的太忙於其他事務，忙到忘了要紀錄與檢視金錢流向）。

好消息是，不出一星期，強德拉敘就翻身脫離了「紅外線」層級，也找到新的焦點和清楚的思維。他翻身的速度之快，是因為瞭解了 MMP 百萬美金創富藍圖的「GPS 定位系統」：從「紅外線」到「藍色」的每個層級，都要建立自己的三角形。即使有了這一套地圖，假如強德拉敘或你不專心注意，還是有可能會迷路。不過要是你越快回來翻開地圖檢視自己的位置，就能越快把自己導回正軌。

發電機天才從「綠色」躍升「藍色」層級的路徑

理查・奧德森是位「發電機」天才，他很有熱情，想改變世界。

我剛開始輔導理查時，他主要專注在與夥伴共同成立印度的 UnLtd。這個團隊在印度提供小型社會企業顧問、支援、以及資金；資金則是從基金會和企業贊助籌來。在這之前，理查在企業界待了一段時間，後來也待過

MILLIONAIRE MASTER PLAN

UnLtd 這個英格蘭的社會企業組織。

理查的問題在於，他只付給自己餬口用的薪水，把剩下的錢都用來發展事業。他的個人現金流還不至於負數，但也不是很正向。當時他處於「紅色」層級。三年前我開始輔導他，告訴他這是個問題，以及他的首要目標應該擺在自己的個人財富。他無法理解這有什麼重要的。說實在的，感覺上這跟他的理念根本背道而馳。

「錢又不是重點。」他說。

「如果你只求餬口、過得去就好，那你做的每一個決定，都會跟錢有關。所以錢才是重點。」我這樣回答他。只要理查沒有達到夠高的境界，能輕鬆開出一萬美金的薪水，那他就永遠都會覺得一萬美金是一筆大錢。如果他無法開一張十萬美金的支票，那十萬美金就會永遠都是一筆大錢。在「藍色」層級，十萬美金的支票根本輕如鴻毛；「藍色」層級「指揮家」專注的促銷活動，都是幾百萬元上下。

理查必須瞭解，開出六七位數字支票的人，跟開出三四位數字支票的人，思維和語言都是截然不同的。他必須瞭解，他個人私底下跟金錢的關係，會直接影響他在事業上做出的財務決策。

「你把自己搞得這麼窮，是無法幫助窮人的。」我說，「你要打造自己的現金流，並把它當作你的台階爬上財富燈塔。試想看看，如果每個禮拜你睜開眼睛，都多出兩萬美元現金，可以拿去運用在一些事物上，你整個人的觀點會有多不一樣？一年下來，你的口袋就會多出一百萬美元。你會拿這些錢做什麼？」

理查想了想。他說「我會想要投資社會企業。」

「讚！那就不要再想說要花自己全部的時間來幫助社會企業；你要開始想，用自己的錢來投資它們。」

這樣一來，他就得找到「發電機」天才通往「藍色」層級的路。

建立你的威信

- 不要忙著在綠色層級進行新的投資，而把自己所有的現金從一間公司放到下一間。

- 務必要專注在你想要建立威信的產業上，吸引最棒的表演者、和最優質的資金，讓你能用外來的人力和資金，來開發、挹注你所投資的事業，並用槓桿借力發揮你的天才。

我建議理查改變他的經營模式，從向捐款人募資，轉為創造一個社會企業基金，讓投資人能夠得到報酬。理查原本是把有錢人當客戶，請他們出錢；現在則能和他們平起平坐，邀請他們一起加入投資。

這不僅改變了理查和潛在投資人的溝通方式，也改變了他對接受投資的社會企業的看法。理查開始參加世界上重要的社會企業組織、研討會等聯誼，至今他已建立了自己的聲譽，成為頂尖的印度社會企業催化者。

 讓流程更精練

- 不要一直用你對資料的解讀來下決策，因為大家都仰賴你的直覺和願景，來決定該（或不該）把時間和金錢投注在什麼地方。

- 務必要和鋼鐵天才共同打造一個團隊，為你的事業創造一套標準和規範，讓團隊裡的每個人都能夠詮釋、理解；這樣你就能授權出去，讓別人能對你所帶進來的投資案或新商機，評估其可行性和永續性。

強德拉敘利用了他的「鋼鐵」天才、透過他的分析技巧和系統思維，為自己的投資加值；而理查則可以運用他的「發電機」天才，透過他的創意和策略型思維，為自己的投資加值。我建議他建立一套流程，讓他或一位團隊成員，能夠在他們投資的每個公司列席董事會，以協助每一位社會企業創業家。

以理查過去的模式，他的現金增長狀況還不夠穩定——這是假如你已經在收購或管理資產，卻沒有以「藍色」層級的方式運作，這會是一個通病：現金仰賴資本，導致現金流不夠穩定。賣掉一個物業或公司時，會流入大量現金；但當你買入下一筆資產，又會流失大量現金。結果就是，你可能資產傲人，卻口袋空空。

我告訴理查如何可以透過三種現金流動的程序，來更有效率地管理他的現金流：每投資一筆新案，收取「投資費用」；提供顧問服務，收取「管理費用」；每筆資產獲利時，也有「現金紅利」。所有藍色層級的指揮家，都讓自己的流程更精練，因此每個有價值的領域，都應收取對價的現金報酬；這也讓他們的事業，能夠挺住市場的潮起潮落，達到永續經營。

 步驟三

建立資產負債表

- 不要一直聚焦在收益、獲利、或企業的成長上。
- 務必轉移焦點，把你發電機天才的創造力，運用在建立投資組合、資源管理、以及資本累積上。

因為理查手上有數間公司，所以他的個人現金流一旦轉正，他就從紅色進入了綠色層級。但要進入藍色層級，他就必須要改變自己發電機天才的心態習慣。

在財富燈塔的高層，你會開始看見原本在低層看不見的連結。這時你才真正點燃了你的天才，用更寬廣的視野、帶來更廣大的影響。

理查的第二個公司「改變之旅（Journeys for Change）」，帶著領導人走上沉浸式的體驗之旅，幫助他們為世界帶來更多改變。他的第三家公司「生涯轉換者（Careershifters）」，則協助職涯中期的專業人員，找到更能實現自我的工作。第四間公司「影響 DNA（Impact DNA）」，利用我的「財富原動力」幫助人們找到自己獨特的生涯之路，為世界帶來最大的改變。在藍

色層級的思考方式下，理查開始重新規劃，讓他的公司之間進行合作，發揮最大的槓桿效應。「改變之旅」推廣了印度 UnLtd 所投資的一些社會企業；「生涯轉換者」則與「改變之旅」合作，讓轉換生涯跑道的人能夠藉由旅行，找到更有意義的工作；「改變之旅」也將「影響 DNA」排入他們的學習之旅。

火焰天才從「綠色」躍升「藍色」層級的路徑

艾瑪・朋森彼，是住在杜拜的「火焰」天才。許多年來，她都在行銷顧問公司工作，協助歐美的時尚品牌成立網路商店。她想要成立自己的網路零售公司，所以搬到杜拜，去尋找有這樣需求的零售商。

我認識艾瑪的時候，她已經為這個新公司苦撐了一年。她被公司的營運綁住，也沒有付自己薪水，小小的團隊也還沒吸引到第一批客戶。她們的目標是主流購物商場，但還在等待潛在客戶下決定。

她發現「火焰」天才的致勝方程式三大步驟之後，就在一年內，從「紅外線」進階到「綠色」，再到「藍色」層級。

 建立你的威信

- 不要過度專注於領導團隊、或聯繫客戶——你在綠色層級的成功方程式，到了藍色層級反而會變成失敗方程式。

- 務必打造領導團隊，讓你能利用自己的時間，與藍色層級的投資人和有力人士聯誼，讓自己擁有足夠的資源和表演者，去建立更高層級的威信。

我一開始輔導艾瑪時，她打造的未來願景和她原本的計畫十分不同。原本要為了成立網路商店而追著客戶跑，但艾瑪轉換策略，打造了她自己的全球網路時尚商店。她訂了一年計畫，列出她想要吸引多少時尚品牌和客戶。她的團隊則把這個計畫切分成幾個階段，開始努力達成目標，艾瑪就可以出外募資。

艾瑪運用她的「火焰」天才，結識了業界的指標人物和頂尖品牌。當她不需要把全部時間花在辦公室裡的時候，不僅她自己變得更有活力，她的團

隊也變得更有能力。當她和其他「藍色」層級的「指揮家」相處，他們會對她的事業提出風險與收益方面的問題，她就從中學到「指揮家」的「藍色」層級語言。有了這樣的重心轉移和新認知，她開始吸引到「藍色」層級的人；不到六個月，她就為自己的事業募到預期的款項——公司市值也如她預期地超過三百萬美金。

步驟二　讓流程更精練

- 不要待在企業裡，當公司的領頭羊，也不要獨自管理公司的步調。

- 務必指派強大的鋼鐵天才，來管理你的流程和規定；並指派會計師和律師，來支持你的交易和合夥計畫；讓你自己有出差的自由，也能從比較抽離的角度，來檢視企業和資產的成長。

對「火焰」天才來說，遊戲玩越大，吸引到的人就越好。艾瑪吸引到了一群世界級的專家來支持她，也吸引到了一群顧問。她堅持的這套流程，讓她能隨時跟上最新的營運狀況，也能吸引到國際的青睞。

「火焰」天才要把這些事做到最好，是需要強大的「鋼鐵」天才來幫忙管理流程，讓「火焰」天才們去認識潛在工作夥伴、團隊成員、和投資人的時候，也能確保每個環節都在軌道順利進行。艾瑪新的管理模式就是這樣：在募資階段維持住現金流，且當艾瑪在外建立關係時，團隊為了向潛在投資人和贊助商展現這個概念可行，甚至做了個測試版的網站。

步驟三　建立資產負債表

- 不要輕忽財務的重要，也不要以為自己不用學習投資、融資貸款、風險、和報酬等等的相關用語。

- 務必要善用你的火焰天才，讓身邊充滿顧問團隊，和使用藍色層級語言的人脈；讓他們的支持，協助你建立自己的資產負債表。

在第一年內，艾瑪就結識了名人、時尚品牌大佬、投資人、贊助商，和重要的客戶。因為她的「火焰」天才，她也在這些人之間建立了聯結，因為她事業成長的同時，也一邊在這些人際網路中創造新的合作機會。這就是「火焰」天才在任何層級都適用的終極成功方程式：從人脈中創造機會。但從「綠色」進階到「藍色」層級時，下一個挑戰也就是這些機會，因為「火焰」天才的公司，會需要靠著高績效的團隊在運轉，而非仰賴這些機會。

我們合作一年之後，艾瑪顯得容光煥發，徹底從一年前的「紅外線」層級脫胎換骨。她的事業已成為她個人成長和奉獻社會的引擎——她讓自己的事業和資產，帶著她發揮出自己最強大的潛能，而非把自己的所有時間都奉獻給公司。

四種投資類型

當你採取這些步驟，跟隨你的天才路徑來到了「藍色」層級，你會發現，你的天才越來越重要，不僅幫你創造財富，還幫你守住財富。許多財富創造者的失敗原因，就是他們利用自己的成功方程式賺到了錢，卻也因為自己的失敗方程式而失去一切。

以下列出各種天才應該關注（和應該規避）的各種投資類型，讓你保持在順流狀態中。

1. 發電機型的投資，以「創新」為導向

「發電機」天才的成功方程式，是看見別人看不見的。他們建立投資組合最快的時候，就是他們選擇投資高成長公司、房地產開發，或他們可以用自己的創新或開發技巧為這些事業或物業提升價值，然後轉手出售或是增貸的時候。

「發電機」天才的失敗方程式，就是他們對時機很不敏感。「發電機」型的人常常對市場期望值過度樂觀、或野心過大。請不要試圖在時機點和談

MILLIONAIRE MASTER PLAN

判桌上，跟市場鬥智；也不要進入高風險的交易市場，例如選擇權或期貨。即使短期間能順勢獲利，發電機最後會發現，他們賺到的錢，還是會賠在自己的過度交易或過度擴張上。如果你也是如此，最好找其他類型的天才，來為你管理部分的投資組合——因為你的弱項就是他們的強項。

2. 火焰型的投資，以「合夥關係」為導向

「火焰」天才的成功方程式，在於他們天生能和對的人連結，並因此吸引到對的機會。他們勝出的點，在於能夠尋求合資夥伴，一起以批發價格買下資產，或拿到別人根本拿不到的合約條件。這些勝出點，可能是在事業或地產的投資，或共同資助某計畫的合夥關係，或能夠預計給他們多少報酬的交易上。

「火焰」天才的缺點，就是對財務細節不夠注意：他們無法坐在報表前，看著緊縮的利潤、報酬率百分比、和收益管理等等，來管理投資。若是困在需要持續監控的投資組合、或交易系統裡的話，「火焰」天才就會變得不知所措，最後資金短絀。如果有超過自己能掌握的現金，「火焰」能量的人就該聘請「鋼鐵」天才，來為他們管理這些投資，讓「火焰」們可以在順流狀態底下和別人談生意、或結交夥伴。

3. 節奏型的投資，以「時機」為導向

「節奏」天才的成功方程式，就是「發電機」天才的失敗方程式：也就是掌握市場時機、瞭解買賣時機點的能力。這並不代表「節奏」天才一開始就是這方面的專家，但在對的環境裡、與對的專家合作時，他們的勝出點，就是在於事業體、資產、和房地產等等的交易上。

「節奏」天才的失敗方程式，就是「發電機」天才的成功方程式：也就是透過創新取得成功。「節奏」能量的天才們，應該避開各種需要他們去創新加值、把低價資產變成高價資產的投機生意。也要遠離新創公司，或無法

迅速離場的投資。「節奏」天才最好的狀態，是保持自己的靈活，也保持資產的流動性。

4. 鋼鐵型的投資，以「系統」為導向

「鋼鐵」天才的成功方程式，就是「火焰」型的失敗點：也就是專注於細節、和研讀財務報表。他們的技能需要時間累積，但只要花時間和會計師一起研究那些數字，「鋼鐵」天才就能夠聚焦在穩定的資產上，並找到很好的方法，來創造持續的現金流——例如企業分紅、或是房地產的租金獲利。

「鋼鐵」天才的失敗方程式，也是「火焰」型的成功方程式：在對的時間和對的地方參與每場對話，並抓到對的機會。「鋼鐵」天才的成功，並不在於找人，而是在於找到對自己有用的資產、並讓它倍增。「鋼鐵」們不需要去市場上跟人較量手段。他們是專注於穩定且可預期的投資，並在「火焰」們沒有耐性的地方找到報酬。

還有切記：性靈型的投資，是以「公益」為導向

當你進階到藍色層級，你會發現，你也贏得了前所未有的付出機會。雖然我們現在就都有能力贊助我們所關心的議題，但隨著你的金流成長，你付出的能力——以及讓這些付出產生巨大影響的能力——也會跟著成長。

當你從金流裡拿去做公益的百分比越來越大，而且不求回報，這些捐獻就變成一股動力，推著你往財富燈塔的更高層去。你的付出對別人有如天賜奇蹟，讓你的工作有更高的價值和意義，也讓你的人生更加充實更有成就感。如果你到了藍色層級，卻還沒有這樣遠大的目標，你將會失去動力：因為個人的成功已經不足以推動你向上。

要維持自己向上的動力，唯一的方法，就是將我們的財富，從機會變成義務——我們要把「賺越多，就付出越多」，當成自己的職責。所以我們會問自己內心深處，這一切是「為了什麼？」，而我們的使命感將帶領我們到最高的層級。

CHAPTER SEVEN SUMMARY

- 「綠色」層級是企業稜鏡的第二層,也是高績效團隊的階段。

- 在「綠色」層級中,你的事業能夠自行運作。但進到「藍色」層級,讓你能從多重團隊中,獲得多重現金流。

- 要脫離「綠色」層級,你可以採取以下三個步驟:
    1. **建立你的威信**
    2. **讓流程更精鍊**
    3. **建立資產負債表**

- 不同類別的天才,在這些步驟裡,會有不同的策略,讓他們都能晉升到「藍色指揮家」的層級。

- 對於四種類型的天才,有四種不同的投資類型:「發電機」型的投資,是以創新為導向;「火焰」型的投資,是以合夥關係為導向;「節奏」型的投資,是以時機為導向;「鋼鐵」型的投資,則是以系統為導向。

- 身為「綠色」層級的「表演者」,你已能嫻熟地管理團隊,並據此贏得晉升「藍色指揮家」的權利。晉身「藍色指揮家」,代表你能夠吸引許多的表演者,且他們都會帶來各自的團隊及現金流。

你準備好要從「綠色」提升到「藍色」層級——千萬、億萬富翁的領地了嗎？跟在其他層級時一樣，在 www.geniusu.com 網站上，你的個人專屬頁面裡，有與以下這份檢查表中各個項目相關的進度評量以及練習本等資源。我在這章中摘錄的練習則是關於如何建立你的威信。

請完成下面的檢查清單：勾選「是」或「否」。你能得幾分呢？做完評量之後，就開始動工把「否」變成「是」吧。

建立你的威信

1. 我有能持續產生收入的資產組合，它不僅是我財富的錨點，且在財富成長的過程中也與我的飛行計畫方向一致。	☐ 是	☐ 否
2. 我的資產與企業都流向一個信託架構與團隊，由他們負責管理。	☐ 是	☐ 否
3. 我在所屬的產業中已經建立起一定的威信，並吸引到高水平的領導者來管理我的各個資產與企業。	☐ 是	☐ 否

讓流程更精練

1. 我所有的資產與企業都遵循著相同的流程來進行回顧檢討與再調整，不需要我投注太多時間。	☐ 是	☐ 否
2. 我有一套通用的流程與準則來進行資產與企業的購入、持有或出售。	☐ 是	☐ 否
3. 我有一套可評估新機會與人才，並且讓我能在對的時間出現在對的地方的系統。	☐ 是	☐ 否

建立資產負債表

1. 我依照一種規律來維持我投注在資產組合各個領域中的時間的平衡，並且為最需要的領域加值。	□ 是	□ 否
2. 我以長期宏觀的角度來看自己所在的產業以及持有的資產，且有能讓我隨時獲得相關最新消息的流程方法。	□ 是	□ 否
3. 我在人生、事業／資產配置、以及處於光譜不同層級時的角色之間維持著一種平衡，讓生命有意義且多采多姿。	□ 是	□ 否

★ 行動時刻 ★
ACTION POINT

建立威信的三個問句

你已明白自己會需要精通團隊經營管理之道，如此你的團隊們才能管理好各個財富流。其中的挑戰，在於在你自己還是「綠色表演者」時，就要找到對的表演者加入。

表演者們會想要與能導入所需的資源，來進行百萬美金等級專案的「指揮家」合作。你在「黃色」層級一邊執行各個促銷活動來創造獲利，一邊建立起這些資源；如此當你到達「藍色」層級時，就已經萬事俱備。要吸引表演者們的關鍵，在於要對他們證明，有你當指揮家時能演奏出的樂曲，會比沒有你來得好聽很多，所謂「建立威信」就是這個意思。如果你想要吸引到優秀的表演者，就會需要備齊三個關鍵要素：

1. 數字方面的威信：你的投資組合
2. 領導力方面的威信：你的信託團隊
3. 資源方面的威信：你的人脈

在你要建立自己的威信時，請回答後面的三個問題，並完成裡面的各個練習：

1. 你有能持續製造現金的投資組合，來作為個人財富的支柱嗎？

在起步的時候，你可能會擁有一些在個人名下的資產；到了「藍色」層級時，你會想以信託或控股公司的名義來擁有你的投資組合。就投資組合來

說，重點在於每年都要結算各項資產所得的現金回報 （扣除掉貸款或負債產生的成本後的淨值），不管那是個事業、不動產、股票還是銀行帳戶都一樣，任何你有存放金錢的資產都要這麼做。

要使用你能一目了然看到所有資產的格式（在你個人專屬頁面的「藍色」層級區當中有範本）。在針對特定的資產做任何決策之前，先設定好每年的現金回報與資本成長目標；然後，才開始就各個資產在後續一年需要有怎樣的表現，才能達到你的目標，跟你的團隊討論需要做的決策：包括你是否需要增加資產的投資報酬率、降低負債帶來的成本、重新估值、重新分配資本、買進或賣出……等等。

你產生更高投資報酬率的能力，取決於你如何善用自己的天才，以及你在哪個領域擁有威信。你想要在自己有投資的哪個領域當中成為一個權威人士？選擇符合你天才的領域，然後從中挑選你有熱情的產業。

2. 你有個能讓你的威信不斷成長的團隊和團隊架構嗎？

正確的企業與投資架構，與你的投資標的在哪裡，以及你要在何處經營事業有直接關係，你得要依據你所屬市場適合的方式，而非你居住的地方來設置這個架構。換句話說，如果你要經營全球性的事業，就不要找本地的律師與銀行來設置你的投資結構。

這也是為什麼你會需要擁有由會計師與律師組成的團隊，他們得要能依據你要前進的方向而成長。你可以透過分享自己目前的狀態與想要達成的目標，來獲得一個這樣的團隊。跟他們分享你的投資組合內容，讓他們成為你計畫中的一部分。

再來就是能讓你脫離「綠色表演者」的部分了：去挑選、取得或吸引「表演者」來擴展與強化你的各個資產，讓你自己不需要參與任何項目的營運。考慮投資報酬率的時候，要把資產的管理成本也計算進去，不過，就算因為讓別人來管理資產而讓投資報酬減半，也還是比想自己一把抓來得好，因為這樣你將失去最寶貴的資源：你的時間。

如果你在「綠色」層級待得太久，久到無法想像有別人來幫你管理，自己不需要參與進去，這時最簡單的練習方式就是在別的公司擔任顧問或董事會成員的身分。相信我，你絕對不會在董事會議的時候問像是「你每天都有回電子郵件嗎？」這種問題，而是會發現自己馬上就聚焦在更廣泛的公司策略面問題上，而這會為你對於自己的事業與時間帶來截然不同的觀點。

3. 你有持續吸引到高層次的領導者、資源以及機會嗎？

依據所屬的產業不同，你會發現在市場中掌控著各項資源的那些「指揮家」們，通常都把自己的時間投資在他們先前建立起來的人脈關係上。如果想要找到對的「指揮家」，你必須能回答這些問題：

● 在你所屬的產業，你該認識的前三大最頂尖指揮家是哪三位？
● 你這一行最優秀的人都會去哪裡？
● 他們都是在哪些地點、哪些活動、哪些團體裡交換相關的資源？
● 他們會在哪些地方互通商機？

要跟「藍色指揮家」建立起信任與連結，最容易的方式就是參與他們的促銷活動（他們手上永遠都有進行中的促銷活動，在啟動、購入或者賣出他們的下一個專案、事業或者投資），並在那之後進行你自己的「藍色」層級促銷活動，並讓他們、或者他們信任的人參與其中。

要建立起威信會需要時間，不過到了這個層級，你已經有足夠的現金流來讓你有充裕的時間了。當你準備好要以達到「藍色」層級為下一個任務的時候，就到網站上去下載完整的練習本來作為後續的指引。

Chapter 8
藍色以上：
由「指揮家」到「傳奇」

衡量標準：	從百萬美金投資組合獲得穩固的現金流
情緒狀態：	平靜、耐心、清晰
停留在此層級的代價：	招致批評、孤立、失去熱情
需要專注於：	信任與承諾
到達此層級的原因：	風險管理、資產管理、抽離
往上移動的途徑：	強化市場的信任度、把創造的「流」資本化、與社群建立關係

我人生中最恐怖的一次經驗，發生在紐西蘭的一次旅行當中；那時，有個朋友帶我去 Nevis，那在當時是世界上最高的高空彈跳場。我記得自己站在平台上，低頭看著四百公尺下方的河床岩石，綁在我腳踝上的繩索，重量一直在把我往下拉。我嚇壞了。

那時，現場教練跟我說：「不要想說是你要跳下去，想著自己只要放手就好，重力會把其他的事情搞定。」

他說的是對的。我必須要把自己死抓著的東西放掉，才能體驗一種截然不同的自由。我是很害怕沒錯，但如果我放手，就能讓量子飛躍發生，為我帶來想要的體驗。

所以我放手了。而我得到的回饋，是體驗到彷彿在飛翔一般的感覺。

量子飛躍隨處可見

在我們剛開始這段旅程的時候，我跟你說過我的第一次量子飛躍是發生在新加坡，我的車子被銀行收走那天晚上的自我省思之中，那時我下定決心要脫離「紅外線」，並規劃了現在成為「MMP百萬美金創富藍圖」的一連串步驟。在後續往上爬的過程中，並不需要像那晚發生的狀況、或者像要從高空彈跳平台上一躍而下的那種量子飛躍……還是說其實也需要呢？

科學上對於「量子飛躍」的定義是「電子由一個量子狀態跳躍至另一個量子狀態」。你還記得上科學課的時候，我們畫下不同元素的原子，然後外面有好幾圈的電子嗎？那每一個環都代表著不同的量子狀態。當原子有所變化的時候，電子就會由其中一個環跳到另外一個環。

在宇宙中，這件事情最常見的例子就是星體中的核融合現象，比如兩個氫原子彼此撞擊，形成一個氦原子。結果是，兩個原子核融合在一起，而有一個電子發生量子飛躍，釋放出一個光子。在每一瞬間，都有數萬億的這種量子飛躍在發生著，因而產生了太陽光以及夜空中的星光。

我們很容易認為在人生中，像這種量子飛躍只是偶爾才會發生，卻忘了我們其實都是量子飛躍的產物，並且生活在一個由量子飛躍來照亮的世界。我每天早上醒來時，都會提醒自己，我是這個令人驚奇的、光的世界的一分子。每一天，我都可以自由選擇是要繼續卡在同樣的狀態，還是要來個量子飛躍，以成為光的一部分。每天都是在燈塔中的全新一天。

你已經知道要到達財富燈塔的每個層級，都會需要我們在自己如何聆聽、思考以及行動層面作蠻大的調整。隨著財富流的成長，每個層級都會迫使我

MILLIONAIRE MASTER PLAN

們用不一樣的角度看事情。每個層級都像是廣播電台一樣，透過頻道調節器彼此相連，但各自都有專屬的頻率；只要稍稍調整一下調節器，聽到的節目就會完全不一樣。

要在「財富燈塔」爬到這麼高，同時也會需要放手，就像我在高空彈跳平台上放手一樣。有時候，這甚至代表著要願意丟掉幾個月甚至幾週前才剛學到的東西，才能進入下一個層級。如果你跟世界上大多數人一樣，都是由「基礎稜鏡」（紅外線、紅色或橙色）起步，那你會需要放棄在原本的層級努力掙得的活動自由或選擇自由。你也得捨棄讓你爬到某個層級的步驟，才能爬到下一個層級；如果你執著於前一個層級帶來的活動自由或選擇自由，以及能讓你感覺自我價值的任何東西，就會卡在那個層級無法提升。

所以你學會放手，也因而獲得財富、達到各種成就、給予社會你從來未能想像的回饋。你現在已經是世界上少數能進入「企業稜鏡」的人之一了，而如果你已經到達「藍色」層級，表示你已經具備了超越這個階段的權利，你可以進入第三個稜鏡：「點石成金稜鏡」，開始自己創造樂曲。

「藍色指揮家」已精通了設計規劃社會槓桿的藝術。我們明白該如何建立團隊，讓他們來管理自己的財富來源，並享受著這個層級帶來的活動自由。我們不太需要其他人認同自己的理念想法、不再需要用奮力工作證明什麼、也不覺得需要干涉旗下領導者們的努力。我們對於自我價值的認定，來自於手上各項資源的成長狀況，這包括我們現在認識的高影響力人士。

當我們到達「藍色」層級時，幾乎無可避免的是會出現一種更高層的呼召，要我們成為我們的理念或者所屬產業的「受託者」。現在，你會需要決定是否要站出來，成為你支持的理念或你所屬產業的領袖以及模範。要爬上「靛色」層級並進入「點石成金稜鏡」代表著要再次放手，特別是要放掉你對於自己的活動自由的執著，並且把自我價值連結到將可以在影響圈中為後人留下的東西。

世上所有的遊戲規則，都是在「點石成金稜鏡」中訂定的。在過去一百年間，我們大多把制定遊戲規則這個任務委託給政府或者大型機構。不過，

事情並非一直都是這樣。

在文藝復興期間，規則都是由私人家族、科學家、藝術家、以及建築師們來制定的。在美國開國初期，制定規則的是拓荒者與創業家們。在這兩個案例中，這些人都是由「受託者」變成「作曲家」，他們在發現音樂走調的時候，就重新編寫樂曲。時至今日，隨著網路以及全球經濟的成長擴大，我們又再度看到許多領袖與變革引領者們都選擇站在全球性的台上，訂定新的遊戲規則。現在相較於政府與企業，群眾更被這些新一代的拓荒者與領袖們吸引，也更願意追隨他們。

要進入「點石成金稜鏡」並歷經各個層級，以參與上述的轉化提升，其步驟無法記錄在這本書之中。並不是說這件事是辦不到的（雖然很少人有那種持續力聚焦於達到這個層級），而是因為我自己目前也還在學習怎麼爬上這個層級。這也表示你跟我都有相同的機率可以爬到「點石成金稜鏡」！因為我可以告訴你需要做到些什麼：同樣的，要從「藍色指揮家」變成「靛色受託者」也有三個步驟。

由「藍色」往「靛色」的三個步驟

要由「藍色指揮家」變成「靛色受託者」，你會需要對自己代表的理念擔起責任，因而失去一部分的自由；在我認識彼得・戴曼迪斯（Peter Dimandis）與理查・布蘭森時，他們都正在經歷這個步驟。

我是在一次從峇里島前往矽谷的 NASA 中心時，跟彼得・戴曼迪斯認識的，他跟雷蒙德・庫茨魏爾（Ray Kurzweil）一起，在那裡設立了奇點大學（Singularity University）。我跟彼得初識時，他早已習慣百萬美金等級的交易了。他成立了 X Prize，提供一千萬美金的獎金給第一位成功把火箭送到次軌道太空並返航的人，來鼓勵太空旅行的發展。

他其實在真有這筆錢之前就先這麼做了；他以推進太空旅行的疆域為自己的使命。後來，他由安薩利（Ansari）家族募集到那一千萬美金，而在伯

特‧魯坦（Burt Rutan）獲獎的那次飛行之後，X Prize 就成為未來的驅動器，提供誘因讓發明家們爭相解決人類面對的各種重大問題。彼得善用自己的「火焰」天才，跟許多未來學家、開拓者、以及創業家們建立連結，因而成為人類未來的「受託者」，並且吸引到業界最聰明與最有錢的人。

　　一年之後，在數千英里外的英屬維京群島，我花了一週的時間在理查‧布蘭森的內克島（Necker Island）上與他相聚。那時他談到自己透過維珍銀河（Virgin Galactic）事業進軍太空的過程，以及他如何在彼得‧戴曼迪斯的邀請之下，跟伯特‧魯坦得獎的那次飛行搭上線，然後創立了這個太空旅遊新事業。理查除了已經是個數十億身價的富翁之外，也已經站出來扮演「靛色受託者」的角色，透過他的書、演講、影片與部落格，成為全球創業者們的典範。

　　當然，有很多「藍色指揮家」會選擇停留在「藍色」層級，這讓他們能過著舒適的生活、享有大筆的財富，而不需要扛起解決世界上種種挑戰的責任。然而在今日，我們看到有越來越多「藍色指揮家」們都擔負起解決各種巨大挑戰的重擔，選擇移動到「受託者」層級來擔任領袖。「靛色受託者」是讓樂曲成真的幕後推手，就像是劇院的管理人一樣，為作曲家與表演者們提供各項資源，讓他們能在音樂廳中演出曲目。

　　以下是彼得與理查在決定要進入「靛色」層級之後，採取的三個步驟：

❶ **強化市場的信任度：**你藉由善用至今在市場中建立起的信任，來作創造財富以外的更多事情的方式，來強化市場的信任。彼得就是運用他在太空產業的信任，集合了一群太空人以及 NASA 成員，才創立了 X Prize。理查則是善用他過去透過維珍集團建立起來的記錄與聲譽，出了很多書來傳遞理念，讓人們知道每個人都可以開創自己的事業，並成為一股善的力量。

❷ **把創造的「流」資本化：**「藍色指揮家」們都已建立了很多可以交易的資產，通常這會是上市公司的股票，除此之外也可能是品牌或名聲之類的無形資產。像理查就是用他的各個事業以及維珍品牌，來為他

想做的貢獻挹注資金，舉例而言，他就用航空事業來為綠能和環保解決方案提供資金；而彼得則藉由自己的名聲來取得 X Prize 的資金。後來當 Google 創辦人賴瑞·佩吉找上他時，他就發起了 Google X Prize，獎勵目標是在讓載具降落在月球上。那之後到現在，他已經讓 X Prize 成長為遊戲規則的改變者，為許多創新競賽提供資金，鼓勵人們解決現今世界上的各種巨大挑戰，包括貧窮、健康照護、保護環境……等等。

❸ **與社群建立關係：**當你把市場視為一個社群時，裡面的每一個人都是客戶、合作夥伴、參與者或者擁護者。彼得成立奇點大學，形成一個由未來學家與領袖們組成的社群，彼此協力塑造更光明的未來。理查則設立了維珍聯合（Virgin Unite）來連結世界上的變革引領者與社會企業家們。

我為什麼要投資時間跟像理查與彼得這種「受託者」們來往呢？這是因為雖然我已經掙得成為「藍色指揮家」的權利，但我對於要再往上提升到「靛色受託者」的三個步驟並不清楚。也正是因為這樣，在十年前我試圖要由「藍色」提升到「靛色」的時候，才會走錯了好幾步路。

那時我有個「全球富裕（World Wide Wealth）」的願景，想說我可以把社會企業家們聯合起來，一起創造更多也貢獻更多。我把心力與資源投注在建構一個人脈網絡上，它成長發展得非常快速，但卻沒能基業長青。那時的我還沒有準備好面對隨著社群越來越大，也跟著來到的人際紛爭與衝突；我也還沒準備好處理當你有了一個更大的理念之後，也跟著吸引來的批評與發展上的困難。除此之外，我當時也沒有先投資必要的時間，來跟已經克服過類似困境，正在這旅程上穩步前進的「受託者」們學習。

就跟「財富燈塔」的其他所有層級一樣，進入下一個層級是一種帶來截然不同全新體驗的量子飛躍。也是因為這樣，我才會需要花時間跟彼得和理查這種「受託者」們來往，藉此來學習「靛色」層級的語言。在我由過去的

失敗中學習，並且投資時間與成功的「受託者」們認識並向他們學習之後，現在我正在走一段新的旅程，把光照耀在一個理念上：提升這一代與未來世代在財務上的素養。

要讓我達成我的目標、要讓你達成你的目標，都會需要「信賴」：一種連結至你的天才的自然信賴。

藍色層級天才的信賴

要從「藍色」層級的「指揮家」，晉身為「靛色」的「受託者」，意味著你要從資本成長，進階到活用信任。事實上，「靛色」層級的財富創造者，大都有信託基金來託管資產。你在自己市場上建立的信任，會連結到你的產業，並讓你成為改變的代言人。但我們受託的面向，仍依我們的天才而不同。

發電機天才值得信賴的是創新能力

從「基礎稜鏡」晉升到「企業稜鏡」，「發電機」的天才運用的是創意的精神。只要你堅持不懈，未來你會發現，你過去打造的功績，將為你贏得機會，在未來讓你成為業界的受託者。

像理查・布蘭森和比爾・蓋茲這種「發電機」天才，都因他們的創造力而受到信任。他們都是用先驅的精神，創造新的市場，並用全球化的眼光，解決巨型的挑戰。在他們的冒險旅途上，他們打造了創新的功績，所以當理查・布蘭森說他要上太空，或當比爾・蓋茲說他要讓世界上沒有人為小兒痲痺症所苦的時候，大家都會相信他們。

火焰天才值得信賴的是領導能力

你將沿著「火焰」天才的路徑，運用你天生的領導才能，走向成功。隨著你的人脈、聲望、名譽成長，你將會贏得業界的一席之地。這是遲早的事。

像是彼得‧戴曼迪斯和歐普拉‧溫芙蕾的「火焰」天才，是因他們凝聚人心的能力而受到信任。他們兩人都很善用自己的能力，把人們最好的一面引導出來，並為自己贏得影響力和聲譽。然後他們都運用這股信任，去推動各自的群眾，例如歐普拉就透過她的「天使網絡（Oprah's Angel Network）」推動公益；而彼得則用他的「X Prize」和「奇點大學」推動創新。

節奏天才值得信賴的是奉獻的能力

過去你沿著「節奏」天才的路徑，照顧好每個細節，打造你的功績，成為可以仰賴、且充滿同理心的人。在未來，你將因你的行動，贏得公認的發言權，去關心你所支持的議題。

像是聖雄甘地，和德蕾莎修女等「節奏」天才們，都因為無私的奉獻而受到信賴。他們都運用自己天生的敏銳知覺，透過同理心，帶動世界的改變。甘地運用自己律師的背景，將印度帶向獨立。德蕾莎修女則用她的傳道修行之路，幫助印度的貧苦人士。他們都不需要花太多時間在創新、或打點人脈，因為他們所說的話、所做的事，就代表了他們的價值。他們日常的言行所展現出的關愛之心，讓全世界都能夠信任他們。

鋼鐵天才值得信賴的是穩定可靠

過去你跟隨著自己的「鋼鐵」天才，運用你的分析技巧和系統性思維。在未來，這將為你贏得權利，去提出更大、更複雜、更能撼動世界的任務。一旦你進入了靛藍色的層級，別人將信賴你的表現，讓你有能力為世界帶來更大的改變。

像是賴利‧佩吉和薩爾曼‧可汗等「鋼鐵」型天才，都因他們的系統性思考和對細節的專注而聞名。他們建立的功績，都是創造了複雜卻簡潔的全球平台；而他們也都利用這份信賴，吸引大家對全球議題的支持，並慷慨付出，而非從中獲益。賴利透過谷歌，收集了全世界的線上資訊。薩爾曼則成

MILLIONAIRE MASTER PLAN

立了可汗學院，提供教育機會，給全球的學生及成人。他們都將這樣的知識，免費提供給世人。

當你看著世界上最激勵人心的領導者，你會發現，他們很多人所說、或所相信的未來，都跟你所說、所相信的未來其實相去不遠。不同的是，他們採取行動付出時間，為他們贏得了領導的權利。他們都跟隨自己的天才路徑，到達了燈塔的頂端。

但他們所走的路徑，跟你我都一樣。如果你覺得他們跟你不同，你就等於放棄了像他們那樣改變世界的希望。如果你可以這麼想：其實他們用的 GPS 系統跟我們一樣，只是旅途走得比我們遠一點而已，那你就可以把蛛絲馬跡連結起來，看見自己跟他們的不同，只有差在那幾個步驟而已。我們的顏色層級可能不盡相同，但我們都處在同一個彩虹光譜上。

點石成金稜鏡

想到達「財富燈塔」的最高樓層，會需要相當大的毅力與承諾；然而，所有已經到達「點石成金」稜鏡的人卻都會告訴你，他們的成功「並不是靠自己」。他們會告訴你自己有多麼幸運，且大都會把自己的成就歸功於運氣，會說像是「我只是在對的時間到了對的地方而已」之類的話。

這當中隱藏著一個真理，那就是我們都在創造自己的運氣。如果我們能定下正確的節奏來善用時間，並且敞開心胸來擺脫壓力並進入順流之中，這時我們就讓魔法般的時刻有發生的空間。每當職業運動員有這樣的感受時，我們會說他們「如入化境」；此時他們更容易吸引到球以及得分的機會，而且都更能把握來臨的機會。

那我們要怎麼提升自己的運氣？有個很簡單的方式，就是把「運氣（luck）」這個字拆成 L、U、C、K 這四個字母，分別是：「地點（Location）」、「了解（Understanding）」、「人脈（Connection）」、「知識（Knowledge）」。

地點

在運動項目中，競賽是在你到了場上之後才能開始，而這表示你得要出現在正確的地方才行；而就創造財富來說，這包括幫你自己設置好五種能量的空間、以及讓自己出現在你需要的資源所在的地方。不管是哪個產業，都會有那種業界領袖與有影響力的人士們聚集的場合，如果你沒有讓自己也出現在那個地方，那你就還沒進入運動競賽的場內。

了解

光是能上場，並不表示你就一定能得分。當你了解自己站在場上是為了踢球，而不是站在那邊看戲的時候，你專注的事情就會改變：你會開始注意朝你而來的各種機會。你不再繼續追著球到處跑，而是開始依據其他人的站位、以及自己能帶來最大價值之處，來決定自己的位置。這也就是所謂「填補市場空缺」的意思，你能為他人帶來最大價值之處，就是金錢得以流向你的缺口；在你了解這些的時候，就更能覺察到已經存在的財富流。

人脈

你可以站在場上、傳球給其他人、並且準備好要踢球；然而，如果場上沒有其他隊友配合，那你恐怕就得等待很久的時間，球才會回到你腳下。「人脈」的重點在於了解到，當你以正確的方式，與愈多也在進行同樣競賽的人連結的時候，財富流就會增長得越大。你越多與他人分享機會與資源，他們就越會回饋以更多更大的資源。（當然，前提是他們也是場上的球員，而非場邊的觀眾。）

知識

就算你已經在對的時間站在對的位置上，也有隊友傳球給你，但如果你不知道怎麼踢球，那也一樣無法得分。但這「知識」並非從讀書而來，而是

MILLIONAIRE MASTER PLAN

透過「實作」：知道但沒去作，等於不知道。「財富燈塔」帶著你一層層地提升踢球的本事，直到進球得分變成對你而言很自然的事情。

為自己訂定能提升你的「位置」「了解」「人脈」與「知識」的每週固定節奏，藉此來提升你的運氣，這會讓你越來越幸運。事實上，「幸運（fortune）」這個字的源頭是羅馬的一位女神「Fortuna」，她是運氣的守護者；當我們順著自己的流而行，就能找到我們的「Fortune」，而這個字又有三層意義：

➊ 運氣：幸運表示好運不斷，當你發現運氣越來越好、共時性事件越來越多的時候，就知道自己走在正確的路徑上。

➋ 財富：這個字的另外一個意思是擁有金錢財富。如果你在這方面覺得很辛苦費力的話，那表示你已經做錯事情了；要擁有財富不在於死抓著什麼不放，而在於放手並朝你的順流路徑走。

➌ 遺愛後人之物：要了解自己的命運，就要能看到自己的未來。當你順著自己的流，並且活出你的天才時，就能越來越清楚看見自己的人生目的、以及未來要遺留什麼給後人。

以此而言，在「點石成金」稜鏡時，你的天才就是你未來要遺愛世人的東西。四種不同類型的天才，都各自會留下不同的遺產。

每個人內在都存在著偉大的因子，都有留下獨特遺產的可能性；當我們對「幸運（fortune）」作三角定位，看見我們的運氣、財富以及遺產的相互關係時，就能發現各種信號，知道自己是在朝著自己的「流」前進，還是在遠離順流狀態。如此，我們就能增加人生中魔法時刻出現的頻率，並且把這些魔法時刻轉變成量子飛躍。

由「靛色」往「紫色」的三個步驟

我們可以觀察到，現今有一群新的變革引領者們，他們已經攀上了「財富燈塔」，且正在留下自己的遺產。他們不斷想出新的作法來解決人類的各種巨大挑戰，他們對世界有著更深層的理解，而且已經得到相當大的信任。只要一步一步往上爬，每個人都可以攀升到這個層級，你也同樣可以；這是因為就算到這個層級，仍然只有三個步驟而已。

比爾·蓋茲是「發電機」天才藉由這三個步驟，由「受託者」變成「作曲家」的實際範例：

❶ **批准你的權利**：你無法透過自己提名自己的方式成為「紫色：作曲家」，這個身分需要有公眾的支持，它可能是真正的正式投票 (例如總統選舉)，或者是你所屬的社群認定你是領導者；不過，其範疇會超越你的事業和股東。像比爾·蓋茲就被政府與各種機關團體邀請，透過他跟他太太的基金會來支持他們的努力，而他也因此被賦予了領導周邊人們的權利。

❷ **完成你譜寫的樂曲**：人們會以他所譜曲目的品質來評斷一位作曲家。這裡所說的並不只是人生目的而已，而是對於其他「作曲家」前輩們的深入了解，包括他們嘗試了哪些事情、他們如何獲得成功、以及他們是如何失敗。當比爾·蓋茲把他的注意力轉往教育和全球的健康的時候，他就成為在他之前和在他之後的「作曲家」一脈的一分子。

❸ **擁抱你的敵人**：這幾個層級會帶著你到深度更深的海域進行一段旅程，在那裡波浪的高低起伏都更加劇烈。作為「作曲家」，會有人視你為他們的救星，也會有人認為你是他們的敵人；這也是為什麼所有的「作曲家」們都有保全人員在守護，因為他們的最大風險就是可能會失去生命，就像美國總統每天都會收到數十個死亡威脅。「作曲家」層級的第三步驟，就是不管在面對高峰還是低谷，都能保持一定的臨在與平靜。

MILLIONAIRE MASTER PLAN

由「紫色」往「紫外線」的三個步驟

「紫色：作曲家」可以譜寫樂曲，「紫外線：傳奇」則是我們所屬時代的一個象徵。傳奇就像地圖上的地標一樣，是能取代文字的一些符號。當你的使命與人生合而為一，而你的人生成為一整個世代的象徵符號的時候，你就成了「傳奇」。

「紫色：作曲家」們不是獨力完成通往「紫外線」的三個步驟，而是由自己一手造就的變革運動，推動著自己往上攀升：

❶ **成為你人生使命的化身**：歷史上成為時代象徵的人們都是如此，像曼德拉就挺身反抗南非的種族隔離政策，並成為這個反抗運動的象徵。

❷ **全然奉獻自我**：當我們進入自己的順流之中，就會丟掉自我而全心投注於志業之中。當我們全然奉獻時，就會願意把我們的志業看得比生命更重。所有的「傳奇」們都曾為其志業而做出個人的犧牲。「傳奇」們都全心投入於活出他們的使命。

❸ **失去生命**：如果「傳奇」是你想要達到的層級，很有可能這件事會發生在你過世了之後。許多「作曲家」們都是在他們失去生命之後，才真正成為「傳奇」。不過，也有很多「傳奇」們是還在世的時候就已經成為所屬時代的表徵了。

上面的最後一步，是「紫外線」是「財富燈塔」最後（或者說最終極）的層級的原因。從「紅外線」到「紫外線」一共有九個層級，全人類都在這九個層級中流動著，我們都在造就光亮的量子飛躍現象當中；而唯有當我們把它切割開來的時候，才能看清每個步驟，並發現我們其實都是同一道彩虹中的一部分。

留給後人的資產

在「點石成金稜鏡」的三個層級，你的天才會綻放萬丈光芒。我們當代的受託者、作曲者跟傳奇都讓世人清楚看見他們的天才光芒。在「點石成金稜鏡」裡，你的天才就成為你留給世人的資產。

發電機天才在他們的創造裡留下資產

像是愛迪生和達文西等「發電機」型的「傳奇」們，留給世人最大的資產就是他們創造的事物。我們今日之所以能創新，是因為過去這些傳奇畢生創造出無數的新想法，讓我們得以用新的方式做事。「發電機」天才所創造的事物，可以改變全人類的未來發展。

火焰天才在他們的言語留下資產

像是披頭四的約翰・藍儂和人權鬥士馬丁・路德等「火焰」型的「傳奇」們，留給世人的最大資產就是他們撼動世界的話語。因為他們說的話，我們的想法改變了，而且願意相信、為了他們口中的理想世界拼搏。「火焰」天才傳遞的話語，得以催生革命／運動，帶來持續不斷的改變。

節奏天才透過他們的行動留下資產

像是南非已故總統曼德拉跟德蕾莎修女等「節奏」型的「傳奇」們，留給世人最大的資產就是他們親身實踐的價值。他們以身作則，因此我們群起效尤，改變行為、改變價值觀。節奏天才可以活出你相信的世界，突破萬難，改變整個世代的行為。

鋼鐵天才在思維中留下資產

像是鋼鐵大王卡內基跟牛頓等「鋼鐵」型的「傳奇」們，留給世人最大

的資產就是他們廣博的知識。我們改變了思考的方式，他們的理論想法是我們理解這個世界的基石。「鋼鐵」天才看待世界的方式，可以改變整個國家人民的思考。

在「MMP 百萬美金創富藍圖」裡，我們看著地圖上的傳奇，指引我們的方向。他們就像是路標一般，在旅途中帶領著我們——直到有一天我們也跟他們一樣，成為路標，成為傳奇。

★ 行動時刻 ★
ACTION POINT

用這 8 個問句開始你的每一天

　　要體驗「點石成金稜鏡」的玄妙，並不需要等到遙遠未來的某一天，而是可以從今天開始。你早已是自己人生的作曲家了。當你知道自己擁有為自己創作生命樂章的力量之後，你每天要如何譜寫曲目，來讓每一天都是個傑作呢？

　　如果你每天早上醒來後，沒有用一套例行程序來讓自己蓄勢待發，那麼你就是在幫自己預備失敗。或許你每天早上都會念誦一些正面的詞語，但由於我們的腦袋在重複聆聽同樣的東西之後，就會自動關閉，所以其功效會隨著時間遞減。如果你有運動或者冥想的習慣的話，那也是很好的開始；然而，這些活動雖然可以讓你集中起來，但當你開始進行當天的各項活動時，壓力就又回來了。

　　我認識的每個成功人士都有特定例行程序與固定的節奏，來確保自己有卓越的表現，他們都會以此來開始每一天。我自己是用 8 個問句來設定每天的節奏，這些問題我已經問了二十年了。在我還在「紅外線」的緊急狀態時，這些問題撫慰我的心，也隨著我爬上燈塔的過程，讓我專保持專注，並對新的機會保持開放，因為我每天都可能有不一樣的答案。

　　跟「財富燈塔」中每個層級的三個步驟一樣，我這 8 個問題也可以區分為三類：「Showing Up」（活在當下，好好過目前的人生）、「Stepping Up」（立刻採取正確的步驟）、「Giving Back」（把流傳遞下去、與宇宙共舞、並體驗每個全新一天的神奇歷程。）把這些問句加到你每天早上的例行程序裡，並依據你適合的方式修改問題內容，然後養成習慣。

活在當下，好好過目前的人生（Showing Up）

Q1 我因為什麼而覺得感謝？

通常我回答這個問題不太會有出乎意料的答案：我的家庭、我的健康，或者剛發生的什麼超棒的事情。不過偶爾也會有意外的答案，例如我由前一天的一場爭執、或者目前面對的困境中學到什麼。不論如何，以感恩作為開始，將能洗刷掉你裡面的任何負面能量。

Q2 我很愛哪些人？

這個問題也常會出現意外的答案。通常我會看到的是家人和朋友們的臉，不過有時候也會出現那些讓我感到挫折或不快樂、或者是我認為對我有負面感受的人。這個問題能像降雨一般把愛傾注到你的生命，並且清理許多關係方面的問題，讓你內在沒有東西能變成負面的感受。

Q3 我為什麼這麼快樂？

當我有很多值得快樂的理由時，問這個問題是很棒的事；不過在我碰到會讓我不開心的麻煩事和問題時，才是這個問題最能發揮功效的時候。這個問題不僅讓你接受自己已經是快樂的，而且能協助你找到內在的快樂，不管外在世界是否有不快樂或壓力存在。

 ### 立刻採取正確的步驟（Stepping Up）

Q4 我要全心投入於什麼？

這個問題讓我釐清接下來這天最重要的事情是什麼。答案可能是一個行動、一種感受狀態，或者要跟誰互動。在每天結束時都回頭想想，看自己是否有達成這一個承諾。如果有，那你過了很棒的一天；如果沒有，那麼就再許下承諾，說隔天一定會做到。

Q5 我有多堅定要做到？

如果有什麼我已經拖延了一段時間的事情，這個問題會讓我反省自己的

堅定程度，並且可能會做些改變。比如說，在「紅外線」層級時，你可以承諾全心投入於「記錄與檢視金錢流向」。如果這個項目不斷出現好幾天，且你也不斷增加自己對這件事情的堅定程度，那麼你的潛意識終究會促使表意識去找到真的去作這件事的方式。

把流傳遞下去（Giving Back）

Q6 我有什麼意圖？

這個問題是關於我今天能夠給我的世界什麼。我可能會回答一些比較一般的答案如微笑或有紀律；或者比較明確的如：去跑步或者準時。每早都設定一個意圖，能為這一天增加一些前一天沒有的風味。

Q7 我要許什麼願望？

這個問題是關於你的世界能給你什麼神奇體驗。當我的人生越順流的時候，這個問題就越會變成這當中最神奇的一個。我曾經許過像是「我最需要的那一位能協助我處理帳務的人會出現」、「新的事業合作夥伴會主動打電話給我」、「我會得到一直在尋找的答案」的願望，然後在當天就得到完全一致的結果。

Q8 我為什麼來到這裡？

這是所有問題當中最重要的一個，它是關於你更高層的人生目的。我對這個問題的答案會依據我在思索的是當下這一刻，或者想的是在地球上的這段人生，而有所不同。

不管是哪個層級，都有人會告訴我說他們沒時間做這件事。我則總是告訴他們，除非願意排出時間來做這件事，不然事情永遠都不會改變。永遠都有辦法的，所以想辦法撥出時間吧。你可以從每天早上起床先問這 8 個問題開始。把每一天都看作是光明未來的全新開始，把每一天的開始都視為往未來的自己又跨了一步，在財富燈塔又往上爬了一階。未來的那個你會非常感謝你願意這麼做的。

引路明燈

那時是 2010 年,我們從蓋貝依城堡最高的窗戶,向外俯望埃及的亞歷山卓城。

我跟我的小孩講了翡翠石碑(赫密斯翡翠石板)的故事。在傳說中,是赫密斯·特里斯美吉斯托斯(Hermes Trismegistus)寫下石碑上的文字,而後來亞里斯多德把這段文字的力量傳授給他的一位學生。那位學生正是馬其頓國王的兒子,後來以「亞歷山大大帝」的名號震古鑠今,應該就是他發現位於埃及的原始翡翠石碑。

傳說中,亞歷山大找到這塊石碑之後做了一個夢,夢境告訴他去探訪埃及地中海臨岸一座叫做法洛斯的小島。他照做了,而且在圍繞著法洛斯島的海灣建造了亞歷山卓城,作為存放翡翠石碑的地方。不到十年,亞歷山卓城就成為西方世界的交匯點;這個地方也是亞歷山大圖書館的所在地,裡頭收藏了世界上的手寫書卷,同時也是埃及豔后克麗歐佩特拉和最後幾位埃及法老王的住所。

亞歷山大大帝過世後,亞歷山卓港的燈塔就蓋在法洛斯島上。這座燈塔分為三個部分,呼應著翡翠石碑的三個部分。此燈塔成為世界七大奇景之一,而且在過去好幾個世紀都是全世界第二高的建築物,僅次於埃及金字塔。

在聽我講述這個故事時,我與家人站在一座城堡上,這座城堡是在 1000 年前,亞歷山卓燈塔崩毀之後,在法洛斯島上建起來的。

在亞歷山卓燈塔倒塌之前,它曾被視為人性的象徵,對於返航的人們而言它代表著安全;而對於那些揚帆往大海探險的人,它則是冒險的象徵。亞歷山卓燈塔與翡翠石碑隱含著秘密:一個就藏在眼前的秘密,就如同這本書,

以及書裡的財富燈塔一樣。

這秘密就是：**我們**就是燈塔。我們每一個人都擁有整個宇宙的力量，就等著被開啟。秘密不在於燈塔的層級，也不在引領你通往頂樓的步驟，真正的秘密是，這一切都能引領你走向光明。任何燈塔的目的都不是為了照亮自己，而是要照亮他人，而藉由點亮自己，我們便能運用這份力量去照亮我們周圍的人。

所以這秘密不在這本書裡，而是在書本之外，這秘密就隱藏在當你跟自己的天才連結、順從自己的財富之流、爬上財富燈塔，然後開始照亮世界、回饋世界時，發生的種種之中。

記得，如果你迷失了方向的時候，你只需要回來翻翻這本書，回到你專屬的頁面，看看你所在位置、你要往哪裡去、還有如何採取下一步。

我們都在同一個旅程中，找尋著光芒照亮我們的道路──渾然不知我們找尋的那道光芒早就在我們身上了。我寫這本書是為了你，我寫這本書，也同時是為了我自己。因為我們都是一樣的，於此同時我們也彼此不同。我們每個人都是同一個海岸上的一座座燈塔。

有了彼此，我們將可以照亮世界。

　　如果沒有這一群優秀的人幫忙，這本書是不可能問世的。首先，要感謝我的太太蕾娜特，和我的三個小孩，凱絲琳、德芮莎和路克。我們一起踏上這趟旅程，未來還有很多神奇時刻等著我們。

　　感謝我的母親裘娃、我的父親尼爾、我的姊姊依蓮、我的哥哥馬丁。一路上有你們，生命充滿了刺激、冒險跟笑聲。

　　感謝我的創業家研究所（Entrepreneurs Institute）的超級團隊，莎・漢薩、魏潘妮、蘇拉傑・耐克和珊卓・莫瑞爾，你們超讚的，讓一切都變得容易。感謝茜蒙・霍特，以及創業家度假村的團隊。謝謝蜜雪兒・克拉克，以及天賦原動力團隊。感謝喬・查朋、芭比・迪波特、海瑟・耶蘭，以及綠色 SuperCamp 的團隊，也要謝謝所有的夥伴跟策略聯盟夥伴，感謝你們一直以來的支持跟能量。從約翰・亞伯和澳洲團隊，到麥克・克拉克和英國團隊、宇敷珠美和日本團隊、許耀仁和王莉莉和台灣跟中國團隊、碧依・本科瓦、珍・博拉和東歐團隊、克里斯和珍妮・艾特和美國的新夥伴。我很感激這一路上有你們。你們每一位創造的漣漪，一天比一天更強大。

　　本書由許多人的故事構成，我由衷感謝每一位書中的人物，謝謝你們讓我參與你們的旅程，而現在更感謝你們願意跟更多人分享那段旅程。十分感謝我的經紀人溫蒂・凱勒，謝謝你願意相信我，能夠完成這個案子，也要感謝跟我一起撰寫，同時也是我的編輯吉姆・伊博。感謝我的出版社，謝謝瑞克・沃夫處理本書出版事宜，也要感謝荷寫出版團隊，包括丹・博客維茲、雅斯敏・麥修、和亞曼達・普立茲克、崔西・布利克曼，以及謝謝布麗吉・皮爾森設計這麼好看的封面。

　　我也要感謝我的導師們，你們對我一路上的影響至深：謝謝麥可・布勞恩斯坦，是你打開我的眼界，讓我知道還有哪些可能。感謝郭金樹（Goh Kim Siew）、理查・譚、派崔克・劉、麥克・哈里斯、保羅・墩、心靈雞湯作者傑克・坎菲爾、理查・布蘭森、彼德・戴曼迪斯、約翰・哈迪、辛西亞・

哈迪，謝謝你們指引我、啟發我，讓我得以窺見你們為自己生命設定的標準。

最後要感謝的，是你，親愛的讀者。謝謝你拿起這本書，把它讀完，也謝謝你跟我走上同一條路徑——持續自我探索、持續精進，盡力成為最棒的一座燈塔。

Millionaire
Master Plan

羅傑‧漢彌頓生於香港，在劍橋大學三一學院（Trinity College）取得學位，他學生時期就已經成為一位創業家。羅傑估算過自己在創業上繳的學費，遠比在校的學術教育花費還要高出許多，因為他是在歷經多次創業失敗，賠了好幾百萬美金之後才獲得成功。他現在擁有並經營許多事業，包括出版、房地產、工商會展統籌服務、度假村管理、培訓課程、企業教練、創業導師以及線上教育……等等。

羅傑經營的每一家公司與提供的每一個教育培訓資源，背後都有著相同的使命：「全球富裕（World Wide Wealth）」──那種能透過個別力量或彼此協力來讓財富之流成長的力量。羅傑相信每一個人都能開發自己對於財務的理解認知能力，來讓自己的財富成長，進而有能力幫助別人。

羅傑是克林頓全球計畫（Clinton Global Initiative）、聯合國全球盟約（Global Compact）以及轉型領導會（Transformational Leadership Council）的成員之一。在過去 10 年間，羅傑以社會企業家身分在全球帶來許多影響，他同時也是位於矽谷的美國太空總署 NASA 研究中心的「奇點大學」中的高階主管研究生。羅傑現在每年都會在澳洲、日本、台灣、非洲、英國和美國等地巡迴舉辦《讓事業極速狂飆 Fast Forward Your Business》活動，探討影響事業的十大趨勢，讓創業家得以窺見並因應未來在我們經濟體會發生的巨大變革。

羅傑是「創業家研究所（Entrepreneurs Instutute）」的創辦人，也是「財富原動力」與「天賦原動力」這兩大系統的發明者，目前在全球已有超過150,000 位創業家和各領域的領導者們都採用了羅傑的系統。

羅傑在峇里島的「願景度假村（Vision Villas）」是亞洲第一個創業家度假村，在那裡一整年都有「iLab」創業加速器課程。iLab 的課程為期一個月，主要在於協助企業主重新打造原本的事業，使其蛻變為可以遠端管理、可經營多國、多語言市場的全球事業。

羅傑現與妻子蕾娜特和三個小孩凱絲琳、德芮莎和路克居住於峇里島。

世界上共有**8**種創造財富的途徑，你最適合哪一種？

在追求成功與創造財富的旅途上，你是否曾有這樣的經驗：

- 📢 明明已經很認真很努力了，卻總覺得自己好像一直在爬上坡，耗盡力氣卻看不到什麼進展？

- 📢 投資很多錢與時間學習，但不知為何，那些「大師」們教的方法，自己就是用不順、看不到效果？

- 📢 好奇怪怎麼別人學了一樣的東西之後就能一帆風順，很快就創造出令人羨慕的成績，只有自己沒辦法？

- 📢 明明知道只要如何做就能獲得成功，但就是沒有熱情，提不起勁去做那些事？

　　如果你已經嘗試過各種成功致富的方式，卻一直沒能得到你理想的成果，通常並不是因為你學的東西不對、不好，也不是因為你不夠聰明或不夠勤勞，而是因為——那個方式根本不適合你！

　　世上共有八種「順流致富」的道路，所有在事業與財富領域造就出驚人成績的成功人士們都是藉由其中的一條道路獲得成功。這八條道路各自都有不同的遊戲規則以及勝利方程式。透過羅傑・漢彌頓的《財富原動力》系統，你將能輕鬆找到自己的最低阻力路徑，省去走冤枉路的時間、心力與金錢，快速達到自己的夢想目標。

透過《財富原動力》測驗，你將能知道：

- ✔ 你屬於 8 種財富之流中的哪一種
- ✔ 最適合你的財富創造策略是什麼
- ✔ 哪些成功人士才是你該學習仿效的對象
- ✔ 如何善用你的天賦強項來創造財富
- ✔ 哪些類型的人最能協助你創造財富

……以及更多可能從來沒人告訴你的秘密
立刻上網作財富原動力測驗，取得價值
NT$8,000 元的額外贈品
立即前往 http://bit.ly/wd-tw

WEALTH
DYNAMICS

網路行銷有這麼多事情要做，到底現在該做什麼？

取得「雲端事業診斷流程圖」PDF 檔，
找到你在網路上成功的最短路徑！

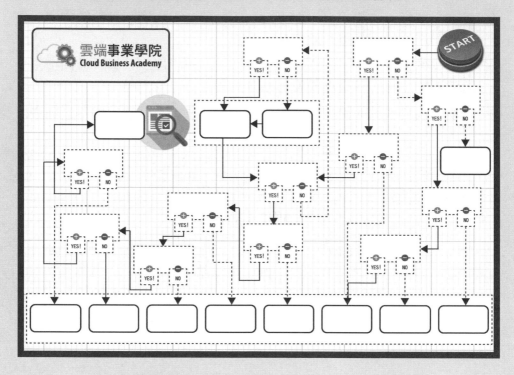

立即前往

http://bit.ly/cb-map

你將知道怎樣才能為自己建立一個「真正」的雲端事業，以及……

你現在該學＆做什麼，又該對什麼說「NO!」

什麼事情會讓你感覺「真的活著？」

「找到熱情所在」是 MMP 百萬美金創富計畫的重點步驟之一！

當你找到自己的熱情，而且在一天、一週、一個月、一年乃至於整個人生的大部分時間，能容許自己多去做跟自己熱情相關的事情時，就會發現：

⭐ 自己每天早上會帶著完全不一樣的能量起床。

⭐ 而這股從你胸口深處發出的能量，會開始影響你人生的各個領域 ～～你的事業、你的關係的健康……都會自然地朝向正面的方向改變。

⭐ 你一直以來覺得難以實現的願望會開始實現、困擾你許久的問題會自然迎刃而解……

不過其實這一切都是其次。畢竟，最重要的就是那「真的活著」的感覺，不是嗎？問題是：

你已經找到你的熱情了嗎？

如果還沒有，請立即下載

《找到熱情的十四條路徑》

透過練習本當中的 14 個來自世界級導師、經過驗證有效的方法，幫自己快速找到生命的熱情！

立即前往：
http://bit.ly/passion-guide

2016
世界華人八大明師會台北

大眾創業・萬眾創新
創新引領未來・創業改變生活・創富成就夢想！

From ZERO to HERO 先學這些吧！

創新是由 0 到 1，創業則是將其擴展到 N。大會邀請各界理論與實務兼備並有實際績效之**林偉賢、王擎天、林裕峯**等八大明師，針對本次大會貢獻出符合主題的專才，由國際級大師傳授成功核心關鍵，創業巧門與商業獲利模式，落地實戰，掌握眾籌與新法營銷，強調行動學習和實戰學習，提攜年輕的創業者們，共演創富故事，不只是分享輝煌的成功經驗，而是要教你成功創業，並且真正賺到大錢！

成功核心關鍵 ✕ 創業巧門 ✕ 商業獲利模式
助您開通財富大門，站上世界舞台！

想賺大錢，先來翻轉你的腦袋！

立即報名

2016 世界華人八大明師【台北場】
日期：**2016/6/18**（六）**～ 6/19**（日）
地點：台北矽谷國際會議中心（捷運大坪林站）
　　　新北市新店區北新路三段 223 號
票價：原價 29800 元，推廣特價 **9,800** 元

內容與講師介紹請上官網查詢

新絲路網路書店 www.silkbook.com　　客服專線（02）8245-9896

「眾籌」成潮，
眾籌將是您實踐夢想的舞台！

勢不可擋的眾籌（Crowd funding）創業趨勢近年火到不行，獨立創業者以小搏大，小企業家、藝術家或個人對公眾展示他們的創意，爭取大家的關注和支持，進而獲得所需的資金援助。相對於傳統的融資方式，眾籌更為開放，門檻低、提案類型多元、資金來源廣泛的特性，為更多小本經營或創作者提供了無限的可能，籌錢籌人籌智籌資源籌……，無所不籌。且讓眾籌幫您圓夢吧！

- ✓ 終極的商業模式為何？
- ✓ 借力的最高境界又是什麼？
- ✓ 如何解決創業跟經營事業的一切問題？
- ✓ 網路問世以來最偉大的應用是什麼？

以上答案都將在王擎天博士的「眾籌」課程中一一揭曉。教練的級別決定了選手的成敗！在大陸被譽為兩岸培訓界眾籌第一高手的王擎天博士，已在中國大陸北京、上海、廣州、深圳開出眾籌落地班計12梯次，班班爆滿！一位難求！現在終於要在台灣開課了！！

課程時間 2015年12/19～12/20（每日09:00～18:00於中和采舍總部三樓NC上課）
2016年七月份班&八月份班（每梯二日，於中和采舍國際三樓NC上課）

課程費用 ~~29800元~~，本班優惠價19800元，含個別諮詢輔導費用。

課程官網 新絲路網路書店 www.silkbook.com

二天完整課程，手把手教會您眾籌全部的技巧與眉角，課後立刻實做，立馬見效。

公眾演說班

*Speech*讓你的影響力
與收入翻倍！

你想領導群眾，贏得敬重、改變世界嗎？

你想要在你的領域成為專家，創造知名度，開啟現金流嗎？

你想將成交量與成交率提升至原來的 200% 以上嗎？

你想學會有力的公眾演說技巧，快速達成心中所想的目標嗎？

王擎天博士是北大TTT（Training the Trainers to Train）的首席認證講師，其主持的**公眾演說班，理論 實戰並重，教您怎麼開口講，更教您如何上台不怯場，保證上台演說 學會銷講絕學！**本課程注重**一對一個別指導**，所以必須採小班制‧限額招生，三天兩夜（含食宿）魔鬼特訓課程，把您當成世界級講師來培訓，讓你完全脫胎換骨成為一名超級演說家，並可成為亞洲或全球八大明師大會的講師，晉級 A 咖中的 A 咖！

學會公眾演說，你將能──

倍增收入，提高自信，
發揮更大的影響力，改變你的人生！

詳情請上新絲路網路書店 www.silkbook.com 或電洽 (02)8245-8318

國家圖書館出版品預行編目資料

順流致富GPS：從擺脫負債到億萬身價的Step by
Step指南 / 羅傑‧漢彌頓 著. -- 新北市 :零阻力出版,
/ 采舍國際有限公司發行 2015.11   面；   公分

ISBN 978-986-271-656-4(平裝)

1.成功法   2.財富

177.2   104024982

順流致富GPS
從擺脫負債到億萬身價的Step by Step指南

 零阻力
Zero-Resistance Group

本書採減碳印製流程
並使用優質中性紙
（Acid & Alkali Free）
最符環保需求。

作者／羅傑‧漢彌頓
翻譯／許耀仁 、沈志安
聯合總監／許耀仁、王擎天
企畫主編／王莉莉
文字編輯／蔡靜怡　　　　　　　　　　美術編輯／蔡億盈

郵撥帳號／50017206 采舍國際有限公司（郵撥購買，請另付一成郵資）
台灣出版中心／新北市中和區中山路2段366巷10號10樓
電話／（02）2248-7896　　　　　　傳真／（02）2248-7758
ISBN／978-986-271-593-2
出版日期／2015年12月

全球華文市場總代理／采舍國際有限公司
地址／新北市中和區中山路2段366巷10號3樓
電話／（02）8245-8786　　　　　　傳真／（02）8245-8718

全系列書系特約展示
新絲路網路書店
地址／新北市中和區中山路2段366巷10號10樓
電話／（02）8245-9896
網址／www.silkbook.com

本書於兩岸之行銷（營銷）活動悉由采舍國際公司圖書行銷部規畫執行。

零阻力
Zero-Resistance Group

排除生命的各種阻力・活出 100% 的精彩人生

零阻力
Zero-Resistance Group

排除生命的各種阻力．活出 100% 的精彩人生

零阻力
Zero-Resistance Group

排除生命的各種阻力·活出 100% 的精彩人生

零阻力
Zero-Resistance Group

排除生命的各種阻力‧活出 100% 的精彩人生